汇添富·世界资本经典译丛

金融心理学的新视角

信心、恐惧与背叛

乔斯林·皮克斯利 编
(Jocelyn Pixley)

吴 越 毛艺豪
孙雯雯 左雨薇 译

上海财经大学出版社
上海学术·经济学出版中心

图书在版编目(CIP)数据

金融心理学的新视角:信心、恐惧与背叛 / (英)乔斯林·皮克斯利(Jocelyn Pixley) 编;吴越等译. 上海:上海财经大学出版社, 2025.8. -- (汇添富·世界资本经典译丛). -- ISBN 978-7-5642-4720-1

Ⅰ. F830.9

中国国家版本馆 CIP 数据核字第 2025PN8487 号

□ 责任编辑　石兴凤
□ 封面设计　贺加贝

金融心理学的新视角
信心、恐惧与背叛

乔斯林·皮克斯利　编
(Jocelyn Pixley)

吴　越　毛艺豪　译
孙雯雯　左雨薇

上海财经大学出版社出版发行
(上海市中山北一路369号　邮编200083)
网　　址:http://www.sufep.com
电子邮箱:webmaster@sufep.com
全国新华书店经销
上海叶大印务发展有限公司印刷装订
2025年8月第1版　2025年8月第1次印刷

787mm×1092mm　1/16　15印张(插页:2)　245千字
定价:76.00元

图字:09-2025-0553 号

New Perspectives on Emotions in Finance

The Sociology of Confidence, Fear and Betrayal

Jocelyn Pixley

ISBN:9781138904088

© 2012 selection and editorial material, Jocelyn Pixley; individual chapters, the contributors

All Rights Reserved. Authorised translation from the English language edition published by Routledge, a member of the Taylor & Francis Group. 本书原版由 Taylor & Francis 出版集团旗下 Routledge 出版公司出版, 并经其授权翻译出版。

Shanghai University of Finance & Economics Press is authorized to publish and distribute exclusively the Chinese (Simplified Characters) language edition. This edition is authorized for sale throughout Mainland of China. No part of the publication may be reproduced or distributed by any means, or stored in a database or retrieval system, without the prior written permission of the publisher. 本书中文简体翻译版授权由上海财经大学出版社独家出版并限在中国大陆地区销售。未经出版者书面许可, 不得以任何方式复制或发行本书的任何部分。

Copies of this book sold without a Taylor & Francis sticker on the cover are unauthorized and illegal. 本书封面贴有 Taylor & Francis 公司防伪标签, 无标签者不得销售。

2025 年中文版专有出版权属上海财经大学出版社

版权所有　翻版必究

总 序

书犹药也,善读之可以医愚。投资行业从不乏聪敏之人,但是增智开慧乃至明心见性才是成长为优秀投资人的不二法门,读书无疑是学习提升的最佳方式。

常有人说投资是终身职业,但我认为投资更需要终身学习。很多人投资入门多年,依然不得其道;终日逡巡于"牛拉车不动,是打车还是打牛"的困境,不得要领。从业多年,我接触过太多这样的投资人士,个中缘由不尽相同,但有一点却非常普遍:或是长期疏于学习,或是踏入"学而不思则罔"的陷阱。

我认为,学习大致有三个层次,亦是三重境界:

第一重是增加知识,拓展基础的能力圈。着眼点是扩大个人对于客观世界的认知积累,这是大多数人的学习常态,这一重固然重要却不是学习的本质。

第二重是提高逻辑,改进个人的认知框架。达到这一境界,已经可以将刻板知识灵活运用,但仍然仅可解释过去却无法指向未来。

第三重是强化洞见,思考从个人出发,无视繁复的信息噪声干扰,穿透过去、现在和未来,最终开始正确地指导现实世界。在这一境界,学习已不只是追求知识,更是追求"知识的知识"。这是无数积累之后的茅塞顿开,更是质量互变之际的醍醐灌顶,不断思考感悟尤为重要。

书籍浩如烟海,书中智慧灿若繁星,而若能由自己抽丝剥茧得到"知识的知识",将会终身受益。二十多年前,我还是一名上海财经大学的普通学生,对投资有着浓厚的兴趣,可惜国内的投资业刚刚起步,相关资料远没有今天互联网时代这样发达,此时财大的图书馆像是一个巨大的宝库,收藏着大量有关投资的英文原版书籍。我一头扎进了书丛,如饥似渴地阅读了许多经典,通过这一扇扇大门,我对西方资本市场发展窥斑见豹,其中提炼出的有关投资理念、流程、方法的内容潜移默化地影响并塑造了日后的我。时至今日,常有关心汇添富的朋友问起,为什么根植于国内市场的汇添富,投资原则和方法与外资机构如此类似?我想多少应该与我当年的这段经历有关。

今天,我依然非常感恩这段时光,也深深地明白:那些看过的书、走过的路对一个人的人生轨迹会产生多大的影响,特别是在以人才为核心的基金投资行业。今年恰逢中国基金行业二十周年,二十年斗转星移,正是各路英杰风雨兼程、夙兴夜寐才有了今天的局面,汇添富基金是见证者,也有幸参与其中。这些年,我总试图在汇添富重现当年我学生时的氛围,鼓励同事们有空多读书、读好书、好读书。在此,奉上"汇添富·世界资本经典译丛"以飨读者,希望大家能够如当年懵懂的我一般幸运:无论外界如何变化,我们都可以不断提升进化自己。

是以为序。

张 晖

汇添富基金管理股份有限公司总经理

2018 年 12 月

前　言

本卷系欧洲社会学协会(ESA)情绪研究网络系列丛书的第三卷。该网络创立于2004年,并在短时间内发展成为欧洲社会学协会内最强大的网络之一。之所以该网络全力推广支持这三卷书,是因为书中传达了网络创建者的核心理念:情绪渗透于社会生活的方方面面,而不仅限于科学、正式机构或经济范畴。事实上,即使在这些所谓的理性领域中,情绪亦占据着主导地位。

第一卷聚焦于情绪社会学的理论发展,第二卷则揭示了情绪在现代组织中的多样化表现形式。本卷作为前两卷的延续和拓展,深入剖析了情绪在金融领域的重要性。长久以来,人们普遍认为,金融领域与经济社会一样,由理性原则驱动。然而现实或许并非如此,银行家应严谨、稳重,并且具备冷静的计算能力;银行则需秉持良好的信誉,营造谨慎的企业文化,并维持充足的现金流。证券交易所作为供需交汇的平台,日复一日地见证资本主义经济平稳运行,"无形之手"默默地创造并增加人们的财富。然而,1929年的"黑色星期五"事件敲响了警钟。当日华尔街银行和公司的股票价格暴跌,有的瞬间崩溃,有的则陷入逐渐倒闭的困境。破产者们痛苦绝望,哀鸿遍野。

20世纪80年代,随着传统工业巨头日渐式微,政府对经济管理逐步放宽,金融投机和放纵的消费主义开始主导资本主义经济。在市场的供需两端,欲望和情绪如脱缰野马，毫无节制。在这个过程中，无论是作为潜在房主或投资者的消费者，还是满足其需求的金融业者，都经历了一场去文明化的洗礼，储蓄被无情剥夺。社会金融化，即建立一个错综复杂的全球社会体系，这一体系承诺人类的财富将达到前所未有的高度，以应对战乱时期才会出现的不确定性。面对这样的承诺，未来世代或许会选择相信。

如同研究金融危机的先驱者，本书作者同样发现，金融机构成为侵略、贪婪、群体效应、道德风险、过度乐观、否认不确定性和欺诈的"温床"。然而，与大部分先驱者不同的是，本书作者还在书中详尽描述了引发2008年金融危机的关键人物和金融机构。这场危机源于美国，并迅速席卷欧洲及世界其他国家或地区。作者们：

——详细阐释了情绪与货币理论的关系；

——消除并弥合了经济学和社会学这两门社会科学之间的"本体论"鸿沟；

——深入剖析了在没有政府民主监督的环境下金融机构的新架构和决策制定过程，揭示此类架构和政策如何助长和释放一直被遏制的本能、心情、过度狂热的"动物精神"和各类情绪；

——审视了信任或信心这一脆弱的货币，这关乎金融机构的资金创造，最终导致人们盲目陷入庞氏骗局；

——揭示了投资者（包含非专业投资者）和监管机构、国家和超国家机构如何应对这些显而易见的欺诈行为以及潜在的危机。

本书的创新之处还在于其鲜明的社会科学视角。过去，我们对金融业及其兴衰引发的问题的认知，主要源于金融界和政界的权威人士、财经记者及近阶段的政治学家。依据久经考验的社会学或社会人类学的概念和经典著作，作者对本书内容加以修改调整。本书整合了经济学与社会学的研究成果，不同于塔尔科特·帕森斯（Talcott Parsons）把二者分隔的观点，同时重塑了二者的使命。书中部分章节是基于作者自身的实证研究或对已有文献的分析。最后，大多数作者是在货币、债务、金融、组织、经济和情绪等领域卓有成就的专家，他们的丰富经验和创新为我们提供了宝贵的资源。本书编者乔斯林·皮克斯利已在相关专著和论文中展示了她在不确定性领域分析情绪的出色能力、贡献和技能。相信本书不仅能够加深读者对金融领域情绪的理解,还能丰富情绪社会学的内容,为面对面互动的微观社会学研究添加一项新概念:即使在所谓的宏观领域,情绪的影响不够明显且模糊,但其重要性却不容小觑。

海伦娜·弗洛姆

欧洲社会学协会情绪研究网络十一部协调员

赫尔穆特·库兹米茨

前副协调员

致 谢

汇编著作是一项重大的工作。书中每位作者均对主题怀有热忱,并且全力以赴地提供了协助。海伦娜·弗洛姆和赫尔穆特·库兹米茨提议我在欧洲社会学协会网络平台上编辑此书。他们在整个进程中为我提供了学术意见和建设性想法,对此,我感到万分荣幸。即使我知道在此之前他们便有所贡献,但他们所付出的努力仍旧超出了我的预期。对于我的编辑意见和全心投入,他们展现出真诚、坚定的合作态度,并且给予慷慨的反馈。所有参与者都倾注心血,尽职尽责。在此,对各位评审严谨的评价表示感激,同时感谢劳特利奇出版社的委托编辑艾米丽·金德赛兹(Emily Kindlesides)以及全面负责编辑工作的娜塔莉·汤姆林森(Natalie Tomlinson),是他们的努力让出版过程如此顺利。若书中有任何错误或疏漏,一切责任在我。

乔斯林·皮克斯利

作者简介

亚历山德罗斯·安德烈亚斯-基尔奇斯(Alexandros-Andreas Kyrtsis)，雅典大学社会学教授，专注于金融市场和复杂项目的技术组织后台分析。

本杰明·曼宁(Benjamin Manning)，2011年获得新南威尔士大学(澳大利亚悉尼)社会学博士学位，参与医学领域社会学研究项目若干项。

布鲁克·哈灵顿(Brooke Harrington)，丹麦哥本哈根商学院经济社会学副教授。他在完成对美国投资者的研究后(《流行金融》，普林斯顿大学出版社，2008)，转而对财富管理行业和私人财富的全球治理进行研究，预计在近期出版的新书中公布研究成果。

杰弗里·英厄姆(Geoffrey Ingham)，剑桥大学基督学院社会学和政治经济学高级讲师、研究员，著有《货币的本质》(政体出版社，2004)及《资本主义》(政体出版社，2008)。其中，《资本主义》再版时新增了金融危机相关后记。

海伦娜·弗洛姆(Helena Flam)，莱比锡大学社会学教授、欧洲情绪网络的创始人之一，著述包括情绪、理论以及各种特殊事件的专著和论文。

赫尔穆特·库兹米茨(Helmut Kuzmics)，奥地利格拉茨大学社会学研究所教授，近期出版了与罗兰·阿克特曼的合著作品《权威、国家和民族性质：1700至1900年间奥地利和英格兰的文明进程》(阿什沃特出版社，2007)，曾任《情绪理论》(校园出版社，2009)编辑，专注于情绪、历史社会学和形象社会学研究。

彼得·麦卡锡(Peter McCarthy)，悉尼麦考瑞大学政府政策顾问，曾刊载有关亚当·斯密的文章。

乔斯林·皮克斯利(Jocelyn Pixley)，悉尼麦考瑞大学荣誉高级研究员、伦敦城市大学全球政策研究所特任研究员。其著作《金融情绪：繁荣、萧条和不确定性》于2004年首次出版，其修订版(剑桥大学出版社,2012)则聚焦金融危机。

苏珊·夏皮罗(Susan Shapiro)，芝加哥美国律师基金会社会学家、研究教授，研究领域包括非个人信任在证券市场、白领犯罪、新闻媒体、利益冲突、法律伦理和临终医疗决策等不同环境中的诠释和监管。

理查德·斯韦德伯格(Richard Swedberg)，康奈尔大学社会学教授，主攻方向为经济社会学和社会学理论。

山姆·威姆斯特(Sam Whimster)，波恩大学高级研究中心(法律即文化)研究员，曾任《城市改革：应对全球金融危机》(论坛出版社,2008)编辑，与H. H. 布朗尼共著《韦伯方法论文集》(劳特利奇出版社,2012)。

肖恩·威尔逊(Shaun Wilson)，新南威尔士大学(澳大利亚悉尼)社会科学学院高级讲师，从事社会政策、政治社会学以及研究方法的教学和研究。

目 录

引言:金融心理学的新视角/1

第一部分
情绪与当前危机:重塑金融社会学

1 冷酷的金融交易链中的魔术思维和恐慌按钮/29

2 金融脆弱期的不道德恐慌和情绪操作/54

3 欧洲主权债务如何成为新次贷:论信心在欧洲金融危机中的作用(2009—2010年)/71

4 耻辱与股市亏损:以美国业余投资者为例/86

5 信任的语法/104

第二部分
金融危机的背景：历史和理论研究

6 重新审视货币与信任的信用论 /127

7 马克斯·韦伯经济社会学的方法论：
情绪在罗马农业历史和当今金融市场中的地位如何？/147

8 无序状态：对社会学在理解金融繁荣和危机方面所作贡献的新思考 /164

9 "尼古丁换蛋白质"：日本战俘营中的文化与艰苦交易的情绪 /183

10 货币的情绪：评估背叛与改革 /201

参考文献 /225

引 言 金融心理学的新视角

乔斯林·皮克斯利

挑战一个领域已经足够麻烦,同时挑战两个领域无异于自讨苦吃。尽管货币和情绪受到的审查相对宽松,但并非所有与之相关的事情都值得庆祝。自2007年金融危机爆发以来,金融市场的情绪变化成为新闻关注的焦点,而这些情绪事件却被媒体大幅简化。各国领导人纷纷呼吁民众重新树立对银行和货币的信任。贪婪是一个普遍的主题。在经历了自1929年以来最严重的经济崩溃之后,银行仍然希望获得"无风险"的国家资金,但对彼此的财务状况缺乏信任。然而,无论我们如何解释这种认知上的矛盾,金融行业都在寻求经得起时间考验的方法,但这些目标至今尚未达成,也永远无法实现。银行的公信力有所下降。我们现在知道,那些吹嘘惊人利润的言辞并不属实。因此,公众产生不信任的情绪无可厚非。

货币、情绪和不确定性是热门话题,但批评者认为,当金融行业不惜一切代价追求利润时,对其研究需格外谨慎。对此,现在有许多种解释,但尚未有人声称金融情绪研究取得显著进展。这种情况部分源于以往有害的禁忌。将情绪排除在社会和经济研究之外并不合理,除非人们认为情绪难以预测,无法得出因果规律。但这么做也同样不妥。面对未知的未来,寻求否定不确定性的"规律",并消除恐惧或信心这类心理因素,会限制研究的可能性。信任可能比理性的决策更具稳定性。如果社会科学能够研究人类在面临不确定性时所产生的情绪反应，那么它将变得更加"科学"。货币正是社会不确定性的体现，因忽视了债务方、债权人及社会之间的社会关系，货币研究往往难以准确预测，走势描绘模糊不清。

本书为拓展辩论范围做出了独特贡献。值得注意的是，本书否认存在解决货币不确定性的方案，而这也并非借助"情绪管控"得以实施。无论是在经济繁荣时期排斥"风险厌恶者"，还是在经济衰退期"引导"人们做出长期决策以规避自己的财务风险，都不能实现这一目标。这种虚假的"管理"只会进一步加剧货币领域的混乱局面。

相反，我们关注的是那些能够对金融行为产生影响，并进而触发一系列后续反应的特定情绪，无论是遵循情绪规律的情绪还是违背认知规律的情绪。在我看来，潜在的问题是，假如公众公开承认并接受不确定性，则我们需重视情绪及价值观念。如果信任和信仰是与货币有关的主要情绪，并对未来产生影响，那么，当代金融行业对待违约行为就不能掉以轻心。

对于当前的危机，我们试图从可能造成这些危机的历史背景中理解这种情况。如果将危机视为对货币信任的崩塌，那么，贪婪等情绪入侵人心，或者指望狂热情绪转化为恐慌，进而简单地将此类行为归咎于"人性"，这样的观点显然不足以解释危机。许多见解深刻的评论家认为，金融机构缺乏羞耻感，与现实世界脱节。尽管有人可能将这种问题归咎于资本主义制度本身，但我认为这种解释并不充分。如果采矿或石油公司会因其所作所为感到内疚，并采取行动来弥补自己造成的损害，那么金融行业理应具有同样的羞耻感。然而，这并非一蹴而就，更需要我们去探寻可能存在的社会冷漠问题。

在某个时期，除了全面禁止情绪表达外，只有一种货币观念被认可和接受。长期以来，大宗商品观与信贷观之间分歧不断，直至 1944 年布雷顿森林体系建立后，前者才重新占据主导地位。这种观念根深蒂固，因此其他观点鲜为人知。相比之下，信贷观点在社会学分析中更为常用。如果将货币贸易仅看作比物物交换更便捷的一种途径，那么其价值波动就仅仅是对其他外部经济过程和冲突的反映。在这里，货币并非问题的核心，而传统观念对此最为明确。相反，齐美尔(Simmel)、凯恩斯(Keynes)和熊彼特(Schumpeter)认为，如果货币代表了信用和承诺，那么它就是一种建立在非个人信任基础上的社会关系。很少有人知道,商业银行创造了约97%的货币。银行在经济、社会和政治生活中处于核心地位,既具有创造性,又带有破坏性,而社会科学可以帮助我们更好地理解银行与整个社会的关系。

经济学伪装成"科学(science)",造成了长期的分裂,但这种做法并不能帮助解决与经济相关的种种问题。许多人改变了这种相互不利的局面,在我们的案例中,社会学家没有关于货币问题的发言权,货币被认为是经济学的专属领域,而情绪则归于心理学范畴。本书从大量备受瞩目的研究中提出了其他的分析思路,涉及价值观、认知、情绪及决策等方面。为了展示我们在情绪与金融领域所采用的新的研究方法,我们将在引言部分简要介绍这些研究趋势。

首先,我阐述了情绪的概念,并探讨了如何将个体的情绪特征推广到群体层面。我回顾了经济学家对情绪的处理策略。"情感转向(affective turn)"为社会科学开辟了新领域,但我认为某些情绪更为关键,更值得深入探究。因此,我在研究中特别关注了债权人和债务人之间货币关系的历史演变,以此为基础来分析当今金融领域的情绪因素。本团队旨在提供多元化的视角,供读者进行评估。

社会学视野下的情绪与经济方法

我们对情绪及情感的理解颇有差异,深受不同文化、理论的影响。在社会科学研究的初期,几乎所有社会科学都希望理性力量能够"克服"情绪力量。人们强调负面情绪在因果关系中的作用,却很少将理性本身视为问题。自17世纪以来,哲学领域中的非历史性方法对经济学产生了深远的影响。霍布斯等人的创造神话看似荒唐,但颇具魅力,简单易懂。[1]

在社会学领域,霍布斯的《利维坦》中所阐述的约束,成为一个更为可能的社会秩序的历史问题,即如何控制暴力爆发和恶习产生;而在经济学领域,人们不再接受这种约束,转而信奉基于市场机制的、人性中普遍存在的情绪,以及人性中或野蛮或利他的本性。这里的"人性"是自利却理性的,通过神圣的契约来构建社会秩序。这种非历史性方法凸显了其真正激进的个人主义。

苏格兰的哲学家们通过内省心理学建立了这种思想倾向。熊彼特认为,这不仅是后来在盎格鲁·撒克逊经济学中确立的"哲学经验主义",还包括用创世神话来解释像货币这样的"社会事实"(1954:125)。事实上,社会制度被归结为单纯的个体总和,这种说法已成为主流。因此,市场也被视为一个实证概念,在引导个体方面起着规范性的作用。无形的市场"理性"的益处与亚当·斯密的平等主义观点相结合,即认为"人"会自然而然地对极为简单的刺激作出同样简单的反应(Schumpeter,1954:186)。熊彼特认为(1954:184),亚当·斯密的"看不见的手"仅让伯纳德·德·曼德维尔(Bernard de Mandeville)于1714年创作的《蜜蜂的寓言:私欲与公益》(*Fable of the Bees: or Private Vices and Publick Benefits*)变得更易接受。这本讨厌的小册子使斯密惊愕,可能是因其"得到了某些启示"。斯密笔下的"市场人"普遍以同理心和自爱为基础进行交易和交换,这与他的朋友大卫·休谟(David Hume)更为慷慨的利他主义不同。在这种情况下,便是"情感驱使理性",或充其量是习俗凌驾于理性之上。在许多评论中,我们都注意到,斯密对他所处时代的苦难视而不见,因此所谓的"同理心"是多么荒谬。然而他的拥趸却忽略了这一点。

为了更好地理解世界,借助一些设备或简化模型不可避免,但过于追求预测往往会阻碍人们对社会科学发展的追求。对人物、机构和历史环境进行简单而片面的漫画式描绘,成为一种重要的驱动力,即以物易物或选择使用货币的"理性经济人"。

然而,即使在这种非历史传统中,也有探讨货币与情绪的空间,尽管存在极端个人主义,但其理论或逻辑观点也颇具启发性。在深入探讨历史传统对社会学的更大影响之前,我先谈谈当代的一些观点。

此外,经济学和社会学内部关于情绪的争论并无显著差异(Flam,2009b;Pixley,2010b)。首先,有人认为情绪是非理性的,时而可控,时而难以驾驭。其次,情绪有助于理性和直觉推理,对我们的内在自我或社会关系至关重要。最后,情绪与非理性的结果无关。在某些情况下,哲学为情绪带来额外的负担或可能,例如,"克服恶习"或提供道德指引,但这一观点引发了争议(Flam,2009b;Hirschman,1997)。

行为金融学/经济学

行为金融学和更多有关经济心理学的引入,旨在挑战20世纪70年代完美运行的理性经济主体。多数人仍持续采用非历史性方法研究货币。然而,在这种行为主义视角下,情绪得到了强化。一个问题是,这些行为主义者是否采纳了制度主义者有关无法避免的不确定性的假设,还是依然沿用新古典经济学中可计算风险的假设。我认为,通过以下四种方式或混合形式,心理学家和经济学家能够对理性经济人进行探索。其中,前三种方法假设未来是可以计算的,但由于多年来风险分析的失败,这些方法试图从情绪或"非理性残差"中为理性经济人的错误找到解释(Pixley,2002;2010b 用于扩展讨论)。他们将情绪视为认知推理的替代品、辅助,或与之无关的因素。上述方法均假设在均衡状态下做出理性选择,即个人机会主义被视为所谓的正常情况,而不是社会冲突或共识安排所导致的历史性权力平衡。许多人将现代银行业的大厦看作个体交易员的集合场所。

A. "错误学派"。该学派强调了启发式或框架的重要性,认为个体通常在概率上犯错,并且人们愿意违背理性公理。对某些人来说,即使金融"专家"在计算过程中也难免会出错(De Bondt,2005:165),也就是说,"偏见"和情绪是每个人与生俱来的,而且通常专业人士在使用预测模型时比普通人更容易过度自信(Rabin,1998;Slovic,1999)。这种质疑理性选择的观点与社会学密切相关,因为社会框架中的"系统性偏见"被视为人性的一部分,其中隐含着众多历史。不可能有纯粹的理性,而且激励机制并不能减少错误(Tversky and Kahneman,2000:221)。后者更强调"独特决策"中的不确定性。此外,乔治·洛温斯坦(George Loewenstein)认为,直觉比认知思维更易预测(2000:427)。因为尽管情绪波动很快,但它们能系统地影响行为。意识用理性化、借口和自欺来推翻这种可预测的模式(参见社会学,如 Norbert Elias,1956,1987b)。

其中一些文献(Zinn and Taylor-Gooby,2006:31)主要基于实验室测试(提出假设的金融困境),表明外行人无法与"智慧货币"交易员相提并论。下文所探讨的理查德·塞勒(Richard Thaler)和罗伯特·希勒(Robert Shiller)的研究就采纳了这一观点,而丹尼尔·卡尼曼(Daniel Kahneman)对此提出了疑问。他竭力反对给予公司首席执行官巨额激励,尤其在金融灾难时期,因为这些激励并非基于技能,而仅仅基于运气(Lambert,2012)。

B. "情绪帮助"学派。多项研究依赖于对资产交易员的观察,例如,通过发送重复的短信来观察他们的行为和情绪反应(Andersson and Tour,2005),或者对专业交易员进行皮肤电导、血压和心率等生理指标的监测,这些指标在交易过程中发生了显著变化(Lo and Repin,2002:324)。短信试验发现,积极的情绪和成功感出现在成功交易之后,而不是在之前(因此这不是一种特质)。交易失败时,交易员往往将责任归咎于"市场",而不是自己。这个发现或许证实了市场上涨造就了"金融天才"。正如另一项研究发现"交易对财富有害",因为"过度自信"会导致过度交易,并造成低回报(Barber and Odean,2001)。通过监测交易员的心率等生理指标,可以得出一种相反的结论(尽管有一些警告),即情绪对最佳交易员的"进化适应性"起到决定性作用(Lo and Repin,2002:332—333)。

A 和 B 均提到了心理学和神经经济学领域对情绪的研究(如 1994 年达马西奥的研究)。这些研究强调了想象力的重要性,但得出的结论截然相反(例如,鼓励或者抑制影响社会联系的激素,如催产素)。这两种方法都引起了争议:

C. "情绪是非理性的、破坏性的、不必要的"学派。他们观察到情绪无处不在,并且坚决主张如果情绪不被干扰,就可能对未来进行纯粹的计算。乔恩·埃尔斯特(Jon Elster)具有一定的跨学科背景,因此是理性经济人的模范候选人。尽管人们赞同埃尔斯特在羞耻、嫉妒、后悔和内疚等情绪方面的观点,但他对理性选择理论的辩护十分坚定,特别当谈论股票经纪人时。他既没有提到与决策相关的信任或信心,也没有提到不确定性。他假设存在关于未来的信息,只是获取这些信息的成本太高(Pixley,2002b)。在这一领域,由于情绪会受外部干扰并导致金融危机时的非理性行为,因此没有太多的实验测试。

以上三种方法都将个体情绪和行为归纳为类似于苏格兰实证主义者所描述的社会事实。所得出的结果源于"人性",其定义是主要的争论焦点。

D. "情绪无关"学派来自博弈论。这与之前所述的方法大相径庭。在这个以"游戏"为模型的逻辑论证中,情绪与非理性结果无关,因此情绪起不到任何作用。与其他情况一样,潜在结果是可计算的,因为个体或"内部"团体(而非社会环境)面临的选择或困境只有少数几种(Woodruff,2006):人们可以选择买入、卖出或回避某些事物,但实际结果无法预知。在此情境下,尽管理性经济人在决策时进行了计算,或者说,由于独自决策,无论其情绪状态如何,区别在于存在着集体结果,即某些人/无人/所有人的输赢。在这里,将个人恶习与共同利益画等号是不恰当的。博弈论将信任排除在承诺和背景之外,排除在各方(如银行业和工业)之间的协作之外,但不排除相互依赖的结果。由理性经济人组成的"看不见的手"可能导致可怕的错误,或产生更广泛的负面效应,凯恩斯也证明了这一点。如果只有少数企业存活下来,那么个别企业为求生存而采取大肆裁员的理性行为极易导致经济萧条。博弈论比其他理论的社会性更强,因为在博弈中没有相互协作。博弈论重点关注如何理解他人的博弈意向和技能。在个人利益为先的规则下,面对未来的不确定性,却出现了非理性集体结果的论点。因此,社交因素是内在的,即其他人的行为对集体结果的影响,但脱离了背景或先前的社会联系。其中一个典型的例子是"囚徒困境",或者像赫尔穆特·库兹米茨(Helmut Kuzmics)对我说的懦夫博弈。这些博弈的结果可能是非理性的,但并非由情绪引发,而是因为集体结果可能与每个参与者的利益相冲突:更广泛的依赖性在此不容忽视。

该理论有效地反驳了理性经济人模型,并提供了一种推断集体结果的方法。情绪并非造成不理性行为的原因,实则是个别的看似"纯粹"的理性行为引发了这种错觉。弗雷德·赫尔希(Fred Hirsch)的《增长的社会限制》(*Social Limits to Growth*)(1977)以理性选择理论为基础(该理论要求在相互依赖的基础上进行事先协调),以此来展示每个实用性最大化的选择(例如,开车),最终都会导致交通堵塞和较高的事故发生率,这是灾难性的公共后果。凯恩斯将这一理论应用于金融机构,他认为,每家银行根据其自身利益选择所谓的"理性行为"往往值得怀疑,而当所有银行都奉行这一策略时,很可能导致灾难性的后果。亚历山德罗斯·安德烈亚斯·基尔奇斯(Alexandros-Andreas Kyrtsis)用语十分贴切,他指出在金融机构内部存在着一种"不道德的恐慌"。博弈论也存在弊端,下文将予以详述。[2]

"错误学派"的主要缺陷在理查德·塞勒及卡斯·桑斯坦(凯夫,2011年)的著作《助推》(*Nudge*)中得以阐释。该学派对待人们的态度近乎心理学家 B. F. 斯金纳(B. F. Skinner)的反乌托邦小说《瓦尔登湖二号》(*Walden Two*)中的描绘,或者像巴甫洛夫对狗的行为研究。尽管他们提出的策略比简单的"胡萝卜"激励计划巧妙一些,但这种巧妙的"引导"策略受到了广泛赞赏,以至于塞勒向英国保守党首相戴维·卡梅伦提供建议,桑斯坦则向奥巴马总统出谋划策。

在《自我助推》(*Nudge thyself*)一文中,斯蒂芬·凯夫指出,"假定我们英明的领导人会利用他们的权力为我们谋福利,为何我们仍会认为他们比常人更为理性和诚实?"也许,政府和金融部门的制度目标是鼓励人们储蓄更多的资金用于养老,而此时受保障的养老金制度正在被不安全的"个人缴费计划"所取代。养老金数额取决于退休当天的货币市场形势,这样一来,金融部门更容易拿走我们的储蓄,并将风险转嫁给我们。这些策略都与金融危机的影响有关。我认为,这种担心完全合理,人们普遍存在合理的忧虑,他们不愿再承受任何资金损失。

行为金融学具有很强的影响力,但也存在一些可疑倾向。以"情商"为例,通过评估员工的情商水平来制定人力资源策略,恰恰是"情绪帮助"理论的弊端之一。这种理论认为,某些情绪理应起到关键作用,比如,"以真挚之情推销产品的激情"和"创造更多的销售杠杆"(Fineman,2008:280-281)。相反,本书着重关注社会背景和金融领域中的情绪因素。

社会学和经济学中的制度方法

社会学通常不从即时或延迟的个人效用的个人心理偏好出发,正如跨期选择的"推动"类文献中所述(Frederick et al.,2002)。社会学关注的是"偏好"的社会构建,以及在现实生活中是否有众多人享有真实的"选择权"。当分析金融问题时,企业就不能被赋予个人属性,如满足欲望、特质或情感。当机构赋予个人特定的职责时,此人自然应具备相应的特征、技能、价值观和习惯,然而个人动机与组织目标并不相同。

组织社会学家对于亚当·斯密将自爱与面包店挂钩的观点持批评态度,认为这有点厚颜无耻,因为即使个别面包师傅也可能有自私的动机(Korczynski,1996)。在这种社会学看来,企业拥有个人完全不具备的强大计算能力和市场运作能力。

此外,尽管出于纯粹生存目的的自利行为在某种程度上是可预测的,但其结果无法确定,面对未来所需的预测几乎被忽视。在行为金融学中,一个著名的定义否认了不确定性:金融学将人类的各种失望和经济损失视作风险,并为其赋以概率。罗伯特·希勒进一步表示,金融的洞察力需要"民主化",从华尔街的专业人士到沃尔玛的顾客,将金融的范畴从物质资本拓展到人力资本(Shiller,2003:1-2)。劳动力只是一种商品,可以像资产一样进行风险评估,或者更确切地说,其收入流可以被"证券化"并出售。部分章节讨论了在次贷危机中将房屋、技能和资金视为资产后所带来的负面影响。

制度经济分析

与新古典主义思想下的个人主义方法论相比,历史制度经济学派、社会学、人类学和地理学对货币的看法更为相似。在行为主义的辩论中,假设有一个理性经济人模型,其中可能存在对情绪或集体非理性的"偏离"。德国历史学派在19世纪挑战了斯密的创世神话,随后,韦伯(Max Weber)和熊彼特在货币作为信用的问题上达成共识(Collins,1986)。

从研究不确定性、制度和货币的经济学家开始,弗兰克·奈特(Frank Knight)[1965(1921);见 Beckert,1996]将风险(已知概率的事件,如掷骰子游戏)与不确定性之间的区别编成了法典。哈耶克(Hayek)对预测也持有异议,但他并不关注市场能否自主调节(Pixley,2012a)。尽管哈耶克是一位坚持不确定性的信用理论家,但凯恩斯没有哈耶克对不平等的冷酷态度,也未展现出弗里德曼那般实证主义的倾向。这种看似不可思议的多样化反趋势在20世纪70年代获得了胜利(我只能猜测,尽管理论观点截然不同,但哈耶克和弗里德曼对国家监管货币的愤慨,并将其幻想为民主国家的"金融压迫"或"农奴制",使得二人成为奇特的盟友)。凯恩斯将古典经济学方法抨击为"试图通过抽象出对未来知之甚少这一事实来处理当前的问题"(Keynes,1937:215),显然无法与哈耶克对"高效"市场信息的规范信念相比,后者可以抵消不确定性,也无法与他关于良性市场货币的"看不见的手"理论相比(Ingham,2004a)。而这场危机恰恰揭示出市场中非理性结果的存在。

正如本书部分章节所示,源于个体主义者对机会主义的热衷,情绪是制度分析所固有的。海曼·明斯基(Hyman Minsky,1985)强调了凯恩斯和熊彼特在银行货币创造方面的观点,以金融不稳定性悖论而闻名,即稳定性反而可能孕育不稳定。明斯基认为,稳定不过是成功之后的短暂宁静,转瞬即逝。在中央银行的货币政策的问题上,明斯基与约翰·肯尼斯·加尔布雷思(John Kenneth Galbraith,1975)的观点不谋而合,即中央银行对利率的操纵并非总能达到预期效果,结果往往会适得其反。一方面,证据表明,当市场环境乐观并预期繁荣时,商业银行的贷款发放往往难以限制(Epstein,1994:231—232)。银行准备金的监管可能会促使银行寻求"创新",从而规避准备金规定。另一方面,凯恩斯希望在经济衰退时通过财政政策恢复动物精神或信心;反之,经济繁荣时,抑制动物精神或信心。在这一观点上,加尔布雷思认为,中央银行要么"绷紧一根弦",减少银行希望创造货币的亢奋情绪,但如此会损害整体经济;要么在低预期的经济衰退期间,低利率对重振动物精神毫无作用。明斯基进一步担心,经济萧条时期的财政支出并不一定会鼓励银行发放新贷款,它可能会恢复人们的投资信心,但仅仅是对一个已存在且脆弱的金融结构进行验证(Pollin and Dymski,1994:373)。

但何为兴奋、狂躁或非理性繁荣？查尔斯·金德尔伯格(Charles Kindleberger)的"暴民心理或歇斯底里"的观点(1989:32)实际上是在形容银行的行为,尽管银行本身并无"感觉"。他收集了过去 400 年间发生的案例。英国上一次银行挤兑事件发生在 1866 年(直到 2007 年的北岩银行事件)。巴格霍特说:"亏损的方式如此鲁莽愚蠢,甚至人们认为让一个孩子在伦敦金融城放贷都会比他们做得更好。"(Kindleberger,1989:31)。我们必须把重点放在银行官员身上(Flam and Kyrtsis,本卷)。脆弱的金融结构可能涉及官方对迹象/线索的不信任,或对背景信心(而非特质)的下降(见本书 Swedberg)。心理学对此类问题无能为力,也无法解决如早期社会学中讨论的系统层面的冲突等集体问题(见本书 Whimster),以及政治上的问题。如 20 世纪 20 年代,丘吉尔曾表示希望看到"金融业更加谦逊,工业更懂得知足"(Brittan,2011:11,着重部分由作者用斜体标明)。这些诱人的金融关系理念多年前就需要进行社会学分析。那么,为什么相关分析如此之少？

社会学/经济学在货币和"情感转向"问题上的"分歧"

兰德尔·柯林斯(Randall Collins)在 1986 年曾表达过不满,他指出,20 世纪 30 年代,塔尔科特·帕森斯(Talcott Parsons)的观点在社会学和经济学领域引发了争议。海纳·甘斯曼(Heiner Ganssmann,1988)和奈杰尔·多德(Nigel Dodd,1994)均赞同柯林斯(Collins)及英厄姆(Ingham,1996)关于忽视行为的论断。柯林斯在其著作中(1986:11－12)明确提到:"帕森斯认为'功能主义是新古典经济学一般均衡理论的社会学对应物"。然而,他这种将货币视为:"几乎无需社会学分析"的社会现象的观点,实际上并不符合他自身的理论立场。柯林斯呼吁,是时候重新审视熊彼特和韦伯的理论了。他主张社会学不应仅仅"将货币作为解释其他事物的隐喻",而应深入"探究货币本身的社会地位"。这种与经济学之间的分歧,对社会学在货币研究领域造成了深远的负面影响。

而社会学却并非如此,这就意味着在帕森斯的"感情中立性"理论框架下人们几乎不研究货币的债权人/债务人这一关键社会关系,也不研究涉及情绪方面的问题。对此为数不多的研究只是经济学中"从众"行为的非理性情绪和社会学中作为"沟通媒介"的货币的"系统信任"。然而,越来越多的人反对将货币视为一种中性符号或一种以货易货的"物品",还因此认为它是一种无害的社会工具(Ganssmann,1988:287,293-294)。根据史密森等人的后凯恩斯主义观点,如果交易是"债务交换",那么最关键的是价值与"最终"支付的信任和信心。汤姆·伯恩斯(Tom Burns)认为,货币作为交换手段,其稳定性取决于社会共识,但金融家使用"货币符号"作为资金来源以进行更多积累的手段,不断地破坏了这种共识(Burns,1998)。因此,货币无法脱离信贷、投机、信任和不确定性。杰弗里·英厄姆(Geoffrey Ingham)将我们的注意力重新引向(2003)柯林斯的研究,他重建了韦伯关于货币的著作《世界经济简史》(1986)中的观点,任何关于"情绪转向"的文章都会引用柯林斯的冲突社会学观点(1975)以及情感能量概念(1993)。柯林斯在其著作的各个部分探讨了情绪和货币/金融。英厄姆、布鲁斯·卡卢瑟斯(Bruce Carruthers)、韦恩·贝克(Wayne Baker)、伯恩斯、多德等人从20世纪80年代开始发展货币社会学(Pixley,1999)。这并不是后结构主义者无情抱怨的"典范"。

关于20世纪70年代通货膨胀的社会学著作也问世了。伯恩斯指出,通货膨胀是分散资本主义经济中"收入分配冲突"的"核心过程"。这种冲突不仅存在于"资本与劳动"之间,更广泛地波及众多社会参与者(Burns el al.,1987:301-308)。斯韦德伯格讨论了国际层面的通货膨胀问题(1987)。根据韦恩·贝克(Wayne Baker)的方案(1987),"最接近货币"的群体有权定义货币。卡卢瑟斯追溯了英国和美国货币的历史时刻,相关内容将在后面详细论述;英厄姆(1984,2004a)将货币辩论推向经济领域,展示了凯恩斯和熊彼特思想中隐含的社会学思想,并在此基础上重新唤起了韦伯和齐美尔对此问题的思考。

他们都强调货币的冲突性。在英厄姆对货币的定义中,信任与信用密不可分(见下文)。卡卢瑟斯和埃斯佩兰(1991)提出了"保证"的概念,将会计作为一种方法来回答所有者、国家或股东是否"受骗"或"将要"受骗等无法回答的问题。

20世纪80年代,研究情绪和不确定性的"异端"信贷经济学家们分别忙于对抗商品货币的正统经济学。社会学界对货币和情绪的分析主要来自埃利亚斯和柯林斯。英厄姆指出,有些人研究齐美尔对货币的情绪体验,但很少将其与他的理论见解相结合(2004a:63)。即使是在帕森斯的"社会帝国主义"理论下,在尼尔·斯梅尔塞(Neil Smelser,1963)的著作中,我们也可以发现引人入胜的建议,涉及不确定性的管理恐慌。罗伯特·默顿(Robert Merton)将自我实现的预言概念应用于银行挤兑现象(1957),见第 3 章和第 8 章。

兰德尔·柯林斯(Randall Collins)强调了货币如何再次占据主导地位:"经济的社会学政治"已经演变为"货币的社会组织政治"(1986:119)。公司收购显示了当今的"金融政治力量"和"债权人和债务人"之间韦伯式的阶级冲突(同上:125—126)。他引用韦伯的观点(同上:130),即资本所有者如何只成为"信贷提供方银行的受托人"。此外,全面的尊重也随之而来。在银行家创造货币的前一种模式中,银行经理会对申请小额贷款的客户进行财务"搜身"。普通借款人不得不暴露自己的经济实力,而银行则对大额借款人"卑躬屈膝"。政府"绝不"允许大银行倒闭,主要是因为国家需要一个"可行的金融体系来达到目的"(同上:137—138)。

柯林斯对仪式的分析表明,"旨在唤起情感"的社会互动如何培养仪式参与者坚定的信念和团结精神(Collins,1975:58)。当今金融领域的丰富文献,如"回忆录"和民族志,支持了这一观点(Abolafia,1996;本书中 Flam 的评论)。一种能够唤起情感的仪式是"聚焦于一个共同对象",因此财经"新闻"成为一个被放大的仪式对象。另一种是共同存在的"情绪传染"或"能量"(Collins,1975:58)。柯林斯还认为,任何决策的对象——所谓的偏好,都是情感偏好,在有组织的情境下通过这些"互动仪式"所引发的动态过程来选择(Collins,1993)。回忆录证实了这一点。

维维安娜·泽利泽(Viviana Zelizer,1994)在其关于货币与道德的研究中,着重阐述了价值观与情感之间的联系;柯林斯将"情景"分层定义为其研究中的"泽利泽回路(Zelizer circuits)"。阶层处于"货币交换网络"中,而网络的顶层则由金融精英占据。由于他们的网络地位和成功的互动仪式,他们拥有最高水平的"情感能量",因此通常会"胜出"(Collins,2009:254,110)。柯林斯补充道,董事会的互动仪式会把金融集团变成"赚钱迷"(1993:220)。苏珊·夏皮罗(Susan Shapiro)于 1987 年提出了金融界"非个人信任"的挑战,并于 1984 年提出了金融行业中的欺诈问题。她在这里强调了新的金融"工具"与"新"类型的投机和欺诈。谁来守护信任的守护者,这个问题似乎无穷尽(Shapiro,1987)。汤姆·伯恩斯这样说:

> 在历史上,货币体系的一大缺陷便是其稳定性与崩溃的风险……

监管手段往往不充分或不可靠……这些局限性通常不会公开强调,也不会强调银行危机和货币体系崩溃的历史模式。原因显而易见。

(Burns,1998)

人们对于银行危机的恐慌,导致银行难以向公众透露真实情况。一位英国财政大臣曾在1928年表示:"我担心普通公民并不愿意被告知银行……会创造和销毁货币。"(Ryan-Collins et al.,2011:7)如果货币的来源本身就令人担忧,那么来自其生产者的欺瞒也同样让人难以信任。

情绪文学得到广泛发展。1978年,西奥多·肯帕(Theodore Kemper)对信任面向未来的情绪和信心进行了有效讨论,尽管他并没有过多地提及货币问题。凯伦·库克(Karen Cook)关于"信任即计算"的作品集影响深远(如2001年)。在阿莉·霍赫希尔德(Arlie Hochschil,1983)的研究中,以认知为主导的情绪理解相当重要。如果卢曼能够确定代理人,那么他关于信任源于过去"缺乏相反证据"的货币论点就会更加适用,公平地说,尽管偶然性是其他系统理论的核心(1979)。从卢曼的观点中可看出,帕森斯的货币观(沟通媒介)对他的影响显而易见。然而,将情绪视为动机、"能量"的概念,以及埃利亚斯通过研究历史上不断变化的"投入与超脱"之间的平衡,对帕森斯"情感中立性"观点提出疑问的方式(如1957年),均为20世纪30年代的重大突破,尤其是在货币方面。与上述人物不同,帕森斯的新古典主义倾向排除了信任的非个人化特征,如穆迪公司(Moody's)或会计师事务所这样的代理机构在信任中具有非个人化特征的可能性。下文将讨论埃利亚斯关于货币的精彩辩论,以及波兰尼关于道德经济和货币作为虚拟商品的观点。

在学术界20世纪90年代讨论"情绪转向"时,这些学者和前文提及的情绪网络已经对帕森斯所提出的"邪恶交易"所导致的结果进行了重新评估(Moss,1999:552)。格雷克和斯滕纳(2008)认为,这种"转向"类似于"文本转向"。而在心理学和生物学领域,强调的是内在方面,它们揭示了辩论如何能够激发积极且文明的情绪,或是催生出一种新的"自私享乐主义";或者重新审视西方思想中传统的"身心"分裂思想以及生物学和心理学的"后实证主义"类型(同上:9—10)。

据我所知,这种"情绪转向"本身在行为金融学的讨论中并未直接出现,尽管行为金融学在20世纪80年代已经"转向"关注情绪因素。卡内曼等心理学家与社会学关系密切。社会学家帕特里夏·克劳夫(2008:1—2)为"转向"对解构该主题的社会学和政治经济学的影响进行了辩护。这一"转向"展示了一个新的、特定的"生物媒介体"是如何"通过资本投资而塑造形成"的。

我未能理解此处的具体意图,据我所知,在后解构主义的辩论中,很少有关于货币和情绪的具体论述,至于银行业的相关讨论更是少之又少。在行为金融学的范畴内,虽然对交易员的实验室测试无疑证实了情绪普遍存在,但对于具体情绪的产生背景及其演变过程却知之甚少。也就是说,除了交易员在预先给定的假定情境中的情绪外,克劳夫没有探讨情绪是否会影响银行业务。

神经学与理解金融业如何将情绪制度化之间似乎存在着鸿沟。"情绪转向"的反常之处在于,尽管凯恩斯对信用货币、动物精神和商业信心进行了研究,沃尔特·白芝浩(Walter Bagehot)也对信任(1873)进行了研究,但很少有社会科学家根据情绪转向将货币视为不确定的承诺。一方面,凯恩斯主义经济学被有关"理性预期"(未来是可预测的)的论点所湮没;另一方面,社会科学界对凯恩斯主义政策仅提供情绪管理感到不安,这或许导致社会学对此缺乏兴趣。凯恩斯认为财政政策可以"恢复"精神(1936)。理性预期理论认为,商业领袖会"看穿"这种操纵。这是有道理的,但不能得出商业领袖(而不是政治家)可以预测的结论。

在金融领域中,情感边缘化的另一个可能的主导因素是该行业的持续崛起,本书多个章节将围绕这一点展开。华尔街和伦敦金融城拒绝接受"货币是永远不能变卖的承诺"这一观点。将货币视为商品的危险观点遭到了信用货币传统的严重反对。从"关系银行"到"社会冷漠"的巨大转变提供了一种社会学分析。20世纪90年代末,当我开始对银行业内部的情绪进行研究时,对货币的信任是"不言而喻"和沉默的。2008年,雷曼兄弟公司倒闭后,最高层面的信任崩塌,没有人能否认它的相关性。但这种情况能持续多久呢?

无论这两个学科的"转向"有什么优点,本书都与方法论个人主义相距甚远;我们寻求神经学和心理学之外的解释。对士兵的理解主要不在于其个人特质,而在于军队这一集体背景(Lukes,1973);对交易员的理解也在于其所在的银行、国家和市场等机构。与相互信任或冷漠、羞耻和宿命论相比,我们通过比较或考虑可能激发抵抗的结构性条件来探索不同人格。诺贝特·埃利亚斯(Norbert Elias)提出的关于早期现代形象的辩论非常重要,它促使人们产生羞愧和尴尬等抑制性情绪。在这里,山姆·威姆斯特关于韦伯的章节、布鲁克·哈灵顿关于戈夫曼(Goffman)的章节以及本·曼宁(Ben Manning)的比较章节,对不同道德经济的结构性条件以及"自下而上"的反应进行了深入分析。

我们还参考了海伦娜·弗洛姆所做的对比(2009b),即施加不同情绪重点的结构性条件与创造新条件或新(局部)情况的情绪之间的对比。这些对比在理论上是无法"解决"的,相反,两种可能性并存。我进一步指出,1694年后,英国债权人对斯图亚特王室违约的不信任促使这些债权人限制了"王在议会"的原则,这使得债权人在此后获得了半永久的结构优势。

赫尔穆特·库兹米茨和罗兰德·阿克斯特曼(Roland Axtmann,2007)提出了摆脱这些困境的方法。一方面,他们关注形成性制度或形象;另一方面,他们聚焦于"社会人格",指出某些在日常生活中反复出现的情绪会产生深远的影响——无论这种影响是在国家社会层面,还是在阶级或特定身份群体中。日常生活中的某些情绪可能会促进习惯和"社会性格"的形成,因此,尽管生物因素所决定的躯体成分起着一定作用,但行为成分和感觉成分是相互关联的,或者说,在有意识和无意识的刺激之间存在着弗洛伊德式的折中(同上:209-210)。在讨论哈布斯堡社会,特别是在讨论18世纪的维也纳时,他们说道:

> ……有非常特殊的力量在起作用,由此产生了一种同样独特的幽默感。对于处于弱势的一方而言,在一个权力分配极不均衡的世界里,这种幽默感成为他们力量的源泉,是他们用以扭转强者权势的一种手段;然而……当笑声逐渐消散,人们发现整体的社会结构几乎未有任何改变。

(同上:211)

2009年,《滚石》杂志将高盛公司抨击为"乌贼";2012年,英国废除了弗雷德·古德温(Fred Goodwin)爵士(苏格兰皇家银行被解雇的首席执行官)的爵位,也许其中的讽刺之处在于,这些幽默或唾弃的姿态不太可能撼动资本主义债权人控制的"引以为傲的"金融体系。

情绪在经济学中被理性行为者模型推翻,这引发了为其辩护的声音。"行为金融学"往往是一种狭隘的驱动力,旨在用更具预测性的科学击败所谓的经济学科学。相反,这是一个跨学科的目标,旨在以"更好的社会科学"来回击新古典主义观点。但是,很少有社会学界的同仁为凯恩斯的货币理论或不确定性理论进行辩护或推崇;在某些圈子里,他的名字是禁忌;在另一些圈子里,凯恩斯灵感中的"动物精神"被误解成需要压抑的金融情绪(Akerlof and Shiller,2009)。货币的信用理论仍处于相对落后的状态,但绝不是停滞不前。如果说商品理论在2007年后受到了动摇,那么一大堆相当可疑的"理论"从完全合理转变至疯狂,正激起社会的广泛愤慨与运动。

换言之,本书作者坚持认为,货币和情绪之间的制度联系对于理解金融至关重要。虽然本书无法详尽覆盖所有历史细节,但在我看来,若正统学派轻率地将历史视为仅供消遣的"趣闻轶事",那么,他们的"创世神话"便是如趣闻般的"弥天大谎"。

金融情绪的历史发展:可能性

制度主义者并非凭空认为货币中的信任和信念十分重要。对于"信任和信心是非情绪化的"这一说法(Cook,2001),夏皮罗、英厄姆和斯韦德伯格撰写的章节对此提出了疑问。诚然,资本主义货币的非人格化过程在一定程度上导致对于信任的疏离和算计。越来越多的人与陌生人、国家和银行打交道,形成了各式各样的间接关系,制度也随之变化,而人们思考和感受的方式已非纯粹生物学所能涵盖。无论是背叛还是忠诚,信任的结果千差万别。不同的情感倾向开始显现:一些情感倾向在今天几乎没有力量,除了怀旧,比如"严厉"的银行经理形象。尽管一些看似违背直觉的银行做法可能不利于分析货币的情绪,但它们会催生其他类型的情绪。

无论银行家现在是否会正视他们的借款人,令人难以置信的是,他们甚至可能连评估借款人的可靠性都嫌麻烦。这种明显的行为在次级贷款中显而易见,但为什么会这样呢?这可能与假装抛售风险有关。人们理所当然地(甚至从伦理的角度看)认为,债务人和债权人定义的存在相互依赖。贷款人需要相信他们的借款人能够按时支付利息和还款,除非发生灾难。他们希望借款人将来能获得成功,这样他们就能还清债务。当这一承诺变得客观,贷款人便依赖于第三方对借款公司的评估。这成为一个不信任策略,于19世纪外包给信用评级机构。

埃利亚斯认为,货币具有文明化的作用。只有当国家能够垄断税收以垄断暴力,或者这些力量相互促进时,绝对国家才会出现。不可预测的封建交战与后来货币化城市和宫廷社会中的相互依存链不同。自我约束带来了更复杂和精致的情绪,但也有缺点(Elias,1956)。在这些"文明的进程"中,和平的经济活动并非不可避免，而是历来多变（Kuzmics，1991：9—11）。崩溃的可能性始终存在，埃利亚斯并不是天真的"乐观现实主义者"。然而，在民族国家的统治之下，这种国家为新兴市场的不对称关系提供了总体的"和平"秩序，从而使得封建骑士战争所带来的骇人听闻的外部暴力有所减少（Kuzmics，2009：9—11）。羞耻和尴尬可能会取代愤怒的爆发，但"抑制"情绪会消退（Flam，2009b：74—75）。本书中大多数章节围绕情绪转变这一重要主题展开了探讨。

当然，他们将其应用于金融领域。在埃利亚斯看来，西欧更多匿名的信贷关系可能会"文明化"。这将取决于不平等的程度，比如对毁灭的持续恐惧。[3] 和平交易可能源于"控制和预见的特殊不透明性，以及任何参与资金链的行为对……人们倾向的限制"（Elias，引自 Newton，2003：351）。蒂姆·牛顿（Tim Newton）更悲观地认为，埃利亚斯所分析的"文明的进程"并不会与残酷的大规模倒退交替出现；相反，"信贷和货币"也可被视为相互依存的网络，同时鼓励"文明的约束"和"野蛮的进程"。如今的"灵活、隐晦和冗长的现金货币网络"可能涉及金融家、交易员、股东和消费者等人，他们在掩盖金融不公时表现出一定的文明克制，同时也造成一定的"野蛮行为"（同上：351—352；Hanson and Tranter，2006）。

其他"现代"机构也有其内在的紧张关系，这可能源自特定的组织结构，以及对羞耻或尴尬的恐惧。埃利亚斯的自我控制愿景是对霍布斯可怕的自然状态的一种启发性的"解决方案"，韦伯、阿伦特和杜尔凯姆也希望建立一个"幸福"的社会秩序来调节所谓的"强烈情绪"（Flam，2009b：75—80）。斯密对"看不见的手"的希望略有类似，即个人自利和同理心能创造更大的利益，阿尔伯特-赫希曼（1997）对此提出了批评。据称，自利是可以预测的（羞耻或同理心不是），但对赫希曼来说，利益就是贪婪。在埃利亚斯的研究中，暴力与文明之间的历史紧张关系可以共存，这令人沮丧。[4]

对于信用货币的非个人信任趋势，或为控制其他方的意图和行动而采取的不信任策略，历史记载中给出了乐观和悲观的不同版本。一些人开始对向陌生人和国王借款的风险感到担忧。这种担忧和银行业与新兴国家的"联盟"有关，这些国家帮助创造了资本主义货币。与此相反，一些经济学家认为信用论"带有不道德"和"滥用"的色彩（正如英厄姆在本书中所探讨的），并拒绝在分析中偏离货币中性。看来，对银行业务的道德厌恶是新古典主义观点中的一个漏洞，却被奇怪的手段所掩盖。

他们还忽视了货币所承载的积极社会功能,首要的是解决债权人与债务人之间的支付难题,以及在资本主义中为有益的社会发展提供资金。齐美尔(1978)说,货币将其能量一分为二,展现出生产力,这似乎难以置信。熊彼特同意此观点,认为货币是资本主义的驱动力,为创造新财富和新就业提供资金支持。而今天的证据却与此背道而驰,在熊彼特看来,货币具有两面性:一方面带来创造性破坏;另一方面则导致无效破坏(1934)。该部门宣称的道德理由是,银行的"流动性"以某种方式"分配"给商品和服务的生产,即社会公益。据说银行业的克制和谨慎是与生俱来的,因为银行在"执行上帝的旨意"。2009年,高盛公司首席执行官劳埃德·布兰克梵(Lloyd Blankfein)的声明引起了轩然大波。货币的破坏性一面体现在信用异化(即商品化)所带来的控制与危机之中。

几乎所有的信用理论家都指出了货币本身的矛盾和社会冲突。"流动性"的问题很多。一方面,对债权人来说,信任显然没必要,而且由于贷款人可以出售这一承诺,冷漠也随之而来。债权人对未来还款的依赖性似乎微乎其微。但另一方面,对于整个社会和我们的生存来说,流动性并不是一种选择。这便是凯恩斯对坐收利息阶级的强烈反对(1936),因为一个农场不能为了让农民投资股票和债券一周,就在周一将农场转化为流动资金,周五再让他们回去务农。波兰尼在论及将货币和劳动力视为商品时,同样认为这些破坏性(冷酷无情)的做法是基于"虚构"[1957a(1944)]。这不仅是一种合法化的安抚人心的行为,更糟糕的是,也从社会层面限制了"固定"资源赌博。劳动力技能和使用这些技能的能力与工人本人是不可分割的,工人也无法控制工资,或者无限期地继续次贷"计划"(Bryan,2010)。证券化债务义务的"计划"假设了抵押贷款持有人遵守道德经济,他们会将"房产"视为家而非资产,并支付费用以获得新贷款(Ingham,2011)。

这些矛盾存在于埃利亚斯的著作中,关于在当今资本主义关系中,通过羞耻和尴尬情绪的潜在"文明化"上升,有多少"社会约束"是可能的。这些虚构是否像前资本主义暴力那样"无耻"?

对信贷学专家而言,1694年英格兰(私人)银行的创立是一项制度性的突破。[5] 即便早有信贷与可转让借据("可出售")的初步尝试,但银行与国家的"交易"将这些趋势"命运般结合"(Ryan-Collins et al., 2011:35),成功推动了证券化及后续的"无功能破坏"。在此之前,埃利亚斯的货币文明观具有重大的理论意义(Newton,2003),特别是在17世纪英格兰的"警惕性"主导之下,"信用文化"以"声誉货币"的形式呈现(Ingham,2004a:126)。

在这个全新的英格兰银行,有人不仅洞察到虚假之处,更发现了"该体系自建立之初就潜藏着的重大风险"(Amato and Fantacci,2012:183),这源于主权国家对战争资金的迫切需求。英厄姆揭示出由英国央行创造的信用货币成为一种新型的、特有的货币形式。为提升"履行支付承诺的能力"(通过税收、掠夺等),国家往往会给出"另一个支付承诺",这听起来犹如天方夜谭,因此只能作为权宜之计。威廉三世开始进行长期借贷(Ingham,2004a:125)。税收,原本仅用于支付利息,却成了"国家的工具",用以偿还向富有的私人债权人所借贷的资金。不久之后,交易员手中的借据便能合法地兑换成国家货币(Carruthers,引自Ryan-Collins et al. 案等. 2011:40)。

根据威廉三世颁发的英国银行章程,牛顿认为,现金"颠覆"了以往基于信用的关系(埃利亚斯对此大加赞赏),使社会分化紧密相连(Newton,2003:360—362)。1694年后,国家可进行长期借贷,债权人则可根据王室新出台的、可转让的承诺进行短期放贷。据英厄姆所述(2004a:128,原文强调),"私营英格兰银行将君主的个人债务转化为公共债务,最终变成公共货币"。这一过程具有高度的间接性及非人格化特征,使得货币市场日益受到青睐。

尽管国债与从央行借款的公共债务略有不同,但所有债务皆可使商业银行创造全球大部分货币,因此,混淆现象屡见不鲜。曾有一位财政部长错误地变成了反国债的狂热分子。20世纪90年代末,他险些关闭澳大利亚政府债券的发行,幸好私人债券交易公司悄悄提醒他,此举将阻碍"生产"流动性。布雷斯韦特和德拉霍斯(Drahos,2000:143)也指出,债券证券化的整个发展始于国债,再通过股票衍生至"公司化",最后拓展到抵押贷款支持证券。"细分国债成债券并以较低利率出售,而非整体出售"(同上:172),可以避免英格兰银行或富格尔家族收取"过高利息"。正如他们所说,18世纪时,英国财政部已经意识到"国债实际上可以长期自行清算"。新发行的债券被投放至市场,用以偿还到期的旧债券(同上:144)。费尔南德·布劳戴尔(Fernand Braudel)就曾言道:

> 长期债务几乎自发转化为永久债务……这是一个奇迹:国家从未偿还过贷款,但贷款人可以随时收回借款。
>
> (Braithwaite and Drahos,2000:144)

银行业在处理短期债务、长期债务、信贷以及将债务证券化时，除"伪装/奇迹"外，还依赖一种令人怀疑的信心，即所有存款均可一次性赎回。贷款产生后存入银行。然而，问题在于，无人能区分存款收据和"因贷款而产生的存款"(Ryan-Collins et al.，2011:37；Schumpeter，1954)。对银行而言，贷款虽然利润丰厚，却可能遭到"储户"的挤兑。正如 2007 年北岩银行挤兑事件所揭示的那样，若无中央银行，银行业就不是一个稳固的且值得信赖的资金管理系统。另一个"秘密"在于，如果全部贷款一次性还清，银行则将无法生存，货币体系将会崩溃。

货币的情绪与道德

如何明辨不道德和情绪冷漠？对银行业而言，通过承诺支付利息并据此进行销售，以此来创造无限的信贷资金，这一诱惑使得信任变得不再那么重要。次级抵押贷款证券化只是这一长期趋势中的一个环节。牛顿认为(2003:361-3)，尽管英格兰银行使其他信贷网络继续发挥"促进社会秩序"的作用，但这有可能会使当今社会对国家的证券化贷款变得漠不关心。债权人必须相信借款人的还款能力，而金融家则必须扮演受托人的角色，这两者之间既相互关联又相互独立。然而，尽管美国和英国在 20 世纪 70 年代以后建立了很多证券市场，且欧洲大陆的金融体系是以银行为基础的"关系银行"主导，但现今，没有任何政府愿意错过进入市场的契机(Amato and Fantacci，2012:235-236)。

证券流动性削弱了债权人与债务人之间永久的相互依存关系。这种流动性可能会延长依赖链，却允许无常、"不道德"的冷漠、看似独立的非社会性存在(对埃利亚斯而言)，因为债权人可以随时"出售"证券。然而，若市场交易停滞，局面则有异。

对于债权方，将信任转化为某种遥远且几乎不依赖于具体承诺的事物，将产生深远的影响。国家、企业、学生及抵押人是否具有偿还利息的能力，被转化为一种债权人可以出售的"偿付能力"。这种主导性的转变，为的是从全局角度审视危机，而非仅仅局限于某些视角。只要债券市场存在，债权人便能在货币市场上出售国债或学生债务的收入流。然而一旦市场全面停滞，无法进行买卖交易，整个系统将面临崩溃的风险。与此相反，依赖于借款人在"到期"前的各种长期内支付和结算的信贷关系，永远无法一次性清偿全部债务。

在此情况下,银行持有部分贷款,即在一段时间里资产长期重叠,用于创收更多的信用货币。然而,"给予债权人在任何时候结束任何关系的权力",发生意外事件的概率会增加,也就是增加"流动性危机"的风险(Amato and Fantacc,2012:74)。

阿马托和范塔奇揭示了当前危机背后的结构性原则,然而这一观点可能过于极端。从历史上看,多个时代和国家都存在过限制性的关系银行且监管力度持续增强。举例来说,直至20世纪60年代,美国股东才开始部分承担银行损失责任(Mayer,1997)。在撒切尔实验之前,英国中央银行曾实施信贷控制的普遍措施(Ryan-Collins et al.,2011)。

然而,随着债务证券化程度提高,信任与信心问题逐渐依赖于更高级别的抽象概念和"黑匣子"机制。在美国金融危机调查委员会(FCIC,2011)的描述中,银行抛售债务的行为常被描述为"我溜了,你完了",反映出贷款人对自身造成的风险的漠视。在信贷膨胀急剧增加后,截至2008年末,货币市场上出现了银行挤兑现象。事实上,所有公司均已破产。

本书将探讨证券化债务(所谓产品)市场可能消亡的原因。所有证券,如股票和信用债券,均依赖于对未来支付的持续"预期货币化",这使其市场广泛、深奥且流动性强——借用水的比喻来形容。阿马托和范塔奇(2012:60)指出,只有"持续保持乐观的态度",市场才能稳住。隐藏的事实越多,风险就越大。他们表示,越悲观的投资者越不信任可预测的且目前可销售的收入流。

然而,这种"买者自负"的疑虑往往毫无根据。银行隐瞒真相,兜售"产品",这样做或许是出于对危险的漠视,又或许是出于对竞争的恐惧。为了吸引买家,信用评级人员必须宣传产品的"安全性"。创造信贷资金并将债务证券化的银行正在抛售和做空(Levin,2011),这表明它们对市场信心不足。它们逃避自己的次贷产品,通过"买者自负"原则把损失落在"输家"身上,目前这种策略仍在实行。

所有的迹象都显示,货币作为信贷的秘密,在支付方面具有永久性延迟,这与债权人对借款人的担忧相去甚远,但它在系统上完全依赖于对市场的预期:茶叶占卜。人们担忧的并非个别的贷款,而是涉及数百万打包贷款和国债的买卖市场。我认为从兴奋到恐惧的解释说服力不足。在此处,我们需要议论的是非个人信念在"传播"风险中的作用,以及在较短的时间段内怎样在系统层次提高情绪风险的企业归因。凯恩斯的"音乐椅"、韦伯的"黑彼得"或"选美比赛"交易员的隐喻可以提供更多的分析视角。

信用理论家揭示出,这种预期的转变,即把承诺变成依赖于市场信心的商品,是如何有利于国家的。因此,这正是柯林斯在1986年对韦伯观点进行阐释时所提及的共谋现象。由于英国承诺支付利息且具有证券化或可转让性的特点,使得早前贷给威廉三世的贷款得以翻倍(Galbraith,1975)。长期借贷使英国可以从其现在的公共债务中无限制地获取战争资金。反观法国,却败下阵来。英国主权国家的公信力一度受挫,导致债权人对其产生了极大的不信任。"若无法实现使贷款人将其对国家的债券出售给第三方以获得年息的机制,政府的"长期借款制度将永远受阻"(Dickson,引自 Newton,2003:360)。由于英国内战中常备军力量不足,无法镇压叛乱,因此,君主不得不向议会寻求资金支持,而这引发了意想不到的后果。英国的海外贸易帝国依赖船队带来的资金,而大陆常备军需大量投入(据库兹米茨建议)。

然而,国家开始依赖银行系统,而一旦我们获得了民主,银行系统又进一步限制了国家的社会可能性。盈利的公共企业削减了信贷货币的生产。正如凯恩斯于1936年所言,公债的"可信度"归银行业掌控。正因如此,比尔·克林顿总统严肃指责,一群不务正业的债券交易者破坏了其医疗改革机制(Pixley,2012b)。然而,只要能拯救银行,国债就能维持中央银行和商业银行的货币生产。

这种持续了四个世纪之久的"商业模式"于1694年被制度化。在此模式下,债权人除了关心市场"情绪"的变化外,对于自身永远背负债务的状态却显得满不在乎,这在很大程度上是隐蔽的:齐格蒙特·鲍曼在《苟且偷生》(*Living on Borrowed*)中表达了对银行试图阻止客户提前偿还信贷的不满。他的观点具有一定的道理,但银行业的运作方式是:基于未来利息的收入流,通过古老的创新将现在的时间证券化到极致。不过他说的也没有错,国家与市场(也就是银行)之间的"合作"是资本主义制度的规则(同上:25),旧的公共债务则是这种协作的主要纽带。从逻辑上讲,尽管国家与银行之间的信任至关重要,但这种信任并不是羞耻的内在化,双方均可能采取不当行为。波兰尼[1957(1944)]指出,伦敦金融城乐于资助"小型"战争。高级金融的力量削弱了民主倾向和公众对政府的信任。此外,银行也保持步调一致,因为他们无法单独创造货币。书中部分内容对这种令人遗憾的"合作"进行了深刻剖析。

更为悲哀的是,私人银行的社会目的令人生疑。在其崩溃之前,"深度"流动性可能产生于固定资本投资或其他事物,如次贷、欧元。以承诺为赌注的金融波动或许有益于发展,但由于它依赖于乐观的前景(见本书中的斯韦德伯格),即信贷可被抛售,因此总会出现。事实上,银行挤兑将导致所有账户关闭,陷入"流动性危机",从而带来"危险"。这种资本主义货币无法偿还债务,因此还款期限持续推迟。大量流动性"对社会无用"[《特纳勋爵的抱怨》(Turner,2010)]的原因在于,无论出于何种经济目的,都必须不断地将其"重新投入市场流通"(Amato and Fantacci,2012:61,192-193;原文强调)。无论是破坏亦或生产,短暂目标的变化均旨在维护"漫长而无尽的金融"。每当危机降临,决策者都会采取相应措施应对,尽管这些措施可能增加风险,导致信贷无限扩张,并脱离与经济生活的内在关系。面对这个唯一依赖政府的市场,拯救银行业反而可能引发更大的脆弱性和危险。国家既扮演掌控者,又扮演债务人和依赖补贴对象的角色(同上:217)。

我们日益紧张的金融体系呈现出以下特点:既亲近又疏离,既依赖又独立,对人口及经济生活漠不关心。政府、中央银行与各大银行互相依存,然而银行业的目标似乎主要是自我毁灭,甚至是延续腐败的线路。这究竟是谁的责任? 谁又值得信任?

这种对金融情绪的剖析,是基于这样一种自我参照的金融环境:充满威胁,却缺乏目的。由于与债务人似乎没有任何关系——在缺乏约束的私营部门里,似乎没有人关心诚实的名誉,也不会为债务人的成功而困扰——"野蛮"的可能性始终存在。虽然情感乏味而又虚假地集中在金融市场,但"它"并未思考和感知。缺乏对社会世界的关注是理解银行和贸易公司内部联盟和信任关系的一种方式。鲍曼等学者关于寄生于社会行业的悲观看法,与债权人和债务人之间因债务证券而产生的深刻决裂密切相关。当承诺成为现实,人们可能会抱着无所谓的态度。

当今的金融业

如上所述,大量与经济心理学和具象情境研究相关的观点都具有启示意义。

诸多人种学研究揭露了交易员和银行家的不文明行为,基尔西斯和弗洛姆对"社会"的冷漠态度展开分析。在评析人种学研究时,注意研究假设的准确性至关重要。戴维·伍德拉夫(2006)从博弈论视角,深入探讨人种学研究所带来的隐患,并将其对"持久问题"的预防措施应用于金融领域(1999)。若研究以理性选择为出发点,设定激励机制以可预测的方式运作,那么,群体内部的利己主义者将会一直存在,导致非理性。然而,人种学研究总会出现一些特殊情况,如果以此为导向,研究则可能会变得"支零破碎",因为这样做往往忽视了背景研究的重要性。若用其他方法进行研究,除了探究历史创世神话理论,则还可以研究结构条件、习惯、道德经济、组织状况和"社会人格"。我们或许需要更先进的理论,如超越博弈论的理论来解析1930年至今的最大金融危机,例如,数百年来塑造与重构的货币制度。

尽管我们对情境研究表示赞赏,但隐含的人格理论可能是静态的,正如库兹米茨在提及戈夫曼(1991:8)时所说,这一理论忽视了"所有互动发生的核心条件"的历史转变。其次,我们仅限于分析这些情绪与认知及价值观之间的关系。若将情绪视为动机,则需探究其受压制后的后果,如为其他情绪压倒(如诉讼中的愤怒可能因恐惧而受限),或是价值观制约——也许市场机会主义并不"算数",或是被工具推理、企业借口和文化传统压抑。

本书探讨的是更广泛而深入的货币情绪主题,而并非行为主义或"偏好"研究,或者"道德主义"。这为我们提供了崭新的观点,即金融业越寻求与旧有证券近似的新证券,这方面的争论便越发激烈。

本书剖析了货币制度及其金融情绪化的深度,部分章节把冲突与情绪紧紧相连,或揭示多面的参与和脱离过程,同时探讨了情绪的含义:认知的、文化的、内生的、非个人的。我们进一步的目标是诠释情绪如何通过感性规则、习惯、仪式和制度等方式在更大范围内传播。我们并不主张个人反应的加总。银行和市场的互动以及这些未知名公司的运作,即使是被委任的货币官员也未必能完全理解。

韦伯、戈夫曼、波兰尼、齐美尔或杜尔凯姆的社会学概念在本书中重新焕发活力,或为神秘的金融行业重塑,这些概念被用来庄严地武装可怜的借口,启迪我们对长期脱离社会学的货币社会制度的深度分析。我们回溯情绪讨论,有利于恢复经济社会学的重要概念,如机构、银行、信贷和不确定性,这些都是关键的社会推动力。

部分章节深入剖析了货币情绪,其理念的革新使其他时代面对类似货币恐怖的社会学家转变了方法。在应对当前危机的过程中,作者力图重塑金融社会学。弗拉姆描绘了交易厅内的恐怖氛围、企业所承受的巨大压力以及那些高深莫测的交易策略,这些都加剧了恐慌的程度。基尔奇斯针对银行内外进行了调研,提出了银行家和交易员之间的"不道德恐慌"这一新概念。自危机爆发以来,这种恐慌不仅波及公众,也波及严谨的银行官员,他们均对银行所面临的危机感到愤怒。斯维德伯格强调信心问题应从社会角度审视。投资公司将欧盟所有主权债务视为统一且有利可图的财富源泉,但这种假设在各种形式的信心崩溃中瓦解。哈灵顿指出,公众难以忍受被美国金融业欺骗的耻辱,在小团体情绪力量的推动下,这种耻辱感逐渐演变成与"骗子"同流合污的复杂情绪。

与他人相同,夏皮罗强调,特定情绪不可过度引申至"任何事物"的范畴。信任就是一例,她强调了过去发现的不对称和欺诈风险的上升,如麦道夫丑闻。英厄姆明确了当前危机的背景,解释了货币信用理论,并在此基础上发表了自己的观点。德国恶性通货膨胀(20 世纪 20 年代)和当今对法定货币的个人信任度下降,都表明了货币与信用的紧密联系。威姆斯特指出,马克斯·韦伯并非如常规理解的那般排斥情绪,而是将其作为行为和变化解释的关键因素,并赋予其重要地位。这一关于韦伯案例研究的学术性剖析,强化了情绪作为变革动力的重要性,特别是在现今的金融领域。威尔逊和麦卡锡提出,金融情绪中的反常、无序、崩溃及规则破坏,已由杜尔凯姆、默顿以及凯恩斯等学者早前进行了深入解析,观点极具创新性。他们强调,应重视民主制约不受控制的市场激情,而这往往被忽视。曼宁运用第二次世界大战期间日本战俘的"对照试验"数据,揭示了英、美两国间的道德经济和情感支持的显著差异,尽管这两个国家常被视为"同种":一国强调"交易至死",另一国则倾向于互惠的福利关怀。被俘人员被送入集中营后,其情绪驱动来自自发性的经济安排,而非"更佳思路",即便是在绝望境地也是如此。

以上对经济制度情绪原因及结果的全新理论分析,使我得以提炼出他们的精湛观点。在分析全球改革案例后,我认为我们的包容性观点显示,教条和狭隘的"确定性"可能带来更大的损害。本书汇聚了货币的情绪和不确定性,旨在为寻求民主妥协寻找更明智的解决办法,并倡导在包容性社会科学领域中展开新的学术讨论。

注释

1. 演绎法取决于假设的优劣。托马斯·霍布斯认为,人宛如从地底跃出的完整蘑菇。在亚当·斯密的著作中,"人"已普遍进行易货贸易;"人"选择使用一种语言:违背了生物学和社会学的基本规定。

2. 我偏爱的金融实践举例是在2009年美国国会就金融危机举行的听证会上(电视直播),高盛集团与摩根大通的首席执行官布兰克梵和戴蒙在回答危机发生频率时给出了自相矛盾的答案,这使他们成为世界瞩目的愚昧之辈。相比贝兰克梵的百年发生一次危机的说法,戴蒙的三年一次的说法更为准确,但他们未提前协调的言论使人怀疑他们是否了解银行业务,或是否对此有所关心(Cohan,2012;Guerrera,2010;Levin,2011)。

3. 凯恩斯主义者将经济平等视为价值观和理论依据。哈耶克则对此持对立观点(特别是在1982年)。今天,尽管有99%的口号依然高喊平等,但贫富差距仍广泛存在,且被视为"正常情况",除非发生运动来反抗这一情况。

4. 库兹米茨和阿克斯特曼(2007年)的研究表明,英国议会中被判刑和绞死的穷人远远多于欧洲大陆被判刑和绞死的穷人。

5. 就如本章提及的人物那样,韦伯、凯恩斯、熊彼特、加尔布雷思、卡卢瑟斯均强调了这一观点。

第一部分

情绪与当前危机：
重塑金融社会学

1 冷酷的金融交易链中的魔术思维和恐慌按钮

海伦娜·弗洛姆[*]

为何对经典费尽心思？为何对祖先的崇拜难以割舍？原因在于，这些元素至今仍协助我们塑造全球互联及其影响。埃米尔·杜尔克海姆认为，繁琐的劳动分工将个体紧密相连，导致对其他产品的依赖。他悲叹个体间通过复杂的劳动分工建立的互赖关系，因为这些个体并未察觉到互赖的重要性，也未能培育出相应的集体意识和情感。我们迫切需要相互尊敬、感激和爱，却尚未实现。齐美尔强调，货币链横贯全球，使得产品消费者与其挑选的销售员及远方的生产商建立关联。然而，他指出，这些货币链未能转变为互赖性的共有意识。齐美尔擅长挖掘矛盾心理，他认为，现代货币使人们从半封建的义务中解脱出来，能够自由选择职业及社交关系。现代货币的非人格特质在个体与群体之间筑起了一道屏障，以金钱为纽带相互联系在一起，但仍保持着冷漠和疏离。

与之相反，诺贝特·埃利亚斯认为，货币链可通过自我约束和其他关联力量建立互联与依赖，从而为整体文明进步作出贡献。牛顿(2003)指出，埃利亚斯的误区在于，他未认识到，一旦货币链变得疏远和非个人化，同质的货币便失去文明影响力，导致人际交往之间互相淡漠，而非对他人的同情。

本书第二部分将探讨导致 2007 年或 2008 年金融危机的原因，并提出相似的观点。与牛顿的看法不同，本书强调，并非仅金融交易链的延展与随之而来的非个人化导致交易链中人际关系越发冷漠。信贷提供者和卖家相对于买家似乎财务独立，因此导致双方的冷漠。尤以经济繁荣期为甚，大批富裕的国内及跨国投资者寻求盈利机会，掩盖了信贷接受者须偿还债务的事实。

然而，将焦点集中于金融交易链制造淡漠的能力仅是故事的一半。另一半故事是根据著名的人类学和社会学研究，并借鉴改良后的韦伯正式组织方法（Flam, 1990），对贸易公司和投资银行的人事招聘及工作环境进行了细致探究。这些研究显示，交易员和投资银行家可能过度关注当前任务，根本不会考虑自身的交易和投资对他人造成的影响。如著名的米尔格拉姆实验揭示的那样，交易员和投资银行家极端专注于自身工作，以致目光短浅。他们克服了不确定性、强烈的不安和脆弱，力图在激烈的竞争中取胜，除数字、双方及其配套技术外，对其他事物极少关注。

其他研究提出了另一种可接受的解释，揭示了视野的局限性和令人困扰的危机根源。他们认为，自20世纪80年代以来，金融行业持续扩张，大量招聘交易员和投资银行家，但这些新员工往往缺乏足够的培训和有效的监督。新员工的数量迅速超过了能够传授经验的管理团队，导致即使在有社会习俗、文化规范和监管规定的地方，也无法有效传授相关知识。可以说，这些新人既无统计数据，也无社会文化准则参考：在20世纪80年代至21世纪初竞争激烈的金融环境中，他们没有任何保护屏障来维护自我提升的愿望。自尊心也因其他原因受损，比如频繁裁员和预防性跳槽屡见不鲜。事实上，公司不仅不鼓励任何形式的忠诚，反而纵容不诚实的行为。此外，在规模较大的抵押贷款银行，经理和员工都迫于关注快速获利，全然不顾风险防范。若不照做，对高风险贷款或客户表现出"不安"，他们就会被迫保持沉默、降职或被辞退。

这意味着，从埃利亚斯与韦伯的共同视角来看，相互依赖的链条和组织环境催生甚至强化了不文明且不受控制的官僚主义行为，这些行为与表面的礼貌行为共存。股市的男性主导文化和金融界的竞争激烈，使得首席执行官把交易员和投资银行家逼到生理极限——激发出他们寻求成功而不惜一切代价的天性，并期待他们对上级展现出最佳状态，但在与客户尔虞我诈时表现出一副诚实的样子。同时，正如基尔奇斯在后续章节所阐述，我研究的交易员和首席执行官轻视甚至斥责银行的"后勤办公室"和谨慎的风险管理人员；大型银行内部竞争越发白热化。

针对2007—2008年等系列危机的根源，第三种可接受的观点主要侧重于交易员和投资银行家的投资策略。这种观点认为，他们的策略其实是无稽之谈，受到"市场感觉"、谣言、统计模型或概率的影响，而这些证据一再被证实是错误的。第四个同样可接受的解释是，交易员和投资银行家过分依赖一套被称为降低风险的手段，导致不同时间出现不同的恐慌情绪，无形中加大了金融市场的波动和不稳定性，从而更容易受到危机的冲击。

下文将首先简要介绍过去三十年新金融业的兴起，然后深入探讨交易员和投资银行家的通常招聘情况及工作环境，特别是位于纽约、芝加哥和伦敦的相关从业人员。接着，我们会讨论交易员和投资银行家常用的典型决策策略和恐慌规则。倘若这些行为未波及美国的房地产市场和基金所有者，那么也就不会引发后续一连串的问题或产生聚焦点。然而，事实却是，美国金融界的首席执行官已转变为新自由主义的去监管者，他们打开了国内的房地产市场，采用新颖的"刺激"产品和证券化的方法，意图从全球投资者和美国家庭的资本流动中牟取巨额利润，这直接导致2007—2008年的金融危机，并带来了严重的后果。

交易员和投资银行家

20世纪70年代末，纽约证券交易所主导股票市场，其每日交易量高达2 000万股。1971年，证券市场纳斯达克问世，作为全球首个电子市场，仅在计算机公告板上显示价格，随后开始线上交易。迄今为止，纽约证券交易所和纳斯达克每日交易量已达数十亿美元。研究发现，许多交易已经计算机化，同时网络服务日益成熟(Smith,1999:3—4,32)。

尽管芝加哥的公开喊价市场得到改善，但仍在运行。技术投资使得贸易公司、投资银行和服务提供商离开华尔街周边地区，将总部扩展至康涅狄格州或新泽西州。自1986年，伦敦证券交易所完全实现了计算机化，交易者便逐渐聚集至伦敦西区的梅菲尔和圣詹姆斯地区。巴黎证券交易所已经废弃，因为市场日益计算机化，于1998年关闭(Hassoun,2006:104,118 fn 1)。东京证券交易所是历史悠久、规模庞大的交易所，1999年实现了计算机化。

随着苏联解体和新兴经济体崛起，全球各地涌现出许多新证券交易所。技术进步加之竞争性监管环境将各国市场联接为全球市场。拉丁美洲、亚洲和俄罗斯等地的金融危机展示了资本跨国或跨区域流动的速度。

自20世纪80年代以来,众多老牌金融公司破产或被收购。新的商业模式如折扣交易公司和在线服务提供商不断涌现。同时,新的大型投资者如保险、养老金和共同基金等纷纷出现,寻求有利可图的金融产品(Ho,2009:286-287)。共同基金的数量由20世纪80年代初期的几百家增长至20世纪90年代末,与股票数量相当。

出售的产品数量剧增,涵盖股票、货币、债券及房地产发行,以及衍生品如期货或期权,或新型套利交易如对冲基金等。未结算衍生品合约价值始终达到世界GDP的4倍(Fenton-O'Creevy et al.,2007:2,11-15;MacKenzie and Millo,2003:109)。

1990年,1 000余家对冲基金管理资产250亿美元,至2008年,已有8 000多家对冲基金管理资产高达2 000亿美元。鉴于商业银行与投资银行边界逐渐模糊,大部分银行开始寻求和创造新型金融资本来源及形式,以便进行交易、调解及提供咨询服务(Fenton-O'Creevy et al.,2007:17-18)。如今,交易员、经纪人、分析师及投资者的旧式分工界限日益模糊,许多交易员可能兼具分析师、经纪人或金融或投资经理多重身份,可使用客户及自身或公司的资金进行交易。自20世纪80年代以来,参与市场投资的客户数量及获取金融产品信息的渠道激增,大幅度降低了全职分析师或经纪人可能带来的附加价值。

在过去近二十年里,诸多社会学家和人类学者对交易员展开研究,包括在证券交易所工作的交易员以及坐在公司电脑前的交易员。然而,他们忽略了后勤办公室的末日预言家。部分研究者致力于向相信一元市场的新古典主义经济学家阐述社会和文化因素对市场动态的重要性,并强调市场行为者的重要性。他们以小团体、网络或团结社区的形式组织起来,受到内部及外部监管制约(Abolafia,2001;Baker,1984)。另外一些研究者则对新计算机技术带来的身心与市场合一以及市场实例化现象产生浓厚兴趣。同时,他们认为数学模型与交易实践在构建和维护市场中互相调整,以证明市场的功能(Knorr Cetina and Bruegger,2002;MacKenzie et al.,2007;Preda,2007)。

尽管研究成果引人入胜,但其视野之局限令人震惊:交易员始终关注电脑屏幕或彼此,研究人员则关注交易员。阿博拉菲亚(2001)[1]、麦肯齐(2003)、麦肯齐和米洛(2003)的研究无疑是例外,他们试图解释2007年以前的数次金融危机。然而,他们的研究仍聚焦于交易员及其业务,因为他们从未探讨金融危机对受其影响的公民或国家带来的实际影响。尽管视野局限，但早期的研究对于解释 2008 年金融危机乃至其他诸多危机提供了宝贵见解，揭示出大多数交易者眼界狭窄，除密切关注眼前交易外，对其他一切皆视而不见。

通过早期研究，我们还能发现哪些元素可用于解释常规危机？

剖析新交易员和投资银行家的人格特征

白人，男性，无能，训练不足？

20 世纪 80 年代，债券及期货交易迅猛扩张，股票交易则相对减少。在此期间，大批新生代交易员，如工商管理硕士（MBA）和被称为"布鲁克林男孩"的群体，纷纷涌入纽约与芝加哥的公开喊价交易市场（Abolafia，2001：5，14－15，18－19）。自此，美国的华尔街投资银行家和银行交易员主要由哈佛大学、普林斯顿大学及沃顿商学院社会科学或人文学科专业的白人男性构成，他们并无金融或数学学位，但也有部分来自耶鲁大学、杜克大学、麻省理工学院及斯坦福大学等顶尖商学院的优等毕业生，以及极少数女性和少数族裔。在英国，近 90% 的交易员来自牛津大学、剑桥大学、哈佛大学和沃顿商学院（Smith，1999：6；Ho，2009：58－72；Fenton-O'Creevy et al.，2007：148，151）。2000 年左右，东伦敦和埃塞克斯郡的工人阶级男性加入这一精英群体，尽管他们的教育背景相对较为薄弱（Zaloom，2006：75－80）。

过去，美国的债券、期货和股票交易员通常要接受六个月到两年的培训，然后接受"火的洗礼"（Abolafia，2001：30－32）。然而，到了 20 世纪 80 年代，尤其是在期权和期货等不断扩大的新兴衍生品市场，以及爆炸式增长的美国政府债券市场，资深交易员不可能照顾到大量的新进交易员。他们被招进来处理来自新机构和个人客户的越来越多的订单。

几乎每家投资银行都会为所有大学毕业生和 MBA 一年级学生安排为期一个月的培训和几天的豪华迎新活动。那些在毕业后被选中担任分析师职位的哲学家、人类学家或社会科学家，需要参加为非金融专业学生设计的金融培训课程，持续一个月之久（Ho，2009：74－80）。他们要学习金融计算、接受测验、完成作业并根据表现进行排名。最成功的往往是白人男性，他们被分配到最佳的"前台"职位,余下者则被指派到薪水较低且不受重视的"中台"和"后台"。即便成功者中也有不少人虽然不懂金融,却擅长高尔夫球和人际交往。

英国在1997—1998年和2002年期间对四家公司雇用的118名交易员进行的一项研究显示,被选中的交易员(部分拥有MBA学位)经历了一个残酷的选拔过程。他们从基础学习起步,通过观察学习交易技能,在导师监督下决策。整个综合性培训耗时约半年,监督时间长达两年。同一项研究的作者认为,培训环境没有典型的企业文化,也无统一的指导标准,也无出色敏锐的导师引导新交易员何时投资、如何投资。仅在运气较好情况下,新交易员才会得到系统的培训、监督和保护。

当新交易员遇到冷漠、忙碌或不够敏感的导师或经理时,他们就得不到监督,可能会因无聊、过度自信、焦虑以及快乐等导致交易失误。在同一研究中,导师强调直觉及市场感知的决定性作用。部分新手在3个月内展现出此种能力,但也有人始终未能掌握。其经理暗示培训并不重要,强调对市场的"感知"或"诀窍"(Fenton-O'Creevy et al.,2007:59、165、175—176;另见 Abolafia,2001)。

与此同时,2000年伦敦一家规模较小的交易公司对新员工进行为期两周的培训,传授基本术语、两种交易策略(刷单与价差)以及面对亏损时应有的情绪管理策略(Zaloom,2006:85,88,91,129—131)。他们无需具备金融背景,无需了解金融工具,也无需掌握与交易金融产品相关的知识,只要具有高学历、数学素养、抱负及冒险意愿便足矣。该公司要求每位交易员每日记录交易日志,并通过在线风险管理系统由三位经理监督其活动。

高报酬?

交易员及银行从业人员均有基薪和交易或销售提成,且往往另有奖金,这导致投资越多,收入越高。

自20世纪80年代初伊始,华尔街25—35岁的普通债券交易员年收入高达25万至数百万美元,外加奖金(Abolafia,2001:14,32)。华尔街的经纪人/交易员对每笔交易按固定百分比收取费用,少则总佣金的25%,多则50%;另外,其收入与其所处的业务规模也有关(Smith,1999:27,32,43—44,75—76,87)。投资银行家的初始薪酬"相对较低"(初学者:4.5万—5.5万美元;一年期合伙人:8万—8.5万美元),但年增长率可达10%;奖金为其工资的近两倍,每年皆会翻一番。奖金多少取决于该银行家带来和完成的交易规模及数量(Ho,2009:258—265,270,284,290)。资深银行家的收入是其基薪的倍数。

> 20世纪90年代,华尔街20岁出头的青年人年薪超10万美元已属常见。大多数20多岁的华尔街合伙人具备MBA学位,第二年薪酬可达20万至30万美元……1998年,高盛集团决定不再上市……高盛集团的一位合伙人,一年内获利数百万美元……然仍声称贫困,因其未挣得3 000万美元、6 000万美元或1亿美元。
>
> (Ho,2009:265)

截至2005年,对冲基金经理在纽约和伦敦证券交易所的交易量占1/4到1/3,他们从每笔交易中收取1%—2%的费用,并从净资产增值利润中收取约20%作为绩效费。

1997—1998年以及2002年针对118位交易者的研究发现,绩效工资在交易员总报酬中的比重较高,反映了个人表现。然而评定绩效的标准模糊且受管理层意见左右,且奖金取决于年末(Fenton-O'Creevy et al.,2007:190)。

整个招聘、培训、补偿和奖金制度的设置是为了避免交易员对亏损承担责任[2],而回报却是多重的。交易员应尽快学会控制自己的情绪,因为充满恐惧的交易员毫无价值(Pixley,2002a:49—50):

> 初尝亏损之痛,1 000万美元……令我崩溃。难以入眠,恶心不断。
>
> (Fenton-O'Creevy et al.,2007:157)

> 时间会让人领悟,一切皆无关紧要,包括工作与生活。归根结底,触动你的事物有限,因此你会从工作和生活中获得安全感。明白这点需时日……
>
> (Fenton-O'Creevy et al.,2007:158)

有罪不罚的观念是自上而下有意灌输的。20世纪90年代的美国一项调查表明,高级管理层普遍赞成激进及非法的机会主义策略——华尔街各公司无一例外(Alabofia,2001:2,20,26—27)。现行内幕交易调查也显示,此类行为未曾停止(《时代》周刊,2012)。

工作不安全感:裁员、跳槽和职业倦怠

何柔宛列举了每周110小时的工作时间、不达标的办公环境和家具、不断裁

员以及纽约银行定期的大规模招聘。定期裁员是小规模的，鲜被关注。而那些偶尔进行的大规模裁员，则往往针对特定技能或办公区域，有时是出于一时的决策，有时则是为了应对产品或市场的下滑(Ho,2009：83，213，223—241，269—278，283—289)。华尔街员工将高额佣金和奖金视为高风险工作的补偿。在何柔宛看来，即使受到冲击，他们也会"经历裁员"……作为市场先驱、最佳适应者和最精明的资本家，他们享受工作补贴，尽享权力，每日生活充满挑战，且成果斐然。

金融组织奉行金钱至上及贪婪的信念，使个人承受沉重压力，须努力提升利润，为寻求优待而频繁变更职业。

> 通过薪酬谈判，华尔街的绩效奖金制度在缺乏安全感的环境下能起到激励作用。通过提高交易量和寻找更有利可图的机会，以吸引更多的投资基金和股票市场参与竞争。
>
> (Ho,2009：290)

何柔宛认为，贪婪的工作文化造就了自私的竞争型员工，导致他们对老板或公司没有一丝忠诚。

投资银行家们每周工作110小时，不断筹备下一笔重大交易——收集并分析事实与统计数据，包装和推销交易。大多数人相信，他们的聪明才智、勤奋努力以及对市场的洞察力使得炫耀、夸大和明目张胆的欺诈行为变得司空见惯。"是的，我们在宣传手册上花费大量时间，使其看起来完美无瑕，但实质毫无价值。交易成功后，我们会毫不犹豫地将它们丢弃"(Ho,2009：105)。对自身优势和利益相关者资本主义的坚定信念与犬儒主义一样普遍。一位投资银行合伙人的办公室里挂着这样一张表(见表1—1)：

表1—1　　　　　　　　　　高收益交易流程

投资银行业务流程	真正的交易
·向潜在客户推销，展现我们在发行高收益债券方面的强大实力	·通过撒谎、欺诈、偷窃以及诋毁竞争对手的手段来获取业务
·构建财务模型：历史业绩、预期收益与杠杆比率	·进行操纵预测，使信用评级合理
·分析可比的高收益债券，洞察市场利率和回报	·选择最具攻击性的公司推荐给客户
·尽职调查：了解公司、明了其存在由来及未来趋势	·琐碎事务：累加飞行里程

续表

投资银行业务流程	真正的交易
• 起草阶段:打造精致的市场推销文件,便于推销和运用,掩盖公司某些缺陷,突出一两项优势	• 吃 M&Ms 巧克力豆、冰激凌、饼干。增重吧!
• 准备评级机构汇报	• 掩盖公司某些缺陷,突出一两项优势
• 筹备路演介绍	• 同上——目标:迷惑投资者
• 路演:8 天的艰辛之旅	• 支出账户——肆意使用客户资金!!

资料来源:改编自 Ho(2009:106)。

何柔宛认为,投资银行和常春藤盟校之间的紧密联盟始于 20 世纪 80 年代,当这些银行的领导人派遣高管出席校内信息晚会和校外派对并投入大量资金时,许诺为精选的最优秀的学生提供一流的职业机遇,引导他们将自己视为"最杰出、最智慧的人"(Ho,2009:64)。

对于许多底层焦虑困扰的年轻人而言,常春藤盟校毕业生却在考虑"如何实现向上流动"。华尔街的工作似乎成为问题的解决之道,是这些担忧和焦虑的解药(Ho,2009:11-12)。在竞争激烈的短期培训以及后来的工作中,他们不断承受着巨大压力,日复一日地被焦虑压抑,不断地发挥才智,进行交易谈判。华尔街似乎是获得成功、金钱和权力的最佳机会,也能避免社会地位下降,消除"最终被淘汰的恐惧……"(Ho,2009:57-60,67-69)。但是要找到一个又一个的哈佛毕业生并不容易。

> ……你是如此年轻,或许会觉得"嗯,这儿很不错。这里似乎充满着令人兴奋的事物,这些交易中涉及的数字比我以往见过的任何数字都要大,所以……因此,其重要性毋庸置疑"。
>
> (Ho,2009:100)

如果年轻的新人对需要遵循的可疑的金融道德产生顾虑乃至内疚,他们将更辛勤地工作,以淡忘反感,追求更多的补偿和奖金,这已被法医调查所证实(见 2011 年向美国参议院提交的《莱文报告》)。

何柔宛对华尔街工作文化的描绘揭示了其冷酷无情,缺乏同理心、同情心以及怜悯心的本质。以权力、金钱及成功为终极信仰,金融企业文化仅注重精明、精简和苛刻的利益相关者资本主义。这种文化要求他人快速选择项目、产品和人员,一旦盈利能力下滑,便毫不犹豫地将其抛弃。因此,裁员成了常态,必要时雇用新人。华尔街追求速度和流动性，资金和人员不断流动，从一个项目至另一个项目，从一种产品至另一种产品，再从一家公司至另一家公司。华尔街自诩"精明、迅速、勤奋、灵活且闻名全球"，与"朝九晚五"的企业员工形成鲜明对比，后者稳定、按部就班地工作，成为"停滞不前""肥胖""懒惰"的"枯木"，需要"修剪"（Ho，2009：252）。生活无尽头，纪律不安全，华尔街公司希望别人也这样生活。最重要的是当下拼命工作（Ho，2009：17，104—105，274—290，294）。华尔街甚至没有时间或空间考虑他人的痛苦：

> 在这里，并未指出……华尔街压力、奖金与激励机制的破坏之间的关联性……比2007年更为严峻的是，当时华尔街投资银行家再获创纪录的奖金（329亿美元），而抵押贷款市场濒临崩溃，证券业股东损失高达740亿美元，全球经济危机开始蔓延。
>
> （Ho，2009：285）

性欲与正规数学模型

经济学家所揭示的金融世界充满猜忌（Pixley，2002a，2004，2009b），颠覆了交易员和投资银行家的"过度社会化"形象（MacKenzie and Millo，2003；Beunza and Stark，2004），将"充满欲望的交易员"与"战略家"和"理性的理论家"对立。他们都认为，自己对待市场的方式是掌控市场、谋取利润的最佳途径。其实，关键并不在于信奉何种方式，而在于将其融合在一起能传达何种含义。

巴黎公开喊价交易大厅的交易员们经历了一次异常激烈的体验，导致出现了埃利亚斯式的倒退，忽视了所有社会礼节，暴露了男性的欲望，包含对性爱和死亡的渴望。简言之，交易员在极度兴奋之下，肾上腺素迅速分泌，释放出恐惧、恐慌、攻击性、欲望和沉醉等。巴黎交易所通用语言中充斥着与性爱、战争相关的隐喻，反映出交易员与市场之间的原始本能关系。当一切顺利时，交易员体验赌徒之乐，即沉醉于狂喜之中；当一切不顺利时，交易员会感受到市场暴力——但他会以反暴力的态度参与一场生死之战（Hassoun，2006：113，表5—1）。盈利之时，交易员体会到自身的强大力量，被同行尊崇，自尊心亦得以提升；亏损之际，他们便感到自身被削弱和拖累。有时候，交易员们协同运作，试图推动市场，他们会沉浸于代理权的力量。市场的变化似乎对交易员的自我认知产生了持久的影响。

同样,无论是在中央商务平台的公开喊价交易大厅,还是在电脑化的伦敦交易室,大多数交易员已演变为不文明的化身(Zaloom,2006:113-140)。他们穿着夸张、吃垃圾食品、乱扔垃圾、尖叫谩骂、推搡打斗、开粗俗的下流玩笑。赔钱仿佛"死了一样"(Zaloom,2006:95,98-108,132,138-140,149),会自我憎恨、自我厌恶并感到恐慌;赢钱则会让人肾上腺素飙升,带来强烈的快感和狂喜。与市场同步如"身临其境"或体验"流动"之感。鉴于以上各因素,学会在交易时约束情绪尤为重要。当交易者无法割舍劣势交易时,监管经理及其他交易员会唱一首婚礼进行曲来对他进行嘲讽,意在帮助他放弃该交易。

此外,美国交易员在办公室外工作时也建立了个人化策略以应对市场的日常交易(Smith,1999:14-15;另见 Fenton-O'Creevy et al.,2007:21-26)。这些策略使多数交易员与市场保持适度距离,并培养一种他们掌控局面的感觉。一位所谓的专家甚至在现场进行研究,评估公司的经济价值和市场价值并加以比较。他还阅读相关行业、国家和全球经济动态的资料,与团队成员探讨决策何时买卖何种资产。他是自己的风向标,深信真正的价值会长期影响价格。内幕人士收集有关个人和机构的买卖信息(称之为"小道消息"),认为此类个人和机构对市场有影响力。通过观察股票价格,他试图在有影响力的人影响供求关系之前或之时进行投资。循环图表分析师专注于市场,不断追踪历史模式,预判未来,坚信通过图表能掌控市场。交易员则会观察并追踪股票和市场走势,以识别特定新闻和趋势对股价的潜在影响。有效市场和增强有效市场理论家认为,市场价格并非尽善尽美。他们不像前三类价格那样试图看穿市场,而是随着时间的推移超越主要指数。最后,转型论者与宗教激进主义者相似,他们寻求的是潜力巨大且崭露头角的新思想和新技术。每个人都坚信自己找到了降低不确定性的最佳方法。

相比放荡的交易员,另一极端是套利/对冲基金交易员,他们擅长运用精密、优雅的数学模型制定市场策略,并在一定程度上赋予交易高度的敬意。他们堪称深谙斯密定理的理论家。这类交易员无疑是最具魅力的人群——理性的化身。他们对自己的模型非常自信,即使市场走势与之相悖,也不会惊慌失措,而是静待市场回暖(MacKenzie and Millo,2003:121-122,125,128-135;Miyazaki,2003:258-260),甚至可以淡然接受损失,再精心调整模型,其中便有诺贝奖获得者(MacKenzie,2003:350)。他们的西装色调是公司统一的灰色。

由此看来,交易员拥有诸多方法与决策。有些像魔法仪式,有些则更多地遵循魔法公式。这些现象难免令人怀疑交易员是否明确自身所为。然而,交易实为一门"艺术",唯有对市场拥有"觉""直觉"或"诀窍",方能有所建树。即使是最复杂的数学模型,似乎也对可能出现的极端情况视而不见,因而接近于赌博。但正是人类协作及自我调节才使交易在动荡时期得以维持。[3]

事实证明,各类策略的拥护者们相互讥讽。每位交易员/银行家均认为自己和自己的策略高人一等,他人则愚昧无知,而在他们看来,普通投资者既无知又贪婪(Smith,1999:86—87,93,104,112—113;MacKenzie,2003:363—364;Beunza and Stark,2004:15—16;Swedberg,2006)。尤其是,尽管"图表分析"作为一种交易策略已被广泛使用,但交易员和"科学家"一致认为它毫无价值(Smith,1999;Ho,2009;Fenton-O'Creevy,2007;Zaloom,2006:147)。

然而,从某一角度来看,放荡的交易员、关注战略的交易员和重视理论的交易员并无不同,他们都关注数字、策略及其他交易员;也关注市场,却对外界漠不关心,除非其影响到交易数字。仅有少数人会承认,"我们以他人的痛苦为乐。"(Zaloom,2006:117)

恐慌按钮及杂乱的情感规则

1998年的危机导致长期资本管理公司(LTCM)濒临破产,这揭示了即使是顶尖的数学模型和最卓越的理论家也难以应对全球市场的全部复杂性。现实世界的复杂性依然超出了我们的掌控范围。长期资本管理公司的套利者自信能够驾驭市场,能够经受住任何逆势交易,因为他们设计了一种看似完美的风险抵消投资策略(MacKenzie,2003:355,358—359)。他们坚信,只要选择正确的金融产品相抵消,分散交易区,实施多元化投资策略,定期对投资组合进行压力测试,审慎预测风险,其他交易员不跟风,就能确保万无一失。然而,当意外降临时,原本被视为安全的产品未能达到预期效果,其他交易员开始仿效他们的策略。长期资本管理公司的理论家们忽略了社会因素,金融市场的参与者主要包括跟随大型投资者且遵循斯密经济学理论的内部人士,以及试图从每日市场波动中获利的交易员及其同行(Zaloom,2006:142;另见 Smith,1999:43—57,86—87,92,

111,123—124,130）。

斯密（1999：125—126,130）曾指出："众多市场理论的存在导致市场出现混乱、无序的现象。因此，市场始终处于脆弱的境地……"史密斯不仅强调了大量的市场理论或策略，也强调了计算收益及损失的方法多样化，这使得情感规则杂乱无章，无法确定绿色安全按钮何时应该变红，加剧了危机。

在长期资本管理公司中，长期设有恐慌按钮。但其他交易员、投行和金融投资者并未采用类似的模型或安排，他们有其他情感规则（MacKenzie，2003：363—364）。[4]例如，会计师的投资期较短，其账目中的红黑数字须按照季度或年度显示收益/余额。紧张的银行高级管理人员不熟悉用于评估对冲基金的损失何时仍在预期范围内并与相应收益相平衡的数学模型，仍由销售部门和自我的不信任支配自身的情感规则（Miyazaki，2003：258）；或者，他们通过图表、传言、价格走势或自己的"直觉"等信号来把恐慌按钮变红。计算机设定的现金限额、高管否决权或交易员对否决权的预判，均属于另一种情感规则，以预示"恐慌按钮"将要变红。规定投资资本与公司财务准备金之间比率的法律规则也应该如此（但通常显然不会如此）。

实际上，"恐慌按钮"会因各种情感规则由绿变红——(1)数学模型计算得出并根据设定强制执行；(2)会计触发；(3)投资与准备金比率；(4)计算机自动设定的风险限制；(5)公司或管理者否决权所规定的投资上限。金融市场的波动反映了这些各异的情感规则在不同时刻将数以百万计的绿色按钮切换为红色时发出的喧嚷之声。在最不利的情形下，各种情感规则可能触发恐慌按钮并互相加强，这对于持有对冲基金的人来说可能过早，而对于损失投资基金的人来说却来得太晚。

在总结这部分内容时，我想说的是，尽管一些交易员自诩其职业是一项专业性强的工作，在纪律、脆弱性和风险方面与战斗机飞行员或专业运动员相似（Zaloom，2006：106；Hassoun，2006），但这种类比不过是一种过度赞誉的自我评价。尽管对"专业"的定义存在争议，然而，对于其核心要素的认知却是一致的。当一种职业符合以下五点要求时，即可被认定为专业：(1)有一套专门的理论与实践知识；(2)需长时间的教育和/或学徒培训才能掌握；(3)通过所有相关考试后获取所需证书；(4)由自律机构批准的权威机构（如高等教育院校或自行设立的考试委员会）颁发；(5)一般（但非必需）要经国家法律许可。

如民族志所示，就新的金融工具或金融市场而言，几乎没有任何合理化或系统化的知识可以谈论。相反，从20世纪80年代开始，许多新员工都是懵懵懂懂，他们的培训期简短，缺乏知识传授与监管，文化和物质方面的激励措施都是为了最大限度地获取空前的交易/投资收益。除地位崇高、声名显赫及巨额收益外，交易员/投资银行家的这份职业在其他任何方面表现甚差。大多数人既不遵循道德要求，也不遵循理性规则，而是依赖魔术般的思维或"直觉"。

下一节将重点讨论美国抵押贷款市场以及美国家庭最近增加的金融资本敞口，探讨金融行业风险敞口中的作用，并从另一个角度剖析了投资银行家和交易员的作用。下一小节还将首席执行官描绘为新自由主义的去管制者，他们利用新的"产品"和"证券化"策略，从全球投资者和美国家庭之间的资本流动中牟取暴利。

冷漠和掠夺性的制度链

在20世纪80年代的美国，"金融化"这一进程广泛影响了众多（再）生产单位。企业与个人不再通过储蓄来建立资金储备，而是借助外部贷款人或投资者来获取额外的资本/资金。企业将借来的资金用于购买股票和房地产等资产以进行金融投机，而非投资新项目来创造新的财富与就业机会，从而提高偿付能力。家庭贷款则广泛用于消费（如基尔奇斯案例）。这一趋势不仅波及由高杠杆私人股本公司按照单一利益相关者模式接管的企业，而且开始影响家庭：白人中产阶级房主被鼓励重新融资，或以其房屋为抵押获取额外的抵押贷款或现金贷款。此外，得益于反歧视立法的推动，从20世纪80年代末开始，少数族裔家庭也能够大量涌入抵押贷款市场购置住房：

> 尽管直至20世纪80年代末，联邦住房管理局的承保和评估指南均不鼓励向少数族裔家庭或社区提供贷款，从而支持私人贷款机构的歧视性做法……[尽管]联邦政策，包括《公平住房法》《住房抵押披露法》《平等信贷机会法》和《社区再投资法》，只解决了部分问题……在这个时代，抵押贷款市场基本风险的有限性质为建立更公平的抵押贷款制度总体上奠定了良好的基础。到20世纪80年代末90年代初，在公平和市场平等准入方面取得了些许进展。
>
> （Immergluck,2011a:249;Squires,2008:309）

然而，在 20 世纪 90 年代和 21 世纪初，家庭金融化趋势加剧，特别是以抵押贷款为形式的家庭负债增加，使得建立更为公平且风险控制良好的抵押贷款制度的愿望尚未开始便已破灭(Logemann,2008)。

为了更好地理解这些变化，我们需快速回顾一下早期受到规范且严密监管的抵押贷款市场。受大萧条时代的政治影响，一份典型的美国三十年期贷款，若完全分期偿还，具有固定利率，且贷款价值比为 80%，则几乎可视为零风险的抵押贷款。20 世纪 70 年代初，美国政府国民抵押贷款协会为吸引更多资本进入抵押贷款市场，实行抵押贷款"转手证券化"，将委贷资金池产生的现金流按比例直接分配给原始投资者(Immergluck,2011a:248－249)。起初投资者为本土或地域性投资者，至 20 世纪 80 年代，全国性投资者日益增多。从 20 世纪 80 年代开始，在金融服务部门与部分国会议员及联邦监管机构共同推动的有组织运动的压力下，"除了继续放松贷款发放方面的市场监管外，联邦政策制定者还继续在证券方面适应金融服务业，从而在抵押贷款市场诱发更多风险。"(Immergluck,2009:6,12－13,21;2011a:253)。

金融化发展过程中，需要新型的私人（主要是非存款型）公司提供新的"产品"以及私人标识的"证券化"服务。贷款发起人——假设是一家全国性非存款银行或抵押贷款公司或一位不受监管的抵押贷款经纪人[5]（可能是一家普通银行或投资公司的分支机构，假定其不对违规或非法活动负责）——将家庭还款承诺组合从资产负债表中剥离，并直接或间接通过中介将其售予投资银行。投资银行对这些资产进行再整合和包装，转化为债券或证券，由其雇用的三家评级机构中的一家进行正面评级，然后转售给另一家银行，银行再将其售予本国或外国"投资者"(Cassidy,2009:257;Immergluck,2011b:2,4)。

该过程的关键在于实现美国交易员、银行家和保险公司的六大壮举：(1)放松对抵押贷款市场的管制。(2)通过出售"次级"抵押贷款[6]，使（起初主要是白人、中产阶级）的家庭面临远超以往的风险，例如，极高的预抵押或再融资费用、突然膨胀的付款额、内置的重复再融资或"可调整利率贷款"的惊人飙升。(3)将寻求利润的国内外投资者的资金引向寻求抵押贷款的美国家庭。(4)通过引导利率收入和抵押贷款/贷款偿还额，投资者提供"安全保障"。(5)将金融产品/工具/载体进行细分，称作"切片"，即（国际货币基金组织贷款划分的）部分，分批出售给(a)顶级投资者/买家，他们可以购买最佳产品，确保零风险下获取较高利润。与此同时,(b)其他投资者因冒险承担可能的损失而获取丰厚利润,但只有当抵押贷款/贷款利率和抵押贷款/贷款偿还额停止流动,无法将贷款转让给他人时,损失才产生。即便如此,投资者仍可购买信用违约互换(CDS),即一种保险,作为抵御损失的保障手段。(6)将包括高盛、雷曼兄弟、美林和摩根士丹利等在内的五大投资银行的最低资本储备放宽 30%—40%(借鉴 Immergluck,2009 and 2011a:245—255)。

新型次级抵押贷款风险更大。其结构本身——股票价格上涨、再融资以及高额费用增加了违约概率。此类抵押贷款质量欠佳,但发起人不予以重视,并将其在售出时从账面上清除。至 20 世纪 90 年代,新型"证券化"主导市场,其中包括抵押担保债券(CMO,一种抵押贷款支持证券或按揭抵押债券及其衍生品)和债务抵押证券(CDO,一种衍生品)等产品(Immergluck,2011a:249)。

> 在抵押担保债券中……贷款被汇集至资产负债表外的载体中,所产生的债券因不同"切片"的债券对现金流的要求不同而有所区别。评级较高的债券……对现金流和抵押品的要求优先于评级较低的债券。在债务抵押证券中,评级较低的抵押担保债券及其他类型的债券被集中证券化,因而较高评级的债务抵押证券可由大量较低评级的按揭抵押债券组合而成。
>
> (Immergluck,2011a:250;另见 MacKenzie,2009)

金融化意味着,家庭支付利息和偿还债务的承诺被当作证券出售,而这些家庭的资金则被转手给那些远在他方且对家庭状况漠不关心的投资者,他们只关心如何从中获利。人们的还贷承诺被包装成新的"产品""工具"或"载体"。从贷款发起人手中转到买方手中时,这些承诺已经转了好几手。每一个转手点皆存在严重的欺诈隐患。此种情况下,极端风险的"掠夺性贷款"应运而生,其中涵盖欺诈。无收入调查或伪造收入的抵押贷款,仅支付利息或零首付的贷款以及宽松的承保。内幕交易和三家垄断性评级机构对不值得的贷款给予的最高评级也是如此。掠夺性贷款,尤其是那些带有歧视性的贷款,对少数族裔和低收入家庭以及邻里和社区的负面影响尤为严重[7](Squires,2008;2011:279—280;Immergluck,2009:2,2011a,2011b;Ross and Squires,2011:158),加剧了原本巨大的贫富差距。

同样重要的是,机构交易链似乎将风险转嫁给他人,给人一种虚假的安全感,让人们对交易链的起点或终点实际发生的事情漠不关心。这种做法使人们不再质疑"产品"是否健全、债券是否有约束力、证券是否有保障。而且,只要房价继续攀升,在这个旋转木马上的每个人都会认为其他人同样安全且兴奋,下一个人会比自己更贪婪。与此同时,大型投资银行的首席执行官们努力培养员工们对客户的攻击性,并通过互相竞争和恶意收购来发泄(Ho,2009)。据提交给美国参议院的《莱文报告》(2011),在描述抵押贷款银行及其员工行为的词语中,重复次数第二多的是"咄咄逼人的"——全文共出现 48 次。

这些"证券"最初甚至博得美联储委员会主席艾伦·格林斯潘等最高权威人士的热烈赞许,然而最终却如燃烧弹般在金融界以及创造者面前爆炸:在投机泡沫刚刚破裂的房地产市场上,当无法再通过出售房屋来规避即将到来的违约时,取消赎回权的情况成倍增加,导致投资者现金流枯竭,他们不再愿意买入更多新品,从而切断了对投资银行的资金供给,进而影响到抵押贷款公司或非存款银行的运营。原本看似人人获益的良性循环,却演变为人人亏损的恶性循环:随着贷款利率上调,越来越多的家庭无法承受抵押贷款,房产销售难度也随之加大。一些大型投资者开始对下一环节产生疑虑,倾向于规避风险,不再从有资金需求的投资银行手中购买产品。直到它们濒临破产,这些老对手才愿意向急需资金的银行伸出援手。但是,与私人家庭不同的是,只有一家投资银行在危机中濒临破产,其余各大银行均获得美联储的救助。对于 2008 年因取消抵押品赎回权而失去住房的 300 余万美国民众,联邦政府并未实施任何救助措施。[8]

结　论

过去三十年来,投资基金似乎在无限增长。如银行所述,美国政府不断游说,成功地创造了同样无限的投资机会,其做法是:(1)开拓渠道让这些基金进入常规的本地抵押贷款市场;(2)将中产阶级和少数族裔公民转变为抵押贷款持有者,链条两端的扩张恰逢货币流通暴涨,使得货币流通循环的必要性消失不见。尽管强调资金来源多元,但未强调投资者及中介的盈利最终取决于借款人及其还款。

而投机泡沫破裂后,这种相互依存关系初次显现。然而,信贷提供者和销售者对借款人仍然置若罔闻,因为他们忙于拯救自己的业务,无暇顾及其他人。

与诺伯特·埃利亚斯(Norbert Elias)理论的传统解读相悖,扩展客观交易链并不必然导致公认的相互依存关系,反而可能促使双方(即使只是战略性)慎重决策,互相尊重并关注彼此,从而倾向于自我约束和遵循社会规范(Newton, 2003)。基于同理,他们不会对自己的道德过错感到羞耻,也不会对他人的过失感到尴尬。

如同 2007 年或 2008 年之前几乎所有相关方都经历过的几个特殊年份一样,只要依存关系模糊且资金充裕,就会引发不顾一切的激进行为,而战略性的利益调和和文明的竞争博弈,谨慎、羞耻和尴尬的感觉都会被抛到一边。我们不应该忘记,当年人人怀揣梦想,想要获得丰厚汇报,这一切看似无穷无尽。

这并非表明交易员、投资银行家或贷款人在商业行为中展现出原始的侵略性和掠夺本性。相反,我们应当设想:一位投行家向知名企业 CEO 递交一份精心策划的投资组合建议,说明公司应如何接管一些业务并放弃其他业务来增加股东收益,而这一切都将由一笔巨额贷款来融资;一位放贷人说服一位中产阶级人士承担一笔不必要的二次抵押贷款;而另一位放贷人则说服少数族裔家庭的户主,她现在有能力在自己的社区买一套漂亮的自住房。这种侵略性并不会在客户面前表现出来,而是针对自己的同行对手:最近,富国银行(Wells Fargo Bank)因涉嫌向少数族裔提供高昂利息的贷款,被巴尔的摩市政府起诉。该银行向员工提供经济激励,引导少数族裔借款人从低成本的优质贷款转向高成本的次级贷款,并将这些贷款称为"贫民窟贷款",称借款人为"泥人"(Squires, 2011:280)。类似案例层出不穷。我深信,随着金融资本家不断推出新的骗局,我们陷入了"无忧无虑"的资本主义陷阱,在表面"和蔼可亲"的笑容背后实则是恐怖的掠夺者在伺机待发。

马克斯·韦伯称赞西欧发明了法律理性的官僚企业,他强调这种企业展现了驯服、规范、系统化、原始、狂野和不可预测的获取本能的能力(参见第 7 章)。公司章程(Flam, 1990)等同于一种感觉规则,规定在特定分工生产特定数量产品的情况下,以何种间隔和何种水平实现利润。然而,韦伯同时指出,很大程度上是领导层决定着企业的日常运营方式(Albrow, 1997)。

何柔宛描绘了一个令人震撼的画面:在华尔街投资银行甚至更破旧的房间里,来自哈佛大学或普林斯顿大学的应聘者疲惫不堪,却踌躇满志,在运动装备和废弃的中餐盒垃圾堆里,他们每周花费 100 多个小时为老板策划价值百万美元的合同。一间代表处、一辆接送回家的豪华轿车及奢侈消费，都是他们炫耀的资本。但是，为了满足员工对地位的追求，内部装修却没有浪费一分钱。正如这些员工一样，当不再需要时，办公室和整栋大楼也会被拆除。所有资金都被投在技术和技术人员身上。

因此，自20世纪80年代起，华尔街首席执行官们决议制定新的非正式行为和正式薪酬规则，以推动掠夺性收购。为此，他们不仅调整了自己的公司，还调整了联邦和州政府机构及监管框架，并跳过或威胁跳过监管。金融业首席执行官们对联邦立法者进行的游说和交易有助于实现以下目标：(1) 减轻金融部门的压力，使其公平、安全地开展业务；(2) 对工业及服务业企业以及内陆住房市场施加新自由主义压力，迫使其放弃公共补贴或援助，转向举债。简言之，首席执行官们正是变革推动力量，这种变革将收购的本能从监管和法律官僚的牢笼中释放出来。贪婪、恐惧或同情也是如此。对于展现贪婪的监管和官僚障碍降低了，而对于表达恐惧或关心他人福祉的障碍却提高了。

埃利亚斯将文明脆弱的表象逐渐崩溃的过程，称为"文明的倒退"。[9] 他在《德国人》(The Germans) 一书中指出，第二次世界大战前德国人（意外的）倒退是由经济衰退、体制崩溃和阶级矛盾等因素造成的。然而本书认为，当资金链中包含大量资本，法规与制度的重构产生猖獗的利己主义、割喉式竞争和侵略行为时，有意的倒退就会出现。

有趣的是，过去三十年中发生的经济变革与"大男子主义"理性神话的变化如出一辙，并且二者相辅相成。20世纪70年代末，那些20世纪六七十年代流行的完全理性、追求利润最大化的决策者逐渐销声匿迹，在赫伯特·西蒙(Herbert Simon)笔下变成了竭尽全力追求利润最大化的有界理性人，但在20世纪80年代传统产业的长期痛苦中，这种理性人被遗弃，取而代之的是对领袖魅力的追求。20世纪90年代，出乎意料的是，理性人再次崛起，成为金融领域内的理性经济人——他们足智多谋、善于评估并追求利益最大化(Meckling, 1976; Jensen and Meckling, 1994)。当金融界的首席执行官们试图重塑金融行业，使之符合其自身形象时，理性经纪人成为其无法逾越的鸿沟。理性经纪人毫不掩饰的贪婪、灵活性和对无限机会最大化的追求，在金融界首席执行官们开始推行单一利益相关者的新自由资本主义时，提供了很好的服务。作者在书中"忘记"建立约束模型并非偶然，因为在20世纪80至90年代的金融界，约束行为似乎并不存在。

金融部门的社会学研究提供了一个与经纪人相悖的形象。经济社会学家经常与新古典经济学家争论,他们关注交易员和投资银行家,提请人们注意交易员之间的组织文化、道德群体、社会关系和自律,并表明这些因素影响着交易模式、定价,甚至影响重新平衡旧交易或开始新交易的机会,或在紧急状况下获救的机会(Baker,1984;Abolalfia,2001;Mac-Kenzie and Millo,2003;Beunza and Stark,2004)。2003年,麦肯齐和米洛提出了一种新的金融表现方法,人们仍可以看到这一古老研究议程的痕迹,当时他们(毫无疑问地)接受了芝加哥期货交易所(Chicago Board of Trade)关于交易员代际忠诚和团结一致的故事:

我……20岁时进入贸易委员会任职。……我的导师是爱尔兰人……他把我拉来做职员,资助我,还借钱给我……让我购买会员资格……我说:"我该怎么感谢你呢?"他说:"……你可以帮助其他孩子。"

(MacKenzie and Millo,2003:118)

同样,贝翁萨和斯塔克(2004:5,10,17,19—20,24—26)虽然意识到他们研究的公司出类拔萃,但仍传递出这样一个信息:当交易员之间的沟通、社会联系和稳固性很强时,该公司(及其客户)就会表现出色。他们将自己的研究视为"套利的人种学"和"识别机会的过程"(Beunza and Stark,2004:2,4)。在他们研究的计算机化交易公司中,经理将所有员工甚至自己安排在同一层楼,并定期交换工位,以便建立跨部门的团结。此外,他还设置了所谓的"服务台",由专门的服务台团队和技术提供支持,以便最大限度地增强交际与沟通,从而促进相互监督。贝翁萨和斯塔克意外发现情绪在决策过程中起着关键作用:(1)每位交易员及特殊用途的"服务台"对自己的市场策略有着强烈的感觉;(2)客户"服务台"为理解"(客户)焦虑的程度"提供了重要视角;(3)"周围痛苦的尖叫声"预示着现在并非交易良机,或者发生了错误,灾难即将降临;最后,(4)服务台之间的工作热情日益高涨,这表明对特定的新(套利)想法的不安全感和担忧是多余的——交易员受到鼓舞,信心倍增。这个想法在办公室里传播开来后,越发受到认可,一个激动人心的"胜利圈"为集体决策的轮流过程画上了圆满的句号(Beunza and Stark,2004:13,着重部分由作者标明)。

贝翁萨和斯塔克以及其他人均指出,交易员和投资银行家必须保持"健康"的恐惧感,才能避免做出灾难性的决定。他们同事的痛苦尖叫和客户的焦虑表和挽救行动,才使得芝加哥期货交易所免于倒闭,并根据(危机频发的)现实调整了模型(从而脱离了其基础的经典期权理论),确保了更多的协作、更强的自我调节与模型认知——以此降低所有风险——谨慎定价及对冲(MacKenzie and Millo,2003:124-125,130-134)。贝翁萨和斯塔克(2004:10)将套利视为对事件的下注:就像在已知的结果上下注。

4. 在一项研究中,允许交易员处理大小不同的账户,并对其交易实行自动现金限额或经理否决权(Smith,1999:8,28,43,87)。在另一项研究中,制定诚实对待亏损的政策被认为是努力防止亏损的一种方法。另一种方法是,管理层设定风险限额,主管经理制定议程(Fenton-O'Creevy et al.,2007:186-187,190-191;另见 Zaloom,2006:150)。然而,在实践中,上行风险据说管理较轻,而下行风险据说管理较严。管理者不允许交易员尝试新想法或承担足够的上行风险的情况也时有发生。除了这些基于计算机的限制或由合规职能部门实施的限制外,还必须加上其他限制。法国期货合约经纪人哈苏恩(2006:119)报告说,每位薪金制经纪人都有被允许进行交易的特定合同数量,即他的交易量。

5. 2005 年,近 2/3 的次级抵押贷款(和再融资)是通过经纪人完成的。费用是他们的主要收入来源(Ross and Squires,2011:143)。

6. 联邦储备委员会根据自己对次级贷款的定义计算出,从 1994—2005 年,这些贷款的价值从 350 亿美元增至 6 000 多亿美元,占住房贷款的比例从 5%升至 20%。在可调整利率的次级贷款中,出现了越来越多拖欠贷款的情况:截至 2008 年年中,拖欠率达 28%,是 2005 年的 5 倍(Ross and Squires,2011:142,160)。

7. 获取信贷的民主化具有两面性,就像双面神雅努斯或者杰基尔博士和海德先生一样:在高度隔离的大都市社区,每 1/3 的人都能获得高价贷款,而在隔离程度较低的社区,每 1/5 的人能获得高价贷款。据统计,在 2007 年前不久,53%的非裔美国人、46%的西班牙裔美国人和 22%的白人美国人均获得过带有歧视性的高利贷(Ross and Squires,2011:143)。这种贷款模式导致少数族裔社区的止赎率居高不下。如今,种族隔离仍然影响着贷款模式。有关已通过和提议的改革清单,请参见 Squires,2008:310,315,318 and 2011:281-285;Immergluck,2011b:4-7,9-10;Ross and Squires,2011:158-159)。另见注 8。

8. 奥巴马政府的"住房可负担修改计划"旨在为陷入困境的借款人提供贷款修改服务,但由于其官僚主义的复杂性和贷款人的抵制无疾而终(Ross and Squires,2011:158,140)。目前有一些地方和区域性计划在帮助濒临危险的房主,但这只是杯水车薪:据估计,2011—2016 年间,将有 800 万—1 000 万套住房被取消赎回权。据估计,2008 年抵押情帮助他们在不确定的金融世界中游刃有余。不经意间,贝翁萨和斯塔克强调指出,交易员的工作之一就是应对不确定性中的恐惧——害怕做出错误决策,害怕被不期望的统计相关性或不可预测的事件"击中"(MacKenzie and Millo, 2003:132-133;Zaloom,2006:127-140,156;Soros in Pixley,2002a:48)。但是,如大多数社会学家和人种学家,他们没有阐明,交易员与投资银行家面临的主要问题是在试图确定一种成功的投资产品时如何降低不确定性并克服自身的不安全感。

皮克斯利(2002a;2004:20-30;2009a,2009b)认为,经济学家将不确定性重新定义为可测量或可预测的风险,从而自以为是地认为可以避免这些风险,或者将其归结为信任问题,从而将现实神秘化。然而,事实并非如此。不确定性无法预测、衡量或降低,因为现实太复杂且无法计算,而不可知的未来太危险又令人恐惧,任何统计数据都无法控制它。此外,正如皮克斯利所言,信任暗含着不信任的问题,即猜疑,而一旦遭受欺骗,随之而来的就是愤怒、沮丧和痛苦的背叛感。

看来,社会学家和人种学家对交易的社会嵌入性、男性身体、思想和技术的融合以及这一切对数学的迷恋,加剧了神秘化的问题(Beunza and Stark,2004)。他们赞美沟通、社交、团结、网络和自我调节——所有这些都是受欢迎的社会学思想。

本章提出了另一种观点:从业者会犯很多灾难性的错误,但他们被教导无需反思。他们的首席执行官会尽可能地教导他们目光短浅,沉浸于一种强烈的免罚感觉中。本书展示了交易公司和投资银行实现这一目标的一些方法,但仍有待深入研究。

在交易员和投资银行家受到严格审查的新形势下,他们需要采取新的策略。其中一种方法既脱离了单一情绪——猜疑,它是构建金融部门及其机构的力量;又脱离了典型环境——此环境中不存在社会性和团结,而是充斥着竞争和侵略。皮克斯利(2002a,2009b)认为,交易员和投资银行家总是怀疑别人会搭便车、欺骗或背叛。只要有可能,他们就会采取措施,建立决策所需的基本信任和(自我和他人导向的)信心,但这与社会学和人种学所推崇的理念大相径庭。

皮克斯利长期以来坚持的观点是,现实世界与经济学家、社会学家和人种学家模拟的情况相反,在实际的日常实践中,不信任和不断潜伏的对事情可能出大错的怀疑问题并没有被低估。正如皮克斯利所述,现实世界中的金融专家以各种方式应对不确定性(我自己补充的例子),他们依靠魔术,也依靠组织微调、旁敲侧击、欺诈、缓冲、勒索、劝说和第三方救援:

1. 在组织体系中,通过确定性建造,将过去与现在的不同组合投射到未来,再倒推回现在,以激发当今决策所需的信心;依靠"直觉"或应用研究或数学模型来决策;通过企业社会化/文化和情感化仪式,鼓励特定的属性,包括驱动力(如侵略性)或情绪(如谦逊),相信这些属性对理想的决策风格至关重要;通过薪酬计划、工作安排和决策模式,培养个人主义或集体决策风格;以及通过监测、监督、会计和其他控制措施,削弱随意搭便车、欺诈和背叛等行为;

2. 在各组织之间以及各组织与其客户之间,依靠减少不信任的银行或商号;在没有或很少有责任和问责的情况下暗示责任和问责;采取各种声誉策略,包括引用各种"成功"的统计数字,展示监事会、监护、审计和信用评级;

3. 在产品方面,依靠"证券"或"保险"(原文如此!)等令人信任的名称及穆迪和标准普尔等产品评级机构或国家等最后担保人;

4. 在外部机构方面,迫使国家采取"精简"模式,以激发交易员的信任并鼓励"投资者的信心";此外,还依靠国家和其他外部机构,如国际货币基金组织,将其从周期性的、自我策划的危机中解救出来,尽管这些机构本身也在大谈新自由主义(Krugman,2009)。

这只是一个提示性清单,但它以另一种方式,强调了本章的主要论点。长期以来,金融专家纵然关注利润最大化、防止受骗及他人福利,并未给予足够重视。

在金融专家看来,这些减少不确定性的措施存在诸多潜在风险:新员工数量过多导致监管失灵,或是监控者转而自行赚取交易利润;预期的纾困未能履行,就像2008年雷曼兄弟的情况一样;再者,虽概率较小,但律师仍有可能提出确凿的交易控告,政府突然成立调查委员会,要求问责和/或制定顶级收入或公平贷款的规定。

由此可见,我们须系统地检查受理性经纪人启发、目光短浅、习惯于逍遥法外的交易员和投资银行家是如何对待即将到来的灾难的恐惧和对背叛的长期怀疑,以及其行为对客户和公众造成何种后果。这将是一个全新的研究历程,更适合当前危机四伏的时代背景。虽然已有大量关于美国案例的深入研究,但是"金融专家"却将整个世界当成了他们的游乐场。

注释

* 我非常感谢乔克·皮克斯利的帮助,他给我发送了大量的电子邮件和补充[...]还有赫尔穆特·库兹米茨的关心、建议和鼓励。我还要特别感谢两位审稿人:一位[...]的民粹主义观点提出批评,另一位则期待我能提供更多有关人种学方面的细节。费[...]·卢比奥(Felipe Rubio)的"滑稽、有趣、令人困惑"的评论令我难忘,对此我非常[...]最后,我要感谢唐纳德·麦肯齐(Donald MacKenzie)几年前赠予我一套他的文章[...]资料,感谢希拉里·西尔弗(Hilary Silver)让我加入她的团队;我还要感谢丹·伊[...]克(Dam Immergluck)和格雷格·斯夸尔斯(Greg Squires)给我寄来了信息量极[...]章。乔克和费利佩还参与了第一轮语言修改。莉莉丝·斯图肯伯格(Lillith Stuk[...]负责打字,弗洛里安·斯佩尔伯(Florian Sperber)负责检查参考文献。约亨·克[...](Jochen Kleres)阅读了第一版。芭芭拉·查尔尼亚夫斯卡(Barbara Czarniawska[...]最终版本。其余所有事实和解释错误均由我本人负责。

1. 阿博拉菲亚 2001 年的研究,是我所知的唯一一项比较研究,该研究明确[...]些金融贸易环境鼓励个人主义盛行(债券、华尔街),而哪些环境鼓励社会性或[...]结[芝加哥期货交易所(CBT)、纽约商品交易所(NYME)的期货和纽约证[...](NYSE)的股票]。他还强调了每个公开叫价市场内部和周边在工作安排、规则[...]利益和权力组合、自我和政府监管方面的差异,以及这些差异如何影响经济实力[...]位和利润。

2. 一些研究人员报告了巨额收益趋势的例外情况。在巴黎证券交易所,交[...]工资的,尽管他们的团队可从所获利润中分红,而在 MatifSA(法国期货市场)[...]和月度最佳交易员奖也很常见(Hassoun,2006:104,116)。1975 年,纽约证券[...]除了固定佣金政策,使交易员更具竞争力(MacKenzie and Millo,2003:123;[...]阿博拉菲亚(2001:56)指出,自 1975 年以来,一个新的联邦监管机构——商品[...]委员会在 1975 年见证了 CBT 和其他交易所类似的废除。Abolafia(2001:1[...]—131)还指出,日益激烈的竞争、外部监管、内部控制以及稳定市场的义务是[...]券交易所交易、利润和佣金下降的重要原因。在撒切尔的坚持下,为了刺激[...]1986 年伦敦证券交易所的佣金变得更具竞争力。

3. 经济学家的合法化、一流的法律工作、一些发起人的政治影响力、尼[...]布莱克、斯科尔斯和默顿期权/衍生品定价模型的"简单和优雅",这一切都[...]品摆脱了投机或赌博的名声。1976 年,芝加哥期权交易所(CBOE)成立(M[...]Millo,2003:114—115,137,139—140)。此外,1987 年的股市崩盘、美联储[...]

贷款支持证券投资者的损失在 3 500 亿至 4 200 亿美元之间,总体影响达 2 万亿美元或更多(Immergluck,2009:3)。

9. 另见邓宁(Dunning)和梅内尔(Mennell)在埃利亚斯(1996:xv)中关于"去文明化进程"的论述。

2 金融脆弱期的不道德恐慌和情绪操作

亚历山德罗斯・安德烈亚斯・基尔奇斯

脆弱期和紧急情况

2011年10月,法兰克福:在吉恩-克劳德・特里谢(Jean-Claude Trichet)将欧洲中央银行行长职务移交给马里奥・德拉吉(Mario Draghi)的告别会上,老政治家赫尔穆特・施密特(Helmut Schmidt)的言论引起了轰动。这位著名的演讲者提到了那些挟持政客的精神病交易员。这番情绪化的发言旨在回应公众扩散的情绪。他不仅批判了政治家屈从于赌场般的金融权力,导致自身处于次要地位,而且对交易员和投资银行家普遍存在的有害的道德灵活性表示愤慨。他隐含的观点是,正如理查德・桑内特(Richard Sennett)所言,仔细观察品格的腐蚀至关重要(Sennett,1999)。高层管理人员和招聘人员也在物色无道德原则且野心勃勃的人才。本应维护财政稳定的组织在选拔人员时所采用的标准,显然成倍增加了鲁莽和不负责任的倾向。

自20世纪80年代以来金融业的核心业务一直是高风险但在某些情况下能获取高利润的业务,而对这种业务在人力资源方面的判断会引起强烈的情绪反应。如果相当一部分人被这些反应所淹没,我们就会在那些针对银行家的人群中产生道德恐慌。金融业和金融家在不同程度上引发了这种情绪,这种情绪因怨恨而愈演愈烈,并往往以敌意告终。人们对金融的看法及其对生活的影响导致他们将金融视为替罪羊,这种情况并不罕见。即使是在小说中,巴尔扎克、狄更斯和左拉等作家在金融文化的启发下创作的故事也大多是以负面情绪来营造叙事氛围。丑陋的银行家形象是资本主义文化的一部分。

无论个人和企业使用资金的愿望多么强烈,都难以理解金融体系的内部运作。高度杠杆化和高度证券化金融的复杂性加剧了这种差异。往往是熟悉与陌生、欲望与风险之间不可思议的相互作用的强烈程度,为负面情绪的混合滋生提供了土壤。正如社会和政治生活中的类似情况一样,宏观过程被视为微观过程的反映,人们开始指责丑闻、阴谋,以及许多人认为的因金融合同执行失败而导致的失控行为。人们将身份不明确且带有邪恶属性、意图及利益的个体与团体视为罪魁祸首。受威胁社区的成员显然与这些令人厌恶的人物保持着距离(Steven,2012)。

19世纪末,马克斯·韦伯反对试图从心理学角度来理解金融的内部运作及其影响。韦伯在其关于股票与商品交易的著名论文中指出,这种将金融妖魔化的倾向,由于其情绪受到真实或想象中的破坏性事件的影响,从而可被理解,但其往往根源于牢不可破的狭隘思想。他之所以撰写这篇文章,是因为大众普遍不了解金融的积极功能和有可能产生的危害性。他对此感到不安,其目的是帮助非专业人士更好地了解证券交易的操作技术和证券交易者的态度。

韦伯强调了一个可能会被有识之士视为真理的观点:并非所有投机活动、交易和协议都会对经济和社会造成不可挽回的损害,即使它们发生在难以接近的金融机构中。当金融市场的投资者和经营者普遍存在不负责任甚至造成损害的行为时,不应归咎于个体的心理特质,而应追溯到机构和社会网络的结构问题。根据马克斯·韦伯的观点,应该揭露的不是个人的欺诈行为,而是构成组织行为的过程以及在金融界担任关键职位的人的职业态度(Weber,2000a,332-333)。韦伯试图通过研究那些在证券交易所快速致富的人的社会出身来理解不正当的投机行为。但这一因素的重要性取决于社会互动的形式和交易所的运作需求。例如,已站稳脚跟的财阀和试图挤入上流社会的人,在参与投机活动和交易操作时,其意图、态度和利益是不同的(Weber,2000b,368-369)。更具体地说,相较于后者,有权势的资本家在证券交易所中的行为方式不易受广大公众投机欲望的影响。只有在证券交易所的运作环境中,上述趋势才可能得以实现,否则影响微乎其微。总之,这种平衡的观点取决于社会出身和心理特征与制度和组织动态的有条件结合。相同的方法也可以应用于理解高度证券化金融背景下的不道德行为的运作、功能以及潜力。这种金融形式在 20 世纪末崛起,并成为主导性的商业形式。

　　银行、交易所、票据交换所和各种基金等金融组织,都是市场失灵在业务环境配置上的反应。在某种程度上,只要社会上存在市场风险与金融组织之间的联系,银行家就需要培养一种情绪,使他们能够在面临高金融风险和公众敌意的情况下正常工作。当失败将要发生或已经发生时,经营者非常需要这些情绪来保护自己,以免他人将其指责为不当行为的罪魁祸首。后布雷顿森林时代的贸易和投资银行业就是这样,在高压和公众监督下运作的组织,其成员的情绪会使他们固守堡垒,从而捍卫自身角色。防御姿态可以巩固身份,建立持久的工作和组织仪式(Islamro and Zyphur, 2009)。伴随着角色和任务而来的心理表征和压力,导致世界形象的自恋性调整,以适应群体内动态所产生的欲望和恐惧。如果没有这种自恋,交易员或投资银行家则几乎难以承受金融业务中的社会压力和物质压力。此外,批评并不仅来自外部的广大公众。在风险较小的部门工作的银行家,如果不属于交易员、分析师和投资银行家这些特殊的特权阶层,便会受到强烈的批评,这意味着指责过程的情绪背景也可能来自组织内部和组织之间的动态。

　　情绪紧张程度因人而异。高层管理者负责与员工一起做出核心决策并发布指导方针,他们的工作生活与中层和基层管理者及其操作人员的工作生活截然不同,后者就如何更好地执行指令和实现组织政策做出渐进式决策。第一组依据对机会和最终理想条件的设想做出决策。第二组负责作出运营决策,并依据离散运营任务的具体可衡量产出进行评判。后一类人作为用户或设计者、软件工程师和系统集成商,也承受着与金融技术相关的压力(Kyrtsis, 2010)。金融技术及其配置和应用是金融组织中某些单位所经历的情绪紧张的核心组成部分。它们决定了组织内部的社会化进程,进而塑造了操作人员的性格。此外,使用快速而复杂的操作技术要求提高警惕,并造成了银行和金融业前所未有的压力。

　　后一句话为我们理解影响金融情绪基础的社会、经济和组织等因素提供了一个重要视角。金融组织成员的情绪状态是在更广泛的历史背景下产生的。自 20 世纪 70 年代以来,我们所能看到的金融体系的变化源于商业银行的主导趋势,即逐渐摆脱其作为提高企业、家庭和公共行政部门的经济效率的关键角色。投机活动,尤其是过度利用庞氏融资的投机活动,在那之后成为业内大多数强势组织的惯常业务标准(Bernanke,2005;Minsky,2008;Foster and Magdoff,2009)。

这种转变的一个主要副作用是,现在在其组织内享有最高声望的银行家们,既不充分了解企业和家庭如何利用金融服务,也不了解如何为它们提供合理的产品和服务管理。可以想象,这种趋势很快将使得他们对金融的福利方面或创业的创造性作用漠不关心。在整整一代从业人员、学术金融分析师、交易员和投资银行家眼中,经济现在不过是投资组合的配置。企业银行业务与投资银行业务之间的区别消失得无影无踪,以至于许多年轻一代的从业人员无法理解为企业提供服务的意义,除非将其与承销、首次公开募股和证券化等活动联系起来。金融业脱离企业家和家庭的担忧是一种自然结果。只有零售银行业务中利润较低的部分残存着旧有的关系管理流程,在一定程度上延续着公用事业银行的文化。但即使在那里,压力也是难以承受的。分行网络现在被贴上了成本中心的标签,其活动越来越多地根据其提供的产品和服务与投资银行家策划和推广的高风险产品和服务的充分融合程度进行评估。更具体地说,这意味着一种压力,即尽可能将任何零售银行活动转变为资产管理或吸引贷款的活动,而这些贷款既不能注入资产核算,也不能打包成适合"资产负债表外"的复杂资产支持证券。

不难理解的是,这完全改变了与客户以及在工作场所内的社会交往类型,也从根本上改变了人们的情绪组合及其表达的道德内涵。但最重要的是,这些史无前例的金融发展带来了非同寻常的情绪配置,尤其是对那些在银行最获利部门工作的人来说。我们不禁要问,这些情绪中有多少可以被视为愉悦的?如果怀疑这些随行人员的情绪交融大多是施虐受虐狂式的,也不无道理。他们所承担任务的关键性质,再加上一旦失败就会导致巨额经济损失和声望的感觉,造成了合作与竞争之间的微妙平衡(Abell,1996)、过度的压力以及掩盖情绪的倾向,这些情绪可能损害有权势的交易员、分析师或投资银行家的形象(如第1章所示)。

经济、金融和情绪发展之间的联系是金融化组织生活的一个决定性方面,也是自20世纪80年代以来金融脆弱性不断加剧的主要结果之一。金融脆弱性是高杠杆银行业务大部分"触发因素"的来源。如果投资银行家与交易员无需发明应对金融脆弱性的对策和行动,那么他们日常的许多工作都将变得多余。金融脆弱性是指投资者极有可能参与资产清算的情况。金融脆弱性的后果中较为简单和常见的情况是银行挤兑。换句话说,金融脆弱性可定义为这样一种情况,即人们普遍认为投资者最好对借款人进行资产清算或收回,即使这可能意味着迫使借款人(以及金融中介机构)违约(Goodhart,2009;Keister,2012)。

要理解金融脆弱性的概念,信贷、流动性和违约之间的相互作用至关重要。海曼·明斯基(2008:227)用非常精辟的语言表述了这一点:

> 如果在一个经济体中,收入现金流在履行资产负债表承诺方面占主导地位,那么这个经济体相对而言不会受到金融危机的影响:它的财务状况是稳健的。而一个广泛使用投资组合交易来获得支付资产负债表的经济体,则可能容易发生危机:它至少具有潜在的金融脆弱性。

然而,金融脆弱性不仅仅是一种威胁。投资组合交易可以同时提供高风险敞口和高利润。机会逐渐从收入转向债务,作为偿还债务的一种手段,这同时也是从对冲金融转向投机金融,然后再转向以投资组合管理为重点的庞氏金融(Minsk,2008:226—229)。要防止这种风险行动的失衡,需要十分微妙的技术和交易控制,从而迫使银行家在复杂的技术组织环境中保持高度警觉,并适应巨大的压力,以处理各类情况。

当金融脆弱性爆发时,金融技术操作员需进行零碎的工程以避免经济崩溃,其操作必须适应紧急状态。当脆弱性决定了金融业的业务节奏时,我们就可以谈论"紧急融资"的条件。这种紧急状态预设了金融脆弱性与情绪操作之间的联系,以应对企业战略和动态波动的金融市场之间递归关系所设定的要求。在金融稳定和平静的状态下,金融技术的使用可以实现常规化。与此相反,在金融脆弱造成的紧急情况下,以及在这种情况可能带来的威胁和机遇面前,人们必定会产生警觉并实现创新。在这种情况下,作为紧急融资的结果,企业的驱动力是对可能出现的危机情况的预测,情绪上的亢奋和恐慌感使组织中的强势和弱势参与者都不知所措。

在这方面,公众的情绪具有决定性的重要意义。无论是富裕还是贫穷,金融服务的用户都会感到,或者自认为感到,他们的计划与生活都依赖于金融脆弱环境下紧急融资的运作。如果他们倾向于将所面临的紧急融资风险归咎于银行家,则可能会引起道德恐慌。如果银行家感觉到这种情况可能会发生,那么组织内部的动态就不可能不受影响。金融扩张时代不断吹起金融泡沫,导致金融脆弱性加剧，但银行家和公众都保持冷静，这是金融扩张时代的一个有趣现象。尽管大多数学术评论家发出了警告，但公众并不担心。几乎所有人都在寻求通过信贷来弥补收入赤字。只有在2008年经济崩溃之后，公众才开始思考将期望寄托于利用过度敞口风险带来的机会是否合理的问题。直到那时，人们才由普遍的亢奋情绪转变为强烈抗议。因此，如果我们要讨论银行内部的情绪发展，公众的心情和表达的情绪则是非常重要的。这里的重点不是大众的情绪，而是那些为应对金融脆弱性和紧急融资而建立和维持必要业务的人。然而，后者的情绪在很大程度上取决于他们如何看待公众对其所参与的银行业务的情绪。更具体地说，即使预期公众可能会对银行家产生道德恐慌，也会加剧银行家的逆反心理，这种逆反心理与我们这里所说的"不道德恐慌"颇为相似。

紧急融资与不道德恐慌

在2008年危机爆发前，对银行家的指责以及对消费和投资大众的道德恐慌是不可能发生的。整个体系似乎因其产生和维持的增长模式而变得合理（Reich, 2008; Akerlof and Shiller, 2009）。当然，人们嫉妒银行极高薪酬的员工和过分庞大的投资组合的持有者，但大部分情况下并不会产生仇恨或社会攻击。无论银行家多么不受欢迎，他们都在用信贷填补收入差距，并为养老基金的偿付提供便利。尽管与一些学者的看法不同，在公众眼中，银行家并没有造成信贷紧缩。事实上，道德恐慌已经超出预期，延缓了银行家的防御性反应，否则他们会被公众的批评和质疑他们角色的道德化言论所吓倒（论防御情绪：Scheff, 2009）。雷曼兄弟（Lehman Brothers）破产后，那些仍留在该行业但从未离职的人对公众产生的道德恐慌出现了防御性态度，那些不得不离开的人哪怕只是暂时离开，也会感到内疚和自责。但是，那些继续从事证券化业务的人却不得不在极其恶劣的环境中照常工作。在金融脆弱时期，如果银行倒闭，整个社会，尤其是那些对金融改革的潜力及其局限性之间的平衡有着深刻见解的人，则会联合起来反对银行家。我们经历着类似于道德恐慌和政治迫害的现象。在这种情况下，银行家的反驳变得非常无力。其原因是，他们无法在道德上或从工具性话语的角度，通过过度风险暴露来应对对冲风险的局限性，这种方法迄今为止经常用于应对金融脆弱性（Lewis, 2010），由此产生了一种防御性态度。实际上，这种防御将公众的道德恐慌逆转为金融业内部的不道德恐慌。

在道德恐慌的情况下,人们感到社会秩序受到威胁(Cohn,1975;Cohen, 2003;Shepard,2003;Tiffen,2004;Rohloff and Wright,2010;Rohloff,2011)。与道德恐慌相反,金融机构中的不道德恐慌是一种情绪状态,人们认为对冲、交易、投机和套利等活动,以及用合成证券构建资产,正受到道德审查的威胁。道德恐慌源于对社会秩序的假定威胁,这种威胁来自敌对而神秘的力量;不道德恐慌的问题则是道德限制力量的威胁。银行家会认为这种威胁很可怕,但主要不是因为公众可能会对他们发起攻击。引起不道德恐慌的主要原因是,一旦他们被迫接受由监管者规定的道德标准,银行家则可能会失去努力高效开展业务的动力。这意味着一种灾难性的身份转变和对道德义务的接受,而这种转变和接受在内部人士看来,是与应对金融业务挑战所需的技能和情感完全不相容的。对于从事金融工作的人来说,这是一个真正的问题。他们要么说服自己,他们的职业要求实际上遵守很高的道德标准,没有任何有违该行业习惯的东西会被揭露出来,要么他们不得不拒绝采用外部道德标准,这可能会破坏他们已经形成的习惯并削弱观点的力量,这意味着对内部不合适的文化和道德观念的恐惧是不道德恐慌的主要原因。

避免这种影响的实际方法是隔离。对种族或宗教团体来说,诱导和有意的隔离有时是一种有效的策略;但对银行家来说,并非如此,他们的亲戚和朋友来自截然不同的行业,他们可能对银行家的做法持高度批评甚至敌视态度。

在这种情况下,不道德恐慌使无法避免社会交往的被攻击者产生了强烈的防御心理,从而导致最明显的选择,那就是随时准备好有力的论据来反对道德攻击者。这并不意味着银行家在面对周围环境和重要人物的敌意时会产生任何错觉,认为他们可以改变对话者的想法。但他们可以通过发展优越感和自恋封闭使自己快乐从而增强自尊,避免挫败感(Stockholder,1987;Blok,1998;Whitford, 2003;Kilminster,2008;E. Campbell,2010)。在这种情况下,寻求强有力的理论可以提供最佳的情绪调节技术。当那些用道德标准(而非数学或专业知识)来指责银行家或负责证券化和风险管理的人时,银行家可能会试图通过贬低这些人在数学和风险管理方面的能力来解决问题。通过这种方式,他们可以将问题归咎于那些无知的社会成员,进而将问题快速地掩盖起来,避免进一步的质疑和责难。从这个意义上说,如果银行家怀疑这些可能有助于他们挽救的自我情绪技术和情绪的社会建构难以维持,那么与银行家不道德恐慌相关的恐惧就会加剧。

例如,当风险管理者被要求评估风险敞口时,恐惧情绪往往会进一步加剧。他们的职责与不道德恐慌工具相关的社会心理机制不太契合。银行家将自己塑造成金融化时代的英雄,通常将过度行为和失败的原因归咎于公众的非理性行为。而内部的悲观主义者则被视为准叛徒,或者在最佳的情况下被视为沮丧的现实主义者,他们最好接受治疗,以便让自己振作起来。风险管理者也属于这一类。银行业人士通过揭示企业风险承担者心态中固有的矛盾来表达这种态度。在各种采访中,银行业人士表达了这种态度,同时揭示了企业风险承担者内心所固有的矛盾(Honegger,2010)。风险管理者的数学模型理应是使这些敏感业务合理化的正确工具。但是,如果要克服操作上的保守主义,那么必须忽略或至少反思性地修改那些数学模型(Lo,2008)。这一策略与将责任转移给公众有关。因此,危机的爆发并非源于金融市场的混乱和缺乏规则,也不是源于金融市场的过度盈利、过度的风险敞口以及对权力以及高利润的过度追求,而是源于情绪受到了非理性影响。

非常有趣的是,这种态度往往与风险管理的理念相矛盾。风险模型的数学基础本应成功地包含业务的情感驱动因素(Pixley,2004,2010a,2010b;Honegger:2010,305－306)。在情绪促使鲁莽行为,并被认为对盈利操作有所帮助的情况下,并不完全如此。在这里,数学是情绪的一个重要象征性来源,蕴含在参与和脱离具体情况之间的相互作用中(Elias,1987a),这是一种应对复杂性的方式。

因此,对这些模型的隐形批评是不安和不稳定的来源,因为技术组织封闭的智力和情绪技术是矛盾的。从这个角度来看,不道德恐慌与科学主义和技术主义在社会和情绪方面的内容揭露的可能性有关。

因此,金融领域不道德恐慌的群体认为,他们的威胁来自那些无法理解功能上的必要性的人,这是一种天真的观念,他们时刻担心外来者可能带来的道德恐慌。与许多类似情况一样,内部人员的观点是存在安全感的主要来源。他们认为理性来源于他们在群体动态发展过程中交流的叙述和争论。正如罗伯特·希勒(2012,171)在谈到交易员思维的封闭性时所指出的,他们确实有敏锐的思维,但他们的博弈通常并不是让自己参与宏观经济预测。相反,他们是在相互博弈——猜测对方的心理。放弃这个博弈肯定会带来生存上的麻烦。这也意味着,许多银行家倾向于评估外部动荡环境所带来的风险,并从内部角度设定标准。风险管理的这一矛盾方面及其与情绪混合的联系可能与不道德的恐慌有关,是金融机构内部生活的一个重要方面。[1]

同样引人入胜的是,这种从道德恐慌向不道德恐慌的转变,也是表达性向隐蔽性和虚伪的转变。尽管不道德恐慌是紧急金融的一种情绪状态,但当这种情绪压倒银行家时,他们往往不会直言不讳;他们通常在离开这个行业时才会显露出先前经历过的情绪状态。这是道德恐慌和不道德恐慌的重要区别之一。在道德恐慌的情况下,人们会集体感受到一种针对社区的威胁。当拒绝来自内部或外部影响的道德要求所提出的有约束力的规则时,相互竞争的个体之间会产生道德压力。道德主张所要求的具有约束力的规则受到来自内部或外部影响的驳斥,这在相互竞争的个人之间造成了道德压力。团结沦为假装的团结(Buchanan,2010),这也意味着对道德价值观念的驳斥(Partnoy,1997 和 2003)。大多数情况下,积极的价值观占据上风。人们接受消极的价值观,但只公开谈论积极的价值观。除了团结问题之外,这也是道德恐慌被公开谈论,而不道德恐慌却隐藏在其他表达方式背后的另一个原因,最突出的问题隐藏在事物本质的客观化观点后面。道德的对立面往往与这一机制有关;虽然并不总是如此,因为与信念相关的道德化并不总是与负责任的行动相一致。这就是道德压力导致的不道德恐慌在道德恐慌的历史中从未出现过的原因。不道德恐慌是一种幕后效应,就像有时在剧院发生的情况一样,当演出结束后,隐藏在幕后的布景就会被拉开。在金融领域,我们经常听到

> 当人们不再需要为自己过去的角色或行为进行辩护时,他们常常会表达对过去的后悔之情。他们采用的叙述方式通常揭示了过去的情绪,这些情绪是不道德恐慌的一部分(Ishikawa,2009:11;McDonald and Robinson,2009:338—339)。

但这本可以在危机之后讲述,而不是在危机之前讲述。

金融组织的道德压力与情绪操作

与所有极端情绪状态一样,不道德恐慌会促进快速思维而非慢速思维(Kahneman,2011)。金融领域的思维运作速度取决于交易速度。当金融操作受

限于日内交易并依赖于空头交易时,速度会加快。其他所有操作的速度都较慢,除非分级指令的政治时间导致加速,但即便如此,行动速度也不太可能与交易速度相匹配,但是政治时间更紧张,这主要不是由于他们的业务技术方面,而是对组织生活的政治方面造成了威胁,导致不道德恐慌。这是因为,公众的敌意只有被那些愿意并有能力利用分级压力博弈的行为者所接受,才能在组织内部产生影响。大部分压力并不是来源于技术上的竞争,而是来自政治技能的竞争,以争取在金融组织中获得更好的位置(Ongori and Agolla, 2008)。成功的前提是解决与上级和同级之间的紧张关系(Kerviel, 2010);否则,行动者就无法轻松参与组织决策或为降低复杂性做出贡献(Luhmann, 1992; Maitlis and Ozcelik, 2004; Tsoukas, 2005),从而在实现财务运作中发挥作用。组织决策在任何情况下都需要纵向和横向沟通,即上下级之间的沟通和同级之间的沟通。认知映射和组织角色必须达到一定程度的一致性,否则就不可能采取有效的行动。而要实现这一点,就需要进行情感上的操控。

情绪操作是决策及其结果的一个重要方面。不需要做决定的人,如果仅仅是被潮流所驱使,就会产生一种情绪。心境和情绪是有区别的。心境作为一种情感状态,是一种持久的、未经反映的弥漫性情绪形态。如果心境,如抑郁,是金融机构中调整方向和行为的道德压力的结果,那么摆脱这种状态将需要一套结构化的方向,如果不积极创造适当的心理表征,这些是不容易形成的。这与情绪以及情绪表达和社会环境有关。然而,如果没有最低限度的反思,任何情绪状态在社会环境中的嵌入或新情绪的出现都是不可能的(Kemper, 1993; Reisenzein, 2007)。但是反思不能脱离情绪环境。例如,有一种现象被称为"心境一致性回忆",它在人们收集图像和论点的过程中起着重要的作用,以便在这些条件和情况下塑造自己的信念(Bower, 1981; Forgas and Bower, 1987; Mayer er al., 1990)。此外,"心境一致性回忆"对于人们在内部和外部对话中表达自己的愿望以及在社会环境中看待机会的方式也至关重要(Archer, 2003; Hedström, 2005)。这一点在金融领域和决策领域中都非常重要。位于意识前沿的图像和三段论的储存库塑造了做出决策的思维图景。如果没有合适的心境和对情绪表达的管理,组织中的图像和三段论就不能被激活(Weick, 1988; Gabriel, 2000)。在这方面,杰克·巴巴莱特(Jack Barbalet)对情绪和理性化之间关系的研究方法是至关重要的。巴巴莱特(2009a, 51)指出,根据心理学研究,情绪与意识状态密切相关。他认为,虽然产生情绪的原因是无意识的,但情绪暴露信息和激发行为者的方式取决于有意识的经验和吸引注意力的过程。

这种合理化的情绪管理既有无意识的成分,也有有意识的成分,也就是我们在这里所说的情绪操作。没有情绪操作,行动者就无法应对矛盾或复杂的情况,尤其是当道德问题威胁到他们的身份时(Theodosius,2006;LeDoux,2007)。情绪操作是在不稳定的社会环境中对情境意识的反应,会产生各种不同的情绪,只有当个体成功地降低了环境或情境的复杂性时,这些情绪才能得到稳定。基于这一假设,情绪状态不容易被贴上标签,不能简单地用一个固定的术语或标签来描述,它们的描述是独一无二的。通常情况下,情绪是复杂和主观的,因此很难简单地给它们命名或分类。然而,当特定的情绪体验重复出现时,或者当它们可以被追溯到具体的内在情绪模式时,给它们命名变得更为可行。它们是各种情绪的混合,没有一种情绪能代表整体。情绪和思维之间的相互作用在我们的意识之外发生,并且这些结果很难被我们的意识所洞察。其中一个主要原因是,我们的思维方式与表征的新型空间息息相关,在这些空间中,格式塔或感知模式变成了隐藏的概念起源(Fauconnier and Turner,2002)。这些格式塔是情绪操作的结果,为有针对性的行动所需的本体论安全奠定了基础。

不道德的恐慌在很大程度上可以被视为本体论焦虑的问题,这是情绪操作失败的一种形式(Sennett,2006:175)。在组织内部,这种焦虑可能是"结构性威胁"造成的,即与依赖于就业和收入的生活物质方面有关的威胁(在大多数情况下,最重要的是相对地位而非绝对地位),但它们也可能是"观念威胁"造成的,即自我道德辩护的威胁(Scheff,1994;Collins,2004;Kashefi,2009)。身份所依赖的角色组合的不平衡,是审查和规范压力所产生的结果,可能是本体论焦虑的主要来源之一。

因此,有效的身份管理对于个体应对生活中潜在的物质灾难或本体论灾难尤为关键,尤其是在银行家的职业生活中。本体论焦虑或其他类型的焦虑,都与记忆或假想的事件相关,这些事件被认为是对身份在物质和非物质层面的威胁,甚至是灾难性的威胁。在组织中,这类事件是源于内部和外部组织角色的履行经历。特别是银行家,他们工作的组织单位与紧急融资高度相关,面临着如何平衡内外环境规范压力的挑战。在金融组织中,许多职位和压力可能涉及处理内部和外部群体之间的紧张关系。后者通常源于外部角色,取决于金融市场的表现。组织内外部的动态关系作为情绪运作的驱动力,需要努力使内部与外部的角色承担和社会化过程相协调。若调节不当,道德压力则将会增加。

但更确切地说,什么是组织中的道德压力?道德压力源于无法准确判定哪种等级的道德压力是适当的或可接受的,这就导致难以履行道德义务。对遵守道德标准的预期条件认识模糊,以及在利益相关方发出相互矛盾信号的情况下身份不稳定,都会造成极大的破坏(Reynolds et al.,2012)。道德压力很难被视为效率的来源,唯有通过努力解决并依赖社会公认的模式及思维方式,才能缓解这种压力(Carvalho de Vasconcelos,2008:46—47)。但是,组织中的道德压力也是一种压力,与其他压力一样,它是人类与其环境之间特殊互动的结果(Viner,1999)。由于压力被视为对环境变化的一种不完全适应,因此环境的变化可能使个人感到不太熟悉或难以理解,压力可能与通过心理表征来熟悉情况的问题有关,这是角色设置的固有特征。道德恐慌的一个主要问题是内部和外部社会化之间的紧张关系。但是,道德压力作为应对情绪运作压力的一部分,还涉及其他各种差异和等级。风险管理人员在金融机构中面临的压力和后果是道德压力的典型案例,这也导致压力与隐瞒之间相互影响。造成道德压力的原因在于,遵守规则并非易事,因此在决定如何展现自我的问题上需要做出一些创新性决策(Styhre et al.,2002)。而这种决定可能带来个人风险,对这种风险的感知很容易引起不道德恐慌。如果价值判断依赖于不道德恐慌,那么风险管理作为紧急融资的关键环节的理念就会崩溃。但风险业务也是如此,没有风险业务,就不可能在金融脆弱的条件下进行风险管理。

风险管理、不道德恐慌和紧急融资的响应性组织监管

银行家的不道德恐慌源于一种广泛的且主要是潜在的厌恶,即不愿让金融操作有助于银行实现积极的经济外部性。这是紧急融资的一个固有问题,依赖投资组合管理,忽视组织技能和企业的组织价值。从这个意义上说,由于企业家缺乏流动性,旨在避免系统性风险或负面涓滴效应的健全风险管理可被视为一种阻碍活动。风险管理人很容易被指责为非理性道德家的盟友,对不了解高杠杆证券化错综复杂的情况的局外人负有过度的责任感。同样的指责同样也适用于操作风险。交易员痛恨因需要高效的清算、结算和托管业务而产生的制约因

素(Derman, 2004; Lépinay, 2007; Buchanan, 2010; Kyrtsis, 2010),其态度在此很有特点。值得注意的是,后台工作人员被鄙视为保守的官僚主义者,他们往往感情用事,风险意识过强,可能导致无谓的恐慌。但是,傲慢的交易员和投资银行家最忌惮的是对运用金融技术工具炉火纯青的人所做出的定论,这些人通常也是以数学为导向的风险管理者。不道德恐慌、道德压力与对风险管理的态度之间有着密切的关系。

风险管理者不应该被情绪左右。他们的职责要求其成为现实主义者,审视风险暴露的程度,评估有风险但有利可图的行动所带来的后果。这项工作意味着要甄别组织的外部和内部环境。然而,正是对内部环境的甄别造成了对这些专业人员紧张和矛盾的态度。因此,他们很有可能卷入微妙的局势(Power, 2005:139)。风险管理者和风险管理的有趣之处在于,他们的工作揭示了道德问题,却无需任何道德言辞。他们在组织内部争论中的一个不利因素是,他们只能根据"假设"情景来阐述自己的观点,即对鲁莽行为不作为的后果进行反事实分析(Power, 2005:147)。

风险管理者面临的另一个问题是,其角色与举报人的角色完全不相容。因此,在正常情况下,他们无法求助于监督机构或司法机构等外部实体。这就意味着可能会发生泄密,泄密会破坏信任,从而加速和扩大金融组织面临的风险。即使是一个次级组织单位向另一个次级组织单位泄露有关任何风险暴露的信息和估测,也会产生类似影响。将这些风险形象的表述暴露给同一组织的其他单位,可能会引发不便和不稳定的指责。部门之间的竞争将威胁到组织的主要特征和运作,团队将针对被污名化的组织内部责任者,采取各种表达道德恐慌的方式。从这个意义上说,在那些想要掩盖或真实或假定的不良风险管理的人中,风险管理引起了不道德恐慌。

当更多的公众卷入其中,情况便越发糟糕。其他部门则认为,风险管理官员的言论夸大了无知公众的恐惧,他们被困在证券化需求侧经济学的涅槃之中。当这些管理者切实提出加强安全措施的建议时,却被指责与公众情绪背道而驰。他们在客观上被视为"激进派"的盟友,而"激进派"在很久以前就反对这种新经济及其通过高风险贷款甚至次级贷款产生的再分配效应。2007年之前,一个有趣的问题是,有些人不愿意意识到危机的阴云正在聚集,他们忽视了警告信号,最终导致危机的爆发。换句话说,就风险管理或一般风险论述而言,存在一种特殊的卡桑德拉（末日预言家）效应，即担心自己被污名化，成为与社会其他成员格格不入的人物。卡桑德拉多为抑郁现实主义者，这可能削弱其言论的影响力（关于抑郁现实主义的认知影响，见 Alloy and Abramson, 1979; Dobson and Franche, 1989; Allan et al., 2007; Sedikides et al., 2007）。但在这里，卡桑德拉效应并不仅限于金融组织应该应对的常见风险所带来的金融灾难，如市场和信用风险，甚至是运营风险。卡桑德拉效应也包括来自外部群体的威胁，这些群体往往会对金融运营团队内部的道德和技术完整性提出挑战，并可能采取敌对行动。外部群体表达他们的怨恨或不满，并不一定意味着他们寻求对银行业进行全面改革。这种矛盾心理使得举报对于依赖不间断的金融服务的客户具有威胁性。从内部角度看，如果能将悲观主义挑衅所带来的焦虑感降到最低，就更容易采取有效的行动。在金融脆弱时期，紧急融资的组织核心氛围是由乐观主义者规范形成的。当个人持有极端的偏见观点时，他们可能会采取非常规行动，而这种行动在进行谨慎权衡时可能难以实现（Markopolos, 2010）。诚然，过多的权衡或偏向于完全消除风险的想法，即风险零容忍，可能导致无法采取行动，这也是检举问题构成威胁的另一个原因。当然，声誉风险至关重要。然而，紧急融资核心业务组织单位的内部凝聚力和团队精神也同样岌岌可危。从这个角度考量，银行家对举报者感到恐慌也就不足为奇。

不道德恐慌既可以被用来促进银行家内部组织的社会化，增强团队精神，也可以成为组织政治中权力博弈的情绪因素。然而，尽管可以利用不道德的恐慌来劝说人们保持正确的行为，但效果有限，并非长久有效。高管们能够说服银行家采取必要的情绪化行动，使他们保持接受高风险的情绪，但这具有一定限度。如果内部社会化受到外部社会化的影响，那么这些限度将进一步压缩。当组织单位受到非正常化影响或外部因素的"感染"时，金融社群内部产生不道德恐慌或封闭的倾向可能会消失。如果监管者是使内部和外部社会化进程相互作用的利益相关者之一，并且这些监管者能够减少对风险管理的矛盾态度，那么对不负责任的高层管理者的服从限度就会大大缩小。当然，通过将合规程序仪式化，可以中和监管干预所带来的影响，以此来减轻道德压力。跨组织的社会网络，包括银行家和监管机构，可以打破仪式化合规的形式主义。监管机构可以通过这样的举措保护风险管理人员免受上级和同行的影响，并逆转主流趋势。

然而，任何逆转都不仅仅是社会和经济组织的微观激励和微观机制的问题。

紧急融资作为一种应对金融脆弱性的一种方式，依赖于资金和投资组合的结构化，还依赖于快速交易来提升结构性资产的价值，或在不利环境下保值。金融化的新自由主义经济体似乎陷入这一困境。我们所能观察到的是路径依赖（每个后续系统都依赖于累积的前置条件）和锁定：很少有人能够想象在没有重大干扰甚至灾难的情况下如何改变这一状况。正如这种路径依赖和锁定的组合所定义的那样，那些试图打破常规思维的人，很容易被指责为自然秩序的反对者。道德恐慌是反对者和改革者情绪化的一面，而不道德恐慌则是保守者情绪化的一面。从这个意义上说，不道德恐慌和锁定息息相关。

在这方面，我想强调的是，改变这种状况不仅仅是通过重新安排资源和利益来重新构想经济的问题，这也涉及改变金融系统的监管者的思维方式和情绪运作，特别是交易员和投资银行家，具体地说，就是要求人们放弃封闭性的心态，重新与社会和经济建立联系。金融运营的物质性和社会性之间的相互作用，表现为组织单位内部运作中出现的情绪操作，参与其中的群体动态是当前系统运作的关键因素。此外，这些人虽然处于组织高层之下，但他们与学术界的联系最为紧密，因此在塑造紧急金融领域的学术知识体系方面具有很大的影响力。而紧急金融的产生并不是由于这些人的作用，而是要追溯到经济和金融变革的过程中。然而，这种与道德恐慌相关的情绪操作的作用是不可或缺的，它是新自由主义紧急金融技术和组织可持续性的主要因素之一。如果要对系统进行适度调整，甚至更深远的改革，则需要正视这个问题。无论如何，我们都需要调整金融组织中情绪操作与文化背景之间的关系。

有人提出了与金融运营中不道德恐慌有关的情感基础的论点，这对于重新思考我们的监管方式来说十分重要。这些论点强烈建议我们转向组织监管，因为如果没有一定程度的反应能力，监管活动则几乎是不可能的。在金融合作的社交网络中，只有改变关系契约的心理基础，才能够实现组织性监管的转变。我们通常不是以这种方式来思考金融监管问题。金融监管中缺乏的是组织监督和响应能力，这种监督和响应能力将促进甚至强制人们改变态度。我们可以采取其他途径，从而实现响应式监管。

响应式监管不仅仅是根据监管者的观点和被监管者的观点之间的递归关系来修改组织行为模式的一种方法。它是一种促使潜在道德潜力得以显现的方式，激发人们的最佳潜能，以及构建赋权环境，使那些渴望超越既定做法的人能够按照某种制度设计标准来突破现有制度框架。如果通过对话和新的洞察力的出现,有望建立新形式的行动来减轻负面结果和对外部经济的负面影响,那么响应式监管更可取。这就是要改变自恋的自我,正确看待事物和形势(Braithwaite,2007)。我们在风险管理者身上看到了这种蜕变,但主要是在那些下定决心放弃金融堡垒的人身上。当然,在人们通过参与遵从规定的仪式来假装遵守规则时,响应式监管就不再切实可行(Parker,2006)。这是一种从不道德恐慌向与社会成员和平共处的转变。实际上,这就是要改内部人员鲁莽和无情的态度。众所周知,这些态度主要源自社会攀比。攀爬社会阶梯并不一定是一件坏事,因为如果不这样做,社会精英就无法实现阶级流动。但将社会攀比者推入人格堕落的陷阱却可以避免。

追求过度的欲望和社会地位的攀升,通常被视为社会中地位较低的人获取足够动力,以闯入高端金融圈的手段。因此,采用有害的投机行为被认为是在适应大众致富意愿的一种表现。公众的欲望和期望在某种意义上为更有权势的人采取的可疑行为提供了借口,这就形成了一种对商业道德的特殊厌恶情绪。对于有权势的人来说,必须防止那些不赞成社会攀比者的人的价值观和取向所产生的道德转向,因为这将破坏某些可疑投机行为的托辞。当然,当危机摧毁了公众的欲望和期望所滋生的幻想后,这种道德化的转向自然就会发生。然而,这种转向更加谨慎的做法本可以在内部实现,即真正接受与效用金融相关的风险管理和关系管理的观念。这就要求金融组织在获取权力和社会声望方面采用不同的规范框架。

如果我们按照这一思路进行论证,情绪监管则可以被视为反映监管的主要组成部分之一,也是提高风险管理质量标准的有效途径。监管者没有想到的是,他们所要打击的大部分行为都是紧急融资中典型的情绪化操作导致的结果。组织内的情绪,这里指金融组织内的情绪,蕴含在激励和反激励的系统中。依靠关系契约(而不是离散的正式契约)的响应式监管可以发挥重要作用。它可以促进情绪管理的变革,预计这将对道德和业务产生非常有益的影响。对情感操作的响应式监管可以扭转金融组织中不道德恐慌的主导趋势。

注释

1. 在这方面,尝试回答有关银行家之间信任消失的问题会很有意思,就像雷曼兄弟事件中追加保证金和银行间市场崩溃的情况一样。由于市场没有崩溃,或由于银行家仍可在市场严重混乱后继续进行零和博弈,所以似乎只要他们相信自己即将失去工作且组织间的竞争是有意义的,他们就会把信任问题追溯到能力问题上。然而,如果组织受到攻击,或者被列入解雇名单,他们就会陷入道德恐慌。那些暂时的胜利者则会陷入一种不道德恐慌的情绪状态。他们不仅急需压制那些遭受损害的人的道德论证,而且希望更加不道德,以保持为崩溃的制度进行伪善辩护的情绪。他们寄希望于提高科技与组织效率,以及更好地利用更为完善的风险和证券估值模型,从而幸免于市场的动荡以及在他们看来不合理地将道德因素纳入监管框架中所带来的影响。

3 欧洲主权债务如何成为新次贷：

论信心在欧洲金融危机中的作用
（2009—2010年）

理查德·斯韦德伯格

信心在金融中的作用

综观目前关于信心在经济生活中作用的分析，我们不难发现，无论是在经济学还是其他社会科学领域，都不存在一种被普遍接受的关于信心构成的理论（Swedberg，即将出版）。此前，经济学家对信心这一议题长期疏于关注。然而，最近他们在这方面重新产生了兴趣。

如今，许多分析家都认为，无论是在微观层面还是在宏观层面，信心都在经济中发挥着核心作用。如果参与者之间缺乏信心，很多行动则可能无法进行；而失去信心不仅会伤害到交易中的参与者，还可能波及其他参与者。

人们也意识到，一些经济参与者在可称为"信心密集型"的经济领域很活跃。其中之一就是银行存款业务，因为一旦公众失去信心，存款就会被迅速提走。相同的机制也存在于一些现代金融机构中，例如，美国的投资银行。这些银行会短期借入资金，然后进行长期投资，因此一旦客户丧失信心，极易受到影响。

在本章的实证案例中，除了银行和其他金融机构之外，国家也是重要的经济行为主体之一。尽管国家通常不被视为信心密集型机构，但其经济活动仍然离不开信心，例如，依赖贷款的国家需激发其债权方的信心。虽然国家的贷款不能像银行存款那样被迅速提取，但前者在国际资本市场上每天都会被买卖和评估。

从国家的角度出发，政治家如何管理信心显然也是一个重要议题。当某个国家的首脑就该国银行的状况发表公开声明时，他是在描述该国的经济状况还是在管理信心？领导人的表态可能对投资者的买卖行为产生影响。

本章论述中的一个重要概念是，金融危机可能源于市场信心缺失。这一观点借鉴了金融文献中的一项经典研究，通常在讨论金融恐慌时被提及，即沃尔特·白芝浩所著的《伦巴第街》(1873年)。例如，在该著作中有一条著名建议：中央银行在危急时刻应向系统注入巨额信贷（"自由支出"）。

《伦巴第街》还包含了一个非常有趣的理论，即金融危机爆发的原因。白芝浩认为，整个经济系统都可能被隐性成本拖垮。他认为，没有什么比突然发现银行存在巨额隐性损失更让投资者和储户不安的了。《伦巴第街》(1873)中的关键段落如下：

> 我们不应再……对银行系统中突然发生的恐慌感到惊讶。在反动和逆境时期，即使在繁荣的最后一刻，整个系统都是脆弱的。银行系统的特殊本质是人与人之间前所未有的信任；当这种信任被隐形因素大大削弱时，一个小事故可能会对其造成重大影响，而一个重大事故在某一时刻几乎不可能摧毁它。
>
> [Bagehot, 1922(1873): 151—152]

罗伯特·K. 默顿(Robert K. Merton)在他的文章《自证预言》(1938)中很好地阐述了银行挤兑的动态过程。当储户认为银行会破产时，银行就会破产。而储户在认为银行资不抵债的情况下采取行动，即使银行财务状况良好，也会引发破产[Merton, 1968(1938)]。白芝浩的观点进一步解释了金融恐慌的根源：当隐性损失突然被发现时人们会突然失去信心，这令投资者感到不安。

尽管默顿和白芝浩都意识到信心对经济生活的重要性，但他们都没有定义是什么构成了信心。可以说经济学家对于信心问题没有过多的兴趣，而且在有限的文献中也不存在共识(Swedberg，即将出版)。当信心被视为一种基本的社会学现象，而不是一种心理现象时，情况尤其如此。白芝浩将信心看作是发生在人与人之间的事情，而支持将信心视为心理现象的人则认为，信心在根本上植根于人类本性之中。例如，凯恩斯和多数经济学家便持此观点[Keynes, 1973a

(1936):Ch. 12;e.g.,Akerlof and Shiller,2009]。[1]

鉴于上述原因以及对信心和信任的定义尚未形成共识(参见 Shapiro 本卷),本章将提出笔者关于信心的理论,切入点源于曼瑟·奥尔森的一段表述。他曾在一次采访中表示,信心或信任在社会和经济中无处不在。[2]"例如,当我行走于人行道",奥尔森接着说道,"我能够安心停下脚步,因为我深信脚下的路面是由实实在在的混凝土制成,而非一张水泥伪装的纸张。"(Olson,1990:178)

奥尔森这个看似微不足道的例子与维特根斯坦在《哲学研究》(*Philosophical Investigations*)中的评论如出一辙。维特根斯坦的说法与奥尔森的大致相同,但他补充了重要的一点,即信心与行动密切相关。信任并不仅仅是一种感觉,还是一种与行动密切相关的看待事物的方式。他的评论如下:

> 当我坐在这把椅子上时,我自然相信它承受得住我。我没有想过它可能会倒塌……这就是信心的感觉。但这在行为中如何表现?
>
> (Wittgenstein,1978:577,579)

奥尔森和维特根斯坦都认为信心具有双重结构:一方面,行为者关心的是实际问题(如人行道的坚固性、椅子的承重能力);另一方面,也有迹象表明,对于正在行走或即将坐下的人来说,情况确实如此。我认为,这个迹象可以被概念化为一个代表其他事物的标志,也可以称为代理符号。从这个角度看,信心的定义如下:当缺乏准确的信息而必须依靠符号时,信心是行动所需要的东西。

经济学家倾向于交替使用信心和信任这两个术语。我个人的观点(对于本章的主要论点来说是次要的)是,更有益的做法是在信心和信任这两个概念之间划清界限,同时强调它们之间的本质相似性。一种方法是将信心和信任概念化,使之成为一个连续统一体,即在信任情境中,对精确信息的需求或许不如信心强烈(类似的论点请参见 Hart,1988)。有人可能会补充道,信念在无需精确信息的情况下占有主导地位。

"代理符号"的概念可以进一步发展。代理符号可以准确或不准确地反映实际情况。在准确的情况下,若符号表示情况是积极的,那么情况就是积极的(+/+);若符号表示情况是消极的,那么情况就是消极的(-/-)。在这种情况下,符号告诉我们人行道或椅子是坚固的,事实也确实如此;或者告诉我们它不坚固,实际上也确实不坚固。在这两种情况下,行为者都可以对情况充满信心,并相应地调整自己的行为(见图 3-1)。

	经济形势	
	积极	消极
代理符号表明经济形势 积极	++	+−
消极	−+	−−

注:信心可以定义为:行为者在无法获得更好信息的情况下,根据代理符号做出行动决定的意愿。代理符号可以与事态相符(+),也可以与事态无关(−)。

图 3—1　代理符号与信心本质

但当代理符号与情况不一致时,就会出现问题(−/+;+/−)。默顿描述了当符号是负数而情况是正数(−/+)时会发生的情况:有传言称一家银行没有偿付能力,而实际上它是有偿付能力的。而白芝浩则描述了截然相反的情况:符号为正,情况为负(+/−)。一家银行表面上有偿付能力,但实际上隐藏着亏损。对于默顿的情况,我们可能想讨论的是错误信息导致人们失去信心;而对于白芝浩的情况,我们想讨论的是虚假信心。通常情况下,这两者在危机中会同时出现:白芝浩的情况可能会引发危机,而财务状况健康的银行则会被卷入默顿所描述的动荡之中。

情绪与代理符号有着间接而复杂的联系。当符号一致时(+/+;−/−),平静而非爆发性的情绪倾向于占主导地位,特别是当隐形损失突然被发现时(+/−),恐惧和其他与危险相关的情绪往往会出现。当有偿付能力的银行突然发生破产时(−/+),消极情绪可能会加剧,从最开始由于松散的谣言而产生的普遍焦虑,到最终因认识到资产损失而产生的恐慌。

欧洲主权债务危机的导火索:希腊的隐性损失

人们常说,希腊在2009年秋季引发了欧洲主权债务危机。然而,人们仍有理由疑问为何会这样:

> 从远处看欧洲,理解欧元区危机必定很困难。希腊仅占欧元区国内生产总值的2%,一个小国的再融资困难如何能引发欧元的系统性危机,将全球金融市场推向危机边缘?
>
> (Baldwin and Gros,2010:1)

以下是大致情况。2009年10月21日,新一届的希腊政府向欧盟委员会宣布,预计2009年预算赤字(占国内生产总值的比例)是上届政府几个月前声称的3倍。根据泛希腊社会主义运动党政府的数据,预计预算赤字从3.7%突然调整为12.5%,这也意味着预算赤字比《马斯特里赫特条约》(Maastricht Treaty)允许的赤字高出4倍。

揭露希腊的隐性损失会产生什么影响?寻找答案的一种方法是,通过研究德国10年期债券和希腊10年期债券之间的利差来了解希腊借款的成本。此外,还应该注意到,除了修订希腊统计数据之外,可能还有许多其他因素导致借款成本上升。例如,一些投资者可能会向三大评级机构寻求指导。此外,通过自证预言机制,突然发现隐形损失可能会造成更多损失。

如果观察希腊10年期债券收益率的价格,就会发现投资者似乎花了一些时间才意识到10月21日披露的信息(见图3—2)。其中一个原因无疑是希腊和德国的债券收益率多年来一直很接近,这导致投资者倾向于不让两者产生明显的分歧。还有一个重要的事实是,在过去几十年里,投资者基本上认为所有西方主权债务都是无风险的。这曾是"投资的关键公理"之一,而现在它开始分崩离析(如Tett,2011)。

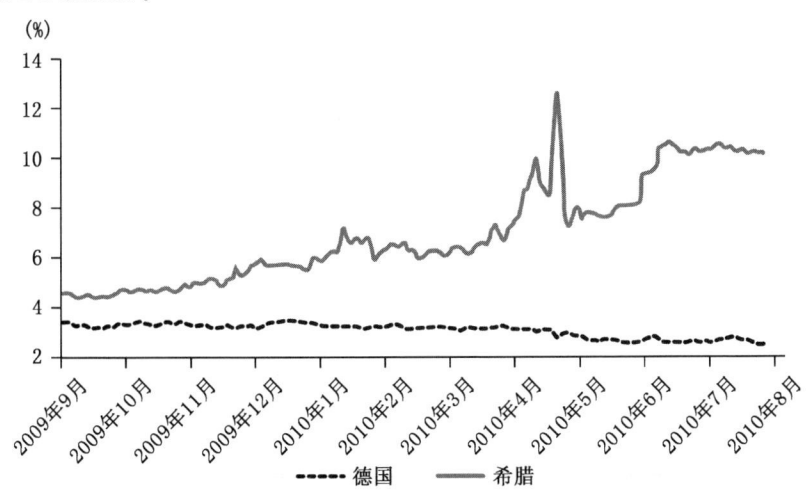

资料来源:彭博社。

注:希腊统计数据丑闻发生在2009年10月底,并且在随后的5月2日,希腊获得了1 100亿欧元的贷款。

图3—2 2009年9月至2010年8月德国和希腊的10年期债券收益率

出于上述原因，到11月下半月，希腊必须支付的收益率价格不断上涨，金融媒体开始更加关注希腊的情况(Juko,2010)。

2009年12月，惠誉国际和标准普尔也下调了希腊债券的评级(从AA－降至BBB＋)。4月底5月初，希腊债券收益率大幅上升。4月27日，标准普尔将希腊债券评级下调至垃圾级别，更是雪上加霜。形势越发严峻，因此欧盟于5月2日在双边协调的基础上向希腊提供1 100亿欧元的贷款，但未能阻止局势的进一步恶化。直到5月10日决定设立7 500亿欧元的贷款机制，情况才趋于稳定。

2009年10月公布债务危机后，希腊政府试图通过多种方式提振人们对其财政状况的信心。例如，希腊政府试图改革其统计机构ELSTAT(如Katz and Martinuzzi,2010)。然而，2009年10月事件后，希腊政府为恢复信心所做的主要努力是削减预算，其中最为激进的是在5月2日削减了1 100亿欧元贷款。政府还提高了退休年龄，并试图开放一些封闭式工作，如卡车司机和医生。然而这一切都没有恢复人们的信心。

欧盟如何应对希腊危机

欧元区国家在处理希腊问题上的选择如下：提供救助或允许希腊破产。后者意味着欧盟将严重丧失信誉，特别是特里谢(欧洲央行行长)，似乎反对允许欧盟成员方破产的想法(Walker等，2010b；Thomas and Castle,2011)。然而，欧盟宪法明确禁止欧盟或欧洲银行对其成员方提供救助。根据《里斯本条约》第125条，不允许对成员方进行救助。

然而，在2009年10月至2010年5月期间，欧盟无法帮助希腊，并非因为要在救助和破产之间做出选择，其中还涉及其他因素，即欧盟内部两种对立倾向之间的冲突。其中一种希望欧盟作为一个整体来援助希腊，而另一种则认为所有援助都必须是双边的。

法国领袖萨科齐希望欧盟独立行动。而德国领袖默克尔对此表示反对，主张各个国家应成为重要的行动者。这两种做法之间的差异根深蒂固，并与欧盟未来的两种不同的发展方向有关：一个独立的新政治实体，还是一个成员国互相合作的组织。

这种反对给欧盟带来的困难有助于解释为什么对希腊的援助被推迟了半

年,直到2010年5月2日希腊才获得援助。默克尔的反对态度令欧盟陷入困境,且这一困境有助于解释欧盟推迟半年直至5月2日才援助希腊的原因。一方面,这让德国领导层非常为难。德国越是坚持双边解决方案,其自身对贷款的贡献就越突出——德国公民也更加明显地感觉到,他们要为"其他人"而不是"自己人"买单。

默克尔还于5月9日在北莱茵-威斯特法伦州举办重要选举;早前已有评论家表示,这使她想要推迟任何援助希腊的具体决策。2010年春季,德国媒体对希腊人的敌意也表明默克尔的政治处境有多么艰难。

显然,直至5月2日才向希腊伸出援手,这对欧洲来说代价高昂,但我们也应该认识到,与其说是默克尔本人,不如说是反对援助者(如默克尔)和支持援助者(如萨科齐)的共同作用,加剧了2010年春季局势急剧恶化。我先前指出,要使信心保持稳定,需要代理符号与经济现实保持一致(+/+或-/-)。然而,这种情况下出现了一种非常特殊的不一致(+/-)。一些政治行为者先是说"是的,已经决定提供援助";随后,其他行为者又说"不行",阻止欧盟提供援助。

2009年10月之后,欧盟似乎过了一段时间才明白希腊所代表的危险。例如,欧洲央行在2009年秋末切断了在第一轮金融危机期间对银行开放的部分贷款。原因之一无疑是欧洲央行没有意识到希腊的脆弱性。与其他欧盟成员方一样,希腊能够长期从与欧盟的关系中受益。作为欧元区成员方,希腊多年来也能够以与德国几乎相同的低利率出售债券。然而,这些资金并没有得到有效利用(见图3—3)。

欧盟最终开始采取行动;2009年12月,欧盟国家口头表示支持希腊。此时,也开始有传言称希腊最终将获得贷款。2010年1月和2月初,传言愈演愈烈。2月11日,欧洲理事会主席范龙佩在美国消费者新闻与商业频道CNBC上宣布"达成协议";几天后,欧盟各国财长表示将援助希腊。根据国际媒体的泄露和传言,这笔贷款的额度在200亿-250亿欧元之间,并将以严格的双边方式进行管理。

然而,就在2月初至2月中旬,这些传言不绝于耳,不过一段时间后,默克尔和欧盟委员会矢口否认。一种说法是,希腊能够很好地管理自己;另一种说法是,希腊没有请求帮助。

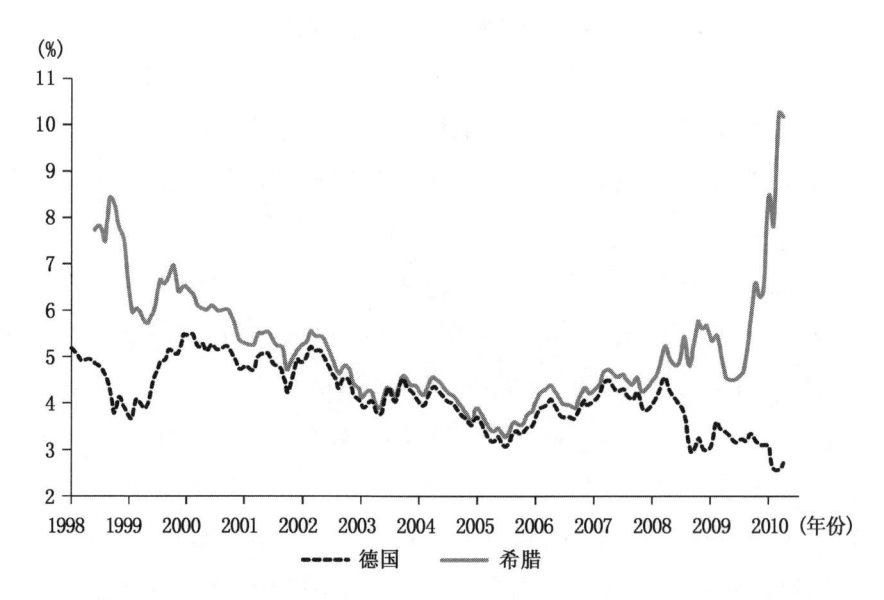

资料来源:彭博社。

注:希腊于2001年加入欧元区;2007年8月开始爆发金融危机;2009年10月底曝出希腊统计丑闻。

图3—3　1998年1月至2010年8月德国和希腊的10年期债券收益率

3月份,希腊对援助的需求已接近绝望,同时其必须支付的利率也在急剧上升。3月25日,欧盟最终宣布向希腊提供450亿欧元的贷款,且利率比市场价格低几个百分点。

然而,这笔贷款只能作为最后的资源使用,这意味着贷款没有得到分配,向希腊提供一些资源的项目在4月份继续提上议事日程。在这个月里,希腊的经济形势继续恶化,很快就濒临灾难性的地步。希腊总理将希腊形容为"一艘正在下沉的船"(Kitsantonis and Saltmarsh,2010)。

然而,当450亿欧元贷款的谈判变得具体,一切准备就绪时,情况发生了巨大变化。现在,希腊需要两倍以上的金额来满足其需求,这一数字已上升至1 100亿欧元。这笔贷款是匆忙筹集的,并于2010年5月2日达成一致,国际货币基金组织出资300亿欧元。

5月2日的协议使希腊能够在未来几年滚动偿还债务,而无需依赖国际金融市场。但希腊为此付出了高昂的代价——在其债务基础上以5%的利率增加了1 100亿欧元。希腊还不得不实施一系列激进的改革和预算削减。

走向系统性危机(2010年4月底5月初)

虽然希腊隐性损失的披露可能导致5月2日贷款事宜的发展,但希腊经济衰退的主要原因显然与其自身的经济状况及其受金融危机的影响有关。自2008年秋季起,欧洲经济的动荡对希腊的两个主要收入来源,即旅游业和运输业的打击尤为严重。2009年,人们逐渐认识到,金融危机对包括欧元区国家在内的整个欧盟国家也产生了非常严重的影响。2008—2009年,欧盟国家赤字和欧元区国家赤字相对于GDP的增幅分别为4.3%和4.5%(欧洲统计局 最新发布,2010a)。

2010年1月,希腊10年期债券的利差开始上升,西班牙债券的利差也开始上升。自1999年引入欧元以来,人们首次开始听到欧元区可能分崩离析的声音。例如,大约在这个时候,努里尔·鲁比尼(Nouriel Roubini)接受彭博新闻社采访时说,希腊危机已经引发极为危险的事态发展,可能会在未来几年导致"货币联盟解体"(Keene,2010)。他将欧元区国家面临的财政困难描述为"一种新现象"。他指出,迄今为止,债券投资者一直在"迷迷糊糊地投资",但他们很久就会清醒。

目前,我们对2010年春季欧洲危机是如何加速并蔓延到其他国家和机构的方式知之甚少。但显而易见的是,随着希腊债券贬值,持有部分债券的银行与其他金融机构都可能不得不承认这些损失,同时,那些投资于这些金融机构的人也面临着类似情况。同样显而易见的是,欧元区国家在第一轮金融危机(2008—2009年)后经历的经济困难在2010年春季发生的危机蔓延中起到了非常重要的作用。

在这一点上,有必要稍作停留并强调,为了更好地理解现在发生的危机蔓延,我们还需要解释为什么欧元区国家的债券价格在1999—2009年间如此显著地趋同并保持不变。只有做到这一点,才有可能理解为什么欧元区各国的债券现在开始以不同的价格进行估值会让人感到如此惊讶(见图3—4)。

许多因素的共同作用可能导致一个惊人的事实,即随着各国成为欧元区成员国,债券购买者开始忽视各国之间的差异。非常重要的是,欧洲央行鼓励了这一发展,并在抵押品方面以完全相同的方式对待所有欧元区国家的债券(Buiter

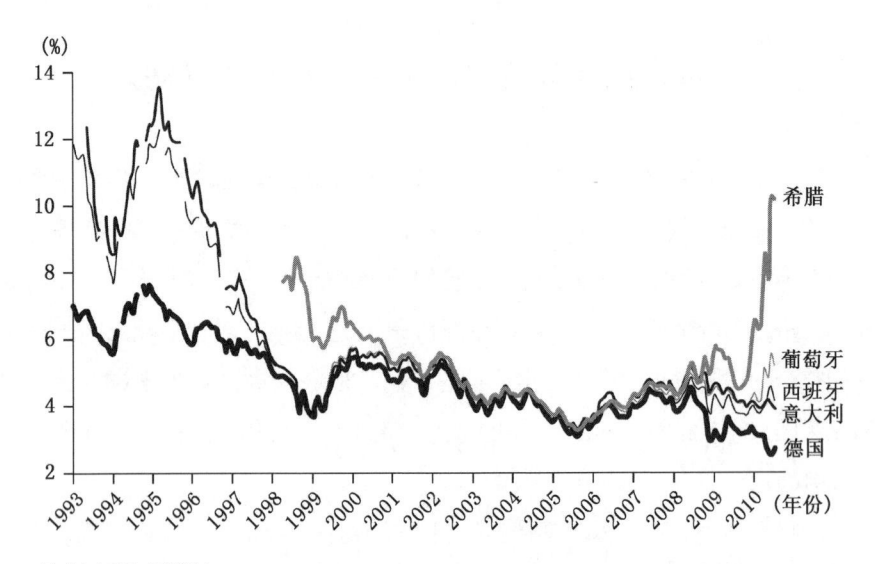

资料来源：彭博社。

注：欧元创建于1999年，希腊统计丑闻发生于2009年10月底。

图3—4　1993年1月至2010年8月德国和采用全球投资业绩标准（GIPS）的国家的10年期债券收益率

and Sibert,2005；Boone and Johnson,2011)。这向债券购买者发出信号,欧元区希望其所有国家发行的债券估值大致相同。

欧洲央行的这一政策也激励银行增持最弱成员国的债券,并以这种方式利用债券收益率的微小差异,赚取额外利润(Soros,2010)。欧盟监管机构还选择无视巴塞尔指令,维持早期经合组织国家债券完全无风险的假象。这进一步意味着欧元区银行可以将所有国家债券视为部分流动资金和资本储备(Hannoun,2011)。国际会计准则理事会(IASB)主席称,欧洲银行决定其资本储备的方式"是危机的核心",构成了"历史上最大的会计骗局"(Reuters,2011)。

国际清算银行也有资料表明,随着2007年金融困境的出现,欧洲和美国的银行纷纷增持希腊、爱尔兰、葡萄牙、西班牙和意大利的债券(Alderman and Craig,2011)。其原因是,这使他们能够抵消之前从美国抵押贷款证券中获得的利润。正如美国和欧洲银行在2003年开始购买基于次级抵押贷款的证券,以弥补在基于传统抵押贷款的证券市场上失去的机会一样,它们现在开始大量购买欧洲次级国家债券。

刚才提到的所有因素都是由经济学家或经济分析师提出的,但一个纯粹的社会学因素也可能与 2009 年春天发生的危机蔓延过程有关,这是因为自 1999 年起投资者开始将欧盟单独视为一个实体,将单个欧洲国家视为该实体的组成部分,有点像投资者将马萨诸塞州、加利福尼亚州等视为美国的组成部分。换句话说,投资者在购买债券时并没有过多地关注单个国家,而是认为,既然欧洲本身就是一个强大的经济行为体,那么其成员国也会分享欧洲的力量。简而言之,欧洲在涂尔干社会学理论中被视为共同体。

然而,众所周知,受 2009 年末 2010 年初希腊事件的影响,这一观点开始发生转变。现在,人们开始重新评估每一个国家。当我们把目光从欧盟转向意大利、西班牙、葡萄牙和希腊等单个成员国时,"新"成本问题突然出现了。投资者对欧盟的信心,取决于它作为更大整体的一部分,而非仅基于自身优点加以评估。如果运用我们的代理符号来表示,在投资者的心目中,＋/＋现在变成了＋/－。同时,他们对风险的看法也发生了巨大变化。

在此,我们也意识到前面提到的问题的另一面:欧洲联邦观点与双边或政府间观点之间的对立。是统一行动还是各自为政,这个问题从金融危机一开始就一直困扰着欧盟。2008 年 9 月雷曼兄弟倒闭后不久,主要由法国试图协调欧洲对危机的措施(如 Kulish and Bowley,2008)。然而,德国坚决反对这一点,并于 10 月 5 日自行采取行动,为其银行投保(Gow and Chrisafis,2008)。

现在让我们回到 2010 年的春天。始于 2010 年 1 月的金融危机在当年 4 月发生了质的飞跃;4 月底 5 月初,许多人担心欧洲乃至整个世界的金融体系将会分崩离析。2008 年 9 月 15 日雷曼兄弟倒闭后,美国曾多次出现了系统性风险。2010 年 4 月底 5 月初,系统性危机同样出现,不过这一次发生在欧洲。

许多例子都说明一些重要行为者都认为一场系统性危机即将爆发。国际货币基金组织认为,"这几天的紧张局势有可能导致金融崩溃。"经合组织秘书长指出,危机已经开始"威胁到金融体系的稳定"(IMF,2010:7;Davis and Ross-Thomas,2010)。欧盟主席后来说,"我们正处于崩溃的边缘。在某一时刻,它可能演变成一场世界危机"(Barber,2010a)。特里谢说,"这看起来有点像 2008 年 9 月中旬雷曼兄弟破产后的情况。"他还补充说,"金融危机……可能很快就会蔓延,有时只要半天时间"(Trichet,2010)。

5 月 2 日,向希腊提供 1 100 亿欧元贷款的银行各方很快意识到,他们未能阻止这场危机。从这时起,直到 5 月 10 日凌晨,欧盟宣布推出制造 7 500 亿欧元的一揽子计划来应对危机,一系列真正戏剧性的事件由此发生。正如法国财政部长所说,从5月初到5月10日,欧盟处于风暴的中心(Kassenaar and Deen,2010)。

虽然这几天发生的许多细节仍然不为人所知,但所发生事情的大致轮廓已足够清晰(如,Walker,2010a;Lynn,2011:149－182)。5月6日,纽约发生了闪电崩盘,希腊债券进一步下跌。5月7日星期五,欧元区领导人在布鲁塞尔会面,他们意识到必须采取强有力的行动。5月9日至10日(周日和周一)上午,欧盟财长敲定了实际协议。

5月7日,萨科齐提前到达布鲁塞尔参加会议,并用额外的时间力求支持,以欧盟的名义对危机进行有力干预,而不是达成双边协议。萨科齐尤其希望发行欧洲债券。当默克尔抵达时,萨科齐的想法已经流传开来,并受到一众青睐。据一位消息人士称,"当她被告知'发生了什么事'时,她看起来就像胸口挨了一拳的拳击手"。

然而,事情变得更糟了,而且不仅是对默克尔而言。特里谢出席了会议,并分发了一张图表,上面显示了西班牙、希腊、葡萄牙和爱尔兰债券价格下跌的情况。一位与会者回忆说,特里谢说,"这不仅仅是一个国家(希腊)的问题,而是几个国家的问题,是整个欧洲的问题,是全球性的问题。这种情况正以极快的速度和极强的强度开始恶化"(Barber,2010b)。

听众对特里谢的讲话感到震惊。据一位欧盟大使说,"萨科齐吓得脸色煞白,我从未见过他的脸色如此苍白"(Barber,2010b)。萨科齐感到愤怒的部分原因是欧洲央行及其不购买成员国债券的政策。一名与会者回忆道,萨科齐对特里谢大喊:"快点,快点,别犹豫了。"(Barber,2010b)然而,特里谢没有让步,因为他希望欧盟领导人先承诺进行重大干预,然后他才透露让欧洲央行购买成员国债券的决定。

由于特里谢不可能采取行动,萨科齐再次开始推行他的想法,即欧盟必须采取行动,而不是个别国家(Walker and Gauthier-Villars,2010;Lynn,2011:169)。他说,"这是关键时刻,我们必须采取行动。"姗姗来迟的默克尔明显处于劣势,但她仍然试图阻止做出决定,直到她知道萨科齐想法的所有细节。当默克尔意识到萨科齐对如何开展工作的想法相当模糊,而且协议本身对她来说太过联邦化时,她反对萨科齐的提议。

欧盟主席范龙佩打破了默克尔和萨科齐之间的僵局,提议设立一个"稳定基金",具体细节由各国财长在周末制定(Walker,2010a)。与会者接受了这一建议,并指示欧盟委员会设计一个"稳定机制",随后由各国财长制定(Barber,2010b)。

会议结束后,萨科齐感觉自己是个胜利者,并召开了一次新闻发布会宣布胜利,而默克尔迅速消失了,看起来"完全被羞辱了"(Charlemagne,2010)。萨科齐对与会的世界媒体说,"今天我们面临的是对整个欧洲的攻击,而不仅仅是对希腊。我们必须用共同体机制来应对,而不仅仅是像希腊那样用双边贷款应对"(Willis and Pop,2010)。他宣布,整个协议将于周一上午到位,他已将自己意愿的"95%"强加于人(Walker and Gauthier-Villars,2010)。

5月9日星期日,各国财长齐聚布鲁塞尔,他们强烈地意识到市场正在危及整个欧盟项目和欧元区。瑞典财政部长在一份被广泛引用的声明中告诉媒体,"我们现在看到了……(金融市场中的)狼群行为,如果我们不阻止这些狼群,即使是自己造成的弱点,它们也会把弱国撕成碎片"(Hume,2010)。

然而,会议一开始,支持和反对联邦解决方案的人之间很快就出现了强烈的分歧。德国和西班牙拒绝接受委员会的提议,而法国和北欧国家则为其辩护。讨论十分激烈,一位与会者甚至激动得咬掉了一颗牙齿。经过几个小时的讨论,法国财政部长私下告诉其代表团,欧元区濒临解体(Walker,2010b)。

在法国财政部长的建议下,各国暂时冷静了下来,最终达成一项协议。德国在所有的关键问题上都取得了胜利:没有联邦政府的提议,没有欧洲债券。5月10日凌晨,就在亚洲市场开盘前几分钟,协议达成。这时,重要的北莱茵—威斯特法伦州选举的结果也已出炉,这使得德国更容易采取果断行动。

特里谢曾拒绝在达成协议之前采取行动,现在他却宣布欧洲央行准备购买成员国的债券(如 Barber,2010b;Walker,2010)。他宣布欧洲央行准备采取"核选择",各国财长松了一口气,因为他们认为,如果欧洲央行不积极干预市场,市场则可能会继续下跌(Barber,2010b)。

5月10日协议中涉及的7 500亿欧元的金额,证明了欧盟领导人试图通过"大爆发"("震慑")来阻止危机。这一策略取得了成功。欧洲债券价格立即飙升,全球股市价格也是如此。市场波动性指数(VIX)或恐惧指数大幅跳水。

但同样清楚的是,那些将该协议视为欧洲团结表现的人失败了,默克尔及其欧盟支持者的双边战略取得了胜利。欧盟委员会并没有像自身希望的那样,负责新的欧洲金融稳定基金(EFSF),也不会发行欧洲债券为其融资。

实际的一揽子计划看起来非常不同,由三个独立的部分组成:首先是欧洲金融稳定基金(EFSF)本身,它有能力从各个成员国获得 4 400 亿欧元的贷款;其次是由欧盟委员会筹集和控制的 600 亿欧元;最后是来自国际货币基金组织的 2 500 亿欧元。EFSF 并没有像联邦主义者所希望的那样,成为一个与欧盟相关的常设机构;相反,它是一个临时组织,仅存在 3 年,总部设在卢森堡,其贷款是双边性质的,每个国家(包括那些陷入严重经济困境的国家)按比例提供每笔贷款。

5 月 10 日的协议是仓促达成的,各国都很清楚,这不会解决欧盟和欧元区国家面临的经济困境。协议宣布后不久,希腊、西班牙、意大利和葡萄牙等国的债券收益率也开始回升(见图 3—5)。

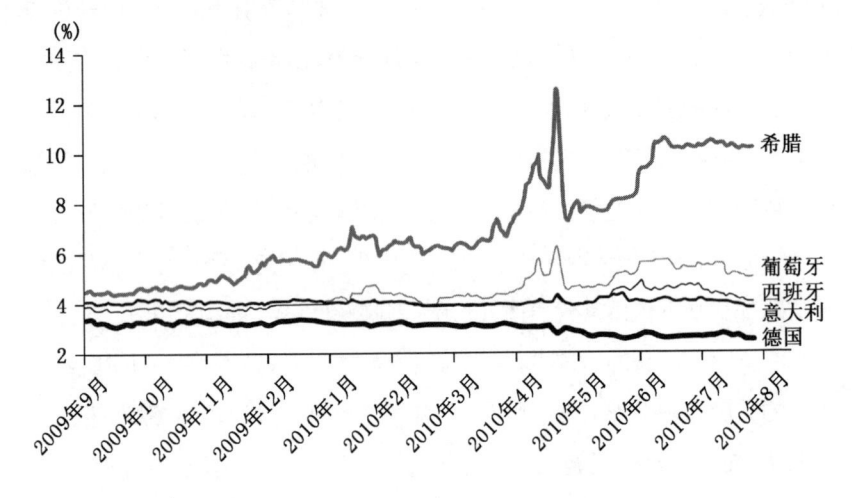

资料来源:彭博社。

注:希腊统计丑闻发生于 2009 年 10 月下旬,7 500 亿欧元的贷款安排于 2010 年 5 月 10 日。

图 3—5 2009 年 9 月至 2010 年 8 月德国和采用全球投资业绩标准
(GIPS)的国家 10 年期债券收益率

结束语

本章围绕信心的作用和保持对金融体系信心的必要性展开,从这个角度来看,欧洲的未来会是怎样的呢？首先需要强调的是,自 20 世纪 70 年代初布雷顿森林体系衰落以来,国际金融体系一直非常不稳定(Eatwell and Taylor,2000;Buchanan,2010)。如今,世界上来回流动的资金量确实是一个天文数字;在过去的几十年里,金融危机的数量以一种非常不祥的方式加速增加(如 Reinhart and Rogoff,2010)。

此外,第一轮金融危机(2008 年秋至 2009 年春)以及此后发生的情况严重削弱了欧洲国家的实力。目前对欧洲增长的预测为负增长,并且欧洲的银行隐藏着巨额亏损。根据历史经验,欧洲可能还需要十年左右的时间才能再次出现强劲增长(Reinhart and Reinhart,2010)。

不仅是 2009—2010 年间发生的情况,还有之后发生的事件都非常清楚地表明,欧盟和欧元区目前的问题不存在简单的解决方案。如果欧元区各国各自为政,投资者则完全可以根据其自身的优点来评估。重要的是,这还能够使本国货币贬值。如果联邦主义者获胜,投资者则可能会再次开始将单个国家视为更大的新兴整体的一部分,有点像他们在 1999－2009 年欧元区国家债券收益率趋同时的情况。在这种情况下,单个国家的经济状况是否不佳并不重要,因为它将被视为整体的一部分。用涂尔干的话来说,这个国家将受到欧洲以及欧元区的保护。

然而,截至本书撰写之时(2012 年 2 月),上述两种趋势中的任何一种都似乎难以取得压倒性的胜利。这意味着欧元区国家将继续使用共同的货币和共同的中央银行,但在经济治理方面没有共同的措施。从本章社会学的角度来看,这意味着部分与整体之间的矛盾将被制度化。

注释

1. 具有动物精神的商人充满信心,并可能凭借这种信心从事一些推动经济发展的事业。这样说来,我们就应该明白,这种对信心的看法是符合 20 世纪 30 年代《通论》写作时的情况的。凯恩斯的动物精神理论与过度自信的心理学理论以及人们对自身能力过于乐观的想法存在一些相似之处(Moore and Healy,2008)。

2. 经济学家倾向于交替使用"信心"和"信任"这两个术语,而社会学家更偏向于"信任",较少谈论"信心"。有一些人试图在信任和信心之间划清概念界限。基思·哈特利(Keith Hart)等人认为,"信任"基本上指的是与"信心"相同的现象,但"信任"更为强烈(Hart,1988)。在我看来,"信心""信任"和"信念"可以被看作一个连续体。

4 耻辱与股市亏损

以美国业余投资者为例

布鲁克·哈林顿[*]

失去财富会引发一系列情绪,其中大部分是痛苦的。在亚当·斯密早期的著作中,他谈到了与财务损失相关的"困扰"和羞耻感,其中破产是"最大、最耻辱的灾难"[2010(1776):149]。最近,无论是在个体还是群体层面,都对2008年的金融危机充满羞耻、内疚和愤怒(Brasset and Clarke, 2012)。正如曾任美国财政部长的汉克·保尔森(Hank Paulson)所观察到的,"作为一个国家,我们在很多方面都自取其辱"(2008)。这些情绪可能特别困扰美国民众,因为他们习惯于将自己的国家视为世界金融强国之一,并倾向于将赚钱视为良好品格、智慧和许多其他积极品质的表现[Weber, 2002(1905); Franklin, 2011(1748)]。另外,失去财富使人蒙羞。正如21世纪中期的散文家马克斯·勒纳所述,"在美国人的悲观主义观念中,没有比被人当作傻瓜更丢脸的罪行了"(1949:300)。

股票投资是大多数参与者会亏损的金融领域。即使投资价值没有跌破最初的购买价格——通常意义上的亏损——绝大多数人的投资表现不如市场平均水平,这意味着他们在金融领域相对失去了优势(Malkiel, 2005)。[1]这一点适用于金融专业人士和业余投资者,在美国和其他地区都是如此(Barber and Odean, 2000; Barber et al., 2009)。然而,美国人继续参与这种亏本买卖,其人数远远超过其他地方的投资者(如,Paiella, 2007)。对于金融专业人士来说,面对此类损失所带来的情绪和经济风险要比业余投资者低：只要这些专业人士的亏损少于他们的竞争对手，他们就能维持自己的薪水和社会地位（O'Barr and Conley，1992）。但当业余投资者亏损时，损失的只是财富和"面子"。

在这种情况下，人们会认为业余投资者对亏损特别敏感；如果有任何理由认为自己被欺骗或被愚弄的话，情况更是如此。事实上，从1720年南海公司（South Sea Company）和密西西比公司（Mississippi Company）的丑闻开始，著名的金融欺诈案导致业余投资者在之后的一代人或更长时间内放弃股票市场（Harrington，即将出版）。但在21世纪的美国，尽管有证据表明欺诈行为猖獗，从安然会计丑闻到高盛和房利美（Fannie Mae）等昔日值得信赖的机构在引发次贷危机中所扮演的角色，但这种模式并没有维持下去（Harrington，即将出版；另见Shapiro，本卷）。这些事件都没有显著减少美国人对股市的参与度。相反，美国的散户投资者仍然持有约5.5万亿美元的美国公司股票，超过总市值的25%，远超养老基金的持股比例，相当于美国所有共同基金的持股总和（Financial Services Roundtable，2009：12）。尽管美国人的股票所有权分配仍然高度分层（Wolff，2010），但2009年仍比2002年增长了20%——这意味着自新千年开始，业余投资在金融市场遭遇的多重危机中依然保持强劲势头。

在本书中，我已经分析过出现这种情况的原因，其中包括美国缺乏养老金保障，再加上税收政策偏向于投资收入而非工作收入（Harrington，2008，2012a）。在本章中，我想探讨这种持续参与股票市场的可能性。也就是说，我将研究人们是如何在明知会受骗上当的情况下继续参与股票市场的。戈夫曼等人的研究表明，欺诈造成的经济损失和失败会产生羞耻感，这种现象会象征性地摧毁自我，使受害者堕落并"社会性死亡"，这种现象值得进一步研究（Goffman，1952：460；另见Garfinkel，1956）。戈夫曼认为，受骗者事后会回避他人关注，宁愿私下修复自己受到的伤害。但我对受骗投资者所做的修复工作进行的调查表明，他们也可以利用小组互动来应对困境（Harrington and Fine，2000）。

本章根据美国业余投资者的数据，探讨了社会行为者通过一系列做法来调整情绪，从而接受损失并继续投资股票市场。这反过来又与经济社会学文献关注的一个核心问题联系在一起：市场中的协调问题（Beckert，2009）。问题在于情绪如何通过估值等互动过程引导投资者——这是市场秩序的关键组成部分（Stark，2009）。

理论取向:关注小组中的身份与情绪

以往的研究将受害者自愿和反复默许剥削条件解释为人类决策中常见弱点的表现,如"承诺升级"(Staw,1976)和"沉没成本偏见"(Arkes and Blumer,1985)。换句话说,分析是从个人层面的分析出发的,重点是认知错误。要研究金融欺诈的情绪关系维度,我们必须转向符号互动主义传统,该传统关注群体环境中的身份认同和自我呈现。在本书中,羞耻和回避羞耻被视为驱动社会行为的最重要情绪(Scheff,2006)。在戈夫曼研究的基础上,这一文献提供了一个集体印象管理的模型,将身份塑造的互动呼应过程(Goffman,1956)与被污名化及"损害身份"(Goffman,1956)后的修复工作联系在一起。这种方法可以为金融领域的情绪动态提供宝贵的见解以及为微观行为与宏观制度之间的联系提供有价值的见解(Harrington and Fine,2000,2006)。

对于金融欺诈采用象征互动主义的解释方法,尚未被充分发掘。其局限性包括分析重点仍停留在二元对立的一次性事件层面。戈夫曼对"适应损失"(1952年)的研究就是这一情况。"适应损失"是个体对于与骗子的短期、"打了就跑"的互动做出的反应——这种方法使许多经验现象无法理论化,包括社会心理学文献(例如,Festinger et al.,1956)及金融史中记载的长期、群体层面的欺诈行为(Harrington,2012b;即将出版)。有证据表明,某些欺诈行为会在较长时间内牵连相当数量的人,但这一证据并未引起理论界的重视。无论是认知论还是符号互动论的方法,都未能解决在欺诈行为中持续的、群体层面的重要问题,这种欺诈行为存在于世俗、宗教邪教以及近期的股市中。这些情况似乎需要一种不同的方法,将群体而非个体视为基本分析单位,并将欺诈的时间框架视为开放调查的对象,而非假设为短期互动。

本章扩展了符号互动论的理论,以解决参与长期、群体层面的欺诈行为的难题。本研究以社会学的社会心理学为基础,其核心关注点是过程、互动和意义的共同创造[例如,Mead,1934;Cooley,1964(1902);Blumer,1969;Fine,1993]。除了阐明情绪在金融领域的作用之外,本章介绍的案例研究旨在做出两方面的贡献:第一,它力图将小团体重新置于分析的中心位置,将注意力集中在近几十年来一直被忽视的、曾蓬勃发展的研究领域(Harrington and Fine,2000;Fine et al.,2008)。第二,由于许多诈骗和骗局涉及经济损失以及身份损害,这项研究对经济社会学领域的文献做出了贡献,而这一领域在很大程度上忽视了小团体(Harrington,2008)。研究与欺诈相关的情绪可以填补文献中微观现象与经济社会学家对金融市场中系统性、结构性欺骗的研究结果之间的空白(Harrington,2009)。

羞耻与自我

身份认同与羞耻感密切相关。自我展示和"面子"的塑造主要是为了避免尴尬(Goffman,1967;Scheff,2003)。因此,羞耻感被称为"日常生活的主导情绪"(Scheff and Retzinger,2000)。在金融市场中,"灾难"[Smith,2010(1776)]的威胁笼罩着人们的互动,在许多领域中,羞耻感影响着行为者的行为。

羞耻感至少在两个重要方面有别于相关的内疚和尴尬情绪。第一,尴尬是在互动中产生的体验,而"羞耻是一种个体化的情绪"——一种完全失败或毫无价值的内在感觉,需要"将自我从公众视野中移除"(Garfinkel,1956:421)。第二,羞耻感伴随着一种无力感,而内疚感则让人感到自己有能力去弥补,或在下一次做正确的事情(Scheff and Retzinger,2000)。

当个人因未能满足突出期望、标准或规范而接受来自自己或他人的责备时,就会产生羞耻感(Lewis,1998)。这些失败可能会通过污名被公开标示出来,污名是个人"受损的身份"的一种属性(Goffman,1963)。被污名化的属性因时间和地点而异,但可以包括从身体畸形(如疤痕)到性格缺陷(七宗罪目录中的一些选项),再到与"不干净"的人或物接触等各个方面。后者对于那些从事"肮脏工作"的人来说是一种职业风险,如屠宰场工人和殡仪从业人员(Ashforth and Kreiner,1999)。

骗子的受害者由于性格缺陷而容易受到伤害:他们感到羞耻,因为他们把自己的损失归因于贪婪和轻信(Goffman,1952)。与其说受害者对骗子感到愤怒,不如说他们在自责。戈夫曼认为,对受害者而言,失去金钱的痛苦小于失去对自身有能力、有智慧的认识。他所说的这些人的适应策略与丧亲之人使用的策略非常相似:亲人去世后,悲痛欲绝的人通常会陷入否认和昏睡(Kubler-Ross,1969),而戈夫曼所说的那种行为正是骗子受害者所特有的。

因此,被骗子欺诈的人很少向当局寻求法律补救,因为这样做意味着公开曝光(和羞辱)自己为"傻瓜";相反,受害者通常会求助于私下的身份修复手段,比如精神科医生,或接受骗子的帮凶"平息者"的安抚。骗局结束后,"平息者"会向受害者提供"安慰和引导的话语"(Goffman,1952:454)。平息者鼓励受骗者以一种特殊的方式看待自己,使他们的反应不会威胁到未来的欺诈行动。

戈夫曼所观察到的欺诈受害者的情绪反应可能反映了美国人特有的倾向。这是因为,即使在市场下跌时,在美国,仅仅拥有股票投资组合就已经成为一种重要的"头寸商品"(Frank,1986)。正如一位观察家所说,"谎报自己的投资业绩,已经取代了夸大你捕获的鱼的大小",成为日常生活中地位竞争的一部分(Weisberg,1998:30)。因此,因欺诈而在股市蒙受损失的美国投资者的耻辱负担不仅来自金钱损失,还来自地位损失。

戈夫曼的著作强调了一种特殊骗局的二元性和一次性。而美国散户投资者的情况并非如此,他们作为一个群体,受到的是不露面的法人——公司和机构——而非自然人的侵害。此外,"骗局"已发生多年,而非一次性事件。然而,为了避免羞耻和维持地位,个人可能会选择继续留在一个腐败和代价高昂的环境中。如果是这样,我们就会认为他们的行为主要是为了维护自己的社会身份,而不是维护自己的腰包。例如,勒纳将美国文化描述为受到"一种买者自负的市场体系"的限制。在这种体系中,个人要时刻保持警惕,防止自己成为"冤大头"(1996:19)。这种"持续警惕"的概念暗示了身份认同工作的自我保护方面(Arkin,1981)。从这个意义上说,社会身份可以被视为一种盔甲,旨在抵御或减少羞耻感造成的伤害。

无论互动发生在"受骗者"与"平息者"之间、患者与精神科医生之间,还是在支持小组的成员之间,话语过程都能帮助我们应对困难的情绪。事实上,施瓦尔贝(Schwalbe)和梅森·施罗克(Mason-Schrock)认为,团体身份认同工作属于"减少痛苦的体验"(1996:122),它使个人能够克服因羞耻感而产生的孤立、焦虑和不真实感。奥布莱恩(2011)将这种活动称为"污名管理"。

在这些仪式化的交往中,个人展示自己,希望他们的身份主张能引起戈夫曼(1956)所说的"尊重"——换句话说,被相关人接受。但在"仪式链"发生之前,个人的主张仍然是不完整和暂时的:

> 个体必须依赖他人来完成他的形象,而他自己只能描绘其中的某些部分……通过个人举止所表达的部分并不比他人通过对他的恭敬行

为所传达的部分更重要。

(戈夫曼,1956:493)

言下之意,恢复被羞耻感玷污或破坏的身份所需的修复工作(Goffman, 1971)也必须在互动环境中进行。

在对被污名化、边缘化群体的实证研究中,我们一再看到这一点。在施食处和庇护所相遇的无家可归者互相讲述他们是如何"选择"在街头生活的——这种叙述通过用自主性取代无能为力来修复他们的身份(Snow and Anderson, 1987)。从事"肮脏工作"的人形成了强大的群体文化,与他们所面对的污名成正比,他们给被外界认为耻辱的工作方面赋予了积极的意义。正如戈夫曼所言,个人单独行动无法实现这种情绪和身份的转变,部分原因在于"群体往往能够维持个人无法维持的信念"(Ashforth and Kreiner, 1999:421)。

这表明我们如何将对受污名群体的当代研究与戈夫曼(1952)关于诈骗受害者的论述结合起来——这些人因为对自己的财务损失和被认为有缺陷的性格感到羞愧,从而远离社会。戈夫曼所描述的(加芬克尔在1956年关于"堕落仪式"的著作中也有详细阐述),在很大程度上是一种非常个体化的、个人应对羞耻的方法。由于戈夫曼的理论将行动(而不是情绪或信念)作为社会生活的基础,因此他主要关注的是诈骗受害者令人费解的不作为,即他们为什么不去报警。这种方法留下了一个问题:处理羞耻感的群体会发生什么?如果诈骗受害者不向警方报案,他们又在做什么呢?

经验证据给出了这两个问题的答案:群体通过转化羞耻感来化解羞耻感——例如,将耻辱感转化为自豪感(Ashforth and Kreiner, 1999)。这些研究支持了库兹米茨(1991)关于"情绪经济"的理论工作。库兹米茨观察到,戈夫曼的研究没有考虑到情绪变化,比如互动可以将羞耻转化为对身份影响较小的情绪,如愤怒。这种群体身份认同工作使成员能够在社会中发挥作用,而不是被动地退缩。

库兹米茨的洞察力可以帮助我们理解对欺诈行为的各种情绪反应。例如,当一个飞船邪教组织的领袖预测外星人将在某个特定日期到来的预言被证明是假的时,该组织成员中就会出现"承诺升级"的现象(Festinger et al., 1956)。当"预言失败"时,许多人离开了这个组织,但仍有一些核心信徒留了下来,并通过话语过程来强化自己的信仰,将难以忍受的羞耻感转化为更容易控制的内疚感。

小组成员得出的结论是,他们只是误解了外星人的信息,立刻将自己(至少在他们自己看来)从笑柄转变为"被选中"的人;他们只是犯了一个可以理解的错误。这让那些变卖家产、辞去工作,以防飞碟入侵的人能够面对他们刚刚告别的家人和朋友。通过群体认同工作,他们那尴尬的任务就变得可以忍受。

这个案例生动地诠释了施瓦尔贝和梅森·施罗克的观点:"身份认同的谈论形式是人们生活中物质条件的适应性反应。"(1996:117)他们的观点表明,身份认同可以向我们展示金融领域中的情绪因素。当物质条件恶化,如无家可归,或因金融欺诈而损失钱财时,我们应该期待发现个人从事群体身份认同工作,以处理他们的羞耻和痛苦。

(重新)构建情绪事件

在群体互动中发生的具体情绪和身份管理活动中,最重要的活动之一可能是构建戈夫曼(1974)所说的"框架":定义人和事件的方式,以便将其纳入一致认同的现实中。框架突出了某些信息,而淡化了其他方面的信息,关键是,在小团体环境中选择强调或淡化的要点。也就是说,框架是构成社会世界的基石:"框架是选择、强调和呈现的原则,由关于什么存在、什么发生、什么重要的一些潜在理论组成。"(Gitlin,1980)对于金融中的情绪研究来说,重要的是,框架被证明是个人用来管理风险和不确定性的核心工具,就像投资股票市场一样(Kahneman and Tversky,1979)。

虽然戈夫曼认为框架构建是互动中发生的先天的、无意识的符号操纵活动的一部分,但最近的研究表明,群体会主动选择和推广框架,以增加其利益(Reese,2001)。因此,解释过程也是一种协商,不仅是群体中个体之间的协商,而且也是相互竞争的框架之间的协商(Snow et al.,1986)。对于受骗的投资者来说,这意味着要通过制定框架来管理其情绪,以对抗新闻界、金融界及其政治代表对他们施加的框架。一些框架将散户投资者,尤其是投资俱乐部成员,描述为受害者,另一些框架则将他们视为贪婪的投机者,他们罪有应得(参见 Harrington 2008 年的评论)。我所研究的投资者选择了这些框架中的一些元素,拒绝了其他元素,但他们的解释中有一个一致元素,即拒绝任何暗示被动的事物。因此,本项研究的参与者并未退缩以修复其受损的身份,而是积极地调整情绪和自我。

换句话说,受骗投资者相互合作,编造损失的假理由,以便在公开场合挽回面子。作为一个研究概念,辩述(见 Orbuch,1997 年的评论)建立在戈夫曼的印象管理理论之上。他们做出利于自我的表现,从而影响他人的看法。通常,我们发现其用于防御或保护的目的,如试图防止或修复对社会身份受损的理由或借口。形式上,辩述是"一个社会行为者向另一个社会行为者做的口头陈述,以解释意料之外或异常的行为"(Orbuch,1997:456;另见 Scott and Lyman,1968)。因为辩述涉及文化、情感和意义(Somers,1994),所以它们不同于归因,归因是以信息为导向的因果陈述。虽然辩述可以包含归因,但感觉也起着同样重要的作用;认知与情感紧密相连。因此,辩述是"类似故事的结构",包括情节、故事线、情感和归因。个人根据他人的反馈和个人生活的集体故事不断更新和反思这些辩述(Orbuch 1997:459)。这意味着辩述是情绪化的、信息丰富的、高度依赖于小群体的互动,对更大的文化叙事敏感。因此,他们为探索金融活动的情感方面做出了有价值的理论构建。

本章稍后介绍的实证研究探讨了这种构建框架和辩述的过程是如何在美国投资者中展开的。这些投资者最近在股票市场上损失了大量资金,尽管他们知道系统中存在着猖獗的欺诈行为,但仍在继续投资。首先,有必要简要回顾一下金融欺诈的含义,以及为什么这种现象对情绪社会学意义重大。

欺诈的社会学意义

当大规模欺诈被揭露时会发生什么?当投资者发现自己受骗时,他们是如何应对的?事实证明,我们对金融情绪的认知中最大的空白之一就是受骗者的经历:我们对金融欺诈者的了解远远多于对欺诈对象的了解(Harrington,2012b即将出版)。本章通过研究美国散户投资者对其投资公司欺骗行为的反应来填补这一空白。戈夫曼(1952)将应对欺诈的过程称为"适应失败"。

迄今为止,从安然、世通和泰科公司的会计丑闻到期权回溯丑闻,到伯纳德·麦道夫对庞氏骗局的当代解读,再到 2008 年的次贷危机,21 世纪的金融史向投资者提供了大量不得不适应的欺诈和失败案例。这些事件大多发生在美国公司(Cooper,2005)。但美国人对这些新闻却表现出惊人的顺从和被动。即使是"占领华尔街"运动——直到 2008 年危机发生三年后才出现,并在几个月内失去了势头——也不是对金融欺诈的回应,而是对收入不平等现象公开表示不满(Bellafante,2011)。

公众没有专门针对欺骗性会计实务和其他形式的金融不当行为表达愤怒,这可能反映出美国股市中"公认欺诈"的程度很高(Galbraith,2004:26)。从历史上看,这种态度似乎是美国特有的:在该国繁荣、萧条和快速致富的漫长历史中,欺诈对公众支持和参与金融市场的影响微乎其微(Mihm,2007;Harrington,2012b,即将出版)。事实上,美国人在股票市场的投资率远远高于欧洲人(Tagliabue,2002;Georgarakos and Pasini,2011)。与前几代美国人在大萧条等重大经济衰退后逃离证券市场相比,当代美国人的股市参与率仍然很高。在经历了互联网泡沫和房地产市场崩溃,以及企业会计丑闻和次贷危机之后,美国散户投资者的股票持有量仍然非常稳定。根据美国联邦储备委员会的数据,截至2007年底,51.1%的家庭投资于股票市场——略低于2001年52.2%的历史最高水平,但远高于1990年34%的水平(Bucks et al.,2009:27)。截至本书撰写之时,2012年已过半,最新一轮的美联储数据尚未公布,无法进行比较;但盖洛普公司于2011年4月进行的一项民意调查发现,美国家庭的股票持有率保持在54%,与2000年5月的同一项民意调查发现的水平相当(Jones and Saad,2011)。[2] 由于缺乏对投资俱乐部的研究,很难估计其股市参与度的变化,但截至2003年,在互联网泡沫破灭后,投资俱乐部仍持有价值1 250亿美元的美股,其中包括通用电气和英特尔等财富100强企业的大量股份,并以每月1.9亿美元的速度注入新的投资资金(NAIC,2003;Harrington,2008)。

考虑到当公司被发现参与金融欺诈时投资者会遭受巨大损失,这种情况就更加引人注目。如 Karpoff 等人于2008年发现,当金融不当行为被爆出,公司的股票价值平均会暴跌41%。最近的例子包括美国银行,该公司因在收购美林公司(Merrill Lynch)时伪造信息而被起诉,之后股价下跌了60%,股东损失约500亿美元(Davidoff,2011)。安然、世通和泰科公司欺诈行为的直接后果是,美国投资者损失了约2 360亿美元(Public Citizen,2002)。即使是那些没有持有欺诈公司股票的投资者,也因投资者对股市失去信心而在股价整体下跌中蒙受损失。

面对如此广泛的损失,散户投资者,即非金融专业人士的投资者,仍坚持投资,同时又有大量压倒性的证据表明金融市场最高层存在欺骗和腐败行为,其中的原因需要做出解释。这种稳健性和复原力是如何实现的?在实际层面上,投资者是如何继续参与一个在许多层面上都显示出腐败的市场体系的?虽然我们可以对美国人仍投资于一个失信的市场体系的原因做出一些有根据的猜测,但我们对其做法几乎一无所知。

为此,我将提出一个对金融欺诈的情绪反应模型,并用我自己在美国散户投资者中进行的实地研究中的轶事来说明:这些人对股市的贡献推动了20世纪90年代的繁荣,但在互联网泡沫破裂和公司欺诈行为开始曝光时损失惨重。我的研究结果以戈夫曼的模型为基础并加以扩展,说明了一系列他没有考虑到的情况:针对群体而非个人的长期骗局。在这种情况下,欺诈行为的受害者不会在耻辱和污名的重压下被动退缩;相反,他们从事集体身份认同工作,以修复对社会自我的损害。

访谈研究

20世纪90年代美国金融的典型情绪是"非理性繁荣"(Shiller, 2000)。就在互联网络泡沫破灭前几个月,美国出版商出版了三本书(由三位不同的作者撰写),争相对牛市的轨迹作出最乐观的断言:1999年5月出版了《道琼斯指数36 000》,6月出版了《道琼斯指数40 000》,9月出版了《道琼斯指数100 000》,这些出版物反映了真正引人注目的事件,尽管是通过扭曲的视角。

例如,1999年3月29日,道琼斯工业平均指数(由30家工业公司发行的一组股票组成,长期以来被用作整个美国股票市场的"晴雨表")有史以来首次收于10 000点以上,自1995年以来翻了一番;仅仅五周后,该指数又攀升了1 000点,收于11 000点以上,这是其历史上最快的涨幅。这种狂热在2000年1月14日达到顶峰,当时道琼斯指数收于11 722.98点的历史新高,随后下跌的速度几乎与上涨的速度一样快。在接下来的几个月里,该指数下跌了近3 000点。

这一非凡时期最显著的遗产之一是所谓的"投资者阶层"的转变。投资股票曾仅限于美国最富有家庭中的一小部分精英,1900年拥有股票的成年人占1%,到1952年仅上升到4%,到20世纪末,投资股票成为一种大众活动,涉及超过半数的美国成年人(Geist, 1999)。这种"市场民粹主义"的增长主要发生在20世纪90年代。例如,在这10年之初,约21%的美国成年人拥有股票;7年后,这一比例增加了1倍多,上升到43%;到1999年,达到53%,尽管市场低迷,但比例仍保持稳定(NASD, 1997)。

投资俱乐部是投资人口增长的主要来源:作为自己动手的共同基金,它们让首次投资者能够轻松地开始购买股票并了解市场。俱乐部通常有 10—15 个人参加，他们在每月的会议上平均每人出资 35 美元——这相当于纽约证券交易所一股股票的平均成本(Thaler,1994);然后，俱乐部将这些投资资金分配给他们共同拥有的股票组合。在这方面，"俱乐部"这一称谓有些误导：虽然投资俱乐部的是自愿协会，但它们的股票所有权使其必须遵守法律、会计和税收要求，这一点与所有小企业类似。也许更重要的是，这些俱乐部具有巨大的经济影响力：到 20 世纪 90 年代末，估计 11% 的美国投资者，约 2 000 万人，加入投资俱乐部，每月向美股投入数亿美元(NASD,1997)。由于"公司为了从投资者那里获得资金而实施欺诈"(Povel et al.，2007:1249)，因此所有这些涌入市场的新投资为公司的欺骗行为提供了一个诱人的目标。

这并不是指责散户投资者被骗。事实上，正如最近的经济研究得出的结论：

> 将公司腐败的责任归咎于投资者，说他们在做出决定时粗心大意或天真幼稚，是毫无意义的……在许多情况下，他们相信公开的信息，而不是仔细监督申请资金的公司，这可能是完全合理的。
>
> (Povel et al.,2007:1250)

相反，从社会学的角度来看，通过研究 20 世纪末 21 世纪初的美国散户投资者，可以研究在金融环境中如何体验和处理情绪。

了解到身份修复发生在小群体互动中，我们就可以开始理解为什么投资者会在市场崩溃后继续参与投资俱乐部。由于可能失去 20 世纪末最有价值的社会身份之一（"投资者"），个人与"社会性死亡"擦肩而过，因此他们需要相互帮助，以修复损伤。在我的访谈样本中，即使那些人不再是我最初在 1998 年研究的俱乐部成员，他们也仍然依赖于可信赖的人组成的小团体来寻求建议、安慰和认可，以证明他们作为投资者的身份仍然完好无损。即使他们不积极买卖股票，参加投资俱乐部会议或咨询财务顾问的行为本身也是有意义的。互动是投资者因金融市场的欺骗行为而遭受身份损害的补救措施，因此，随着危机的不断加剧，小团体对这些人变得更加重要。

样　本

本章的数据来自 2004 年对旧金山湾区 50 名投资俱乐部成员(28 名男性和 22 名女性)的访谈。这一群体是我在 1997—1999 年间对其进行参与观察的个体子集,是一项规模更大的多方法研究的一部分(有关研究方法的详情,请参见Harrington,2008)。由于并非所有我在20世纪90年代关注的俱乐部都挺过了市场低迷难关,因此我无法在研究的早期阶段采访所有83位原始参与者;由于许多人已经离开了旧金山湾区,与其他俱乐部成员失去了联系,因此我无法找到他们。然而,我在2004年进行后续研究时有四个俱乐部仍在运营,成员基本没有变化,我最终设法找到并采访了已解散的三个俱乐部中超过一半的成员。我的问题集中在过去三年美国公司金融欺诈事件曝光后他们的投资行为是否发生变化以及如何改变。

在这方面,以一个最困难的问题开始访谈是有益的:"1999年后俱乐部损失了多少钱?"在仍在营业的四家俱乐部中,所有俱乐部都损失了巨额资金——大多数俱乐部估计损失在其崩溃前投资组合价值的1/3到1/2之间。也许很能说明问题的是,这些俱乐部几乎没有保留足够详细的记录,因此我无法独立地确认这些数字;也许无法得知究竟多少是它们得以生存的部分原因。在三个解散的俱乐部中,我采访过的成员都强烈认为他们决定解散与资金无关,他们提到了其他因素,如成员之间脆弱的关系。

表4—1概述了跟踪研究时6个俱乐部的一些主要人口统计数据和财务状况。对于保持不变的群体,我可以用它们目前的记录来计算其年化内部收益率,这是金融业和许多投资俱乐部使用的标准业绩衡量标准。对于解散的俱乐部,我与财务主管洽谈,要么获得了他们最近的一份会计报表,要么采用了财务主管对俱乐部收益最准确的估计。虽然这些估计显然不如会计报表可靠,但我的目标不是精确地记录回报率,而是要为访谈参与者制定的适应战略建立一个背景。从更广泛的角度来看,全美各地的投资俱乐部自成立以来其投资组合的平均年回报率为12.6%,略高于美国股票在过去一个世纪的平均水平,但远低于这些股票在20世纪90年代的年回报率,后者有时超过30%。[3]

表4—1　　　　　　　　投资俱乐部的人员构成和业绩

俱乐部	在一起的岁月	性别构成	自成立至2004年2月或解散之日的年复合收益率(%)
投资组合联营公司投资俱乐部	自1956年起	所有人	24
加州投资者	自1991年起	所有人	−2

续表

俱乐部	在一起的岁月	性别构成	自成立至2004年2月或解散之日的年复合收益率(%)
牛市与熊市	1992—1999年	混合性别	30
单身教育反对波维里	1994—2002年	混合性别	9
资产积累器	1992—2002年	均为女性	22
杠杆女士	自1994年起	均为女性	3

虽然过于依赖这些数字并不明智,但利润和投资俱乐部参与度之间的关系似乎出奇微弱。也就是说,业绩不佳的俱乐部,如加州投资者,不一定会解散,而财务表现较好的俱乐部,如牛市和熊市,也不一定会继续存在。财务回报和投资毅力之间的这种"松散耦合"(Meye and Rowan, 1977)可能为参与者提供了一些宝贵的灵活性,使其能够重新审视被企业欺骗的经历。因此,散户投资者并没有将自己孤立起来,而是通过与身份相关的互动来维持行动路线。

调查结果

休克与停滞

就像戈夫曼对研究被骗的"受害者"一样,我采访的大多数投资者在得知自己被欺骗后,都经历了一段震惊和麻痹的时期。当安然公司、世通公司和其他金融诈骗案的消息传出时,他们"愣住了":不知道股票价格下跌意味着什么,也不知道会持续多久,本研究的大多数参与者只是不再买卖股票。2004年2月,当我采访其中一些参与者时,他们仍然处于这种蒙圈的状态。正如已解散的男女混合俱乐部ESP的卡拉所说,

我不知道该相信谁。我不确定我们的系统是否有问题,但它预设你可以相信公司的财务报表,而现在我们知道你不能相信公司告诉你的任何事情,所以全然不知该怎么办。

与卡拉一样,在我的研究中,其他参与者发现自己被骗时,他们无可奈何,而不是感到背叛。大多数人既没有因为危机而愤怒,也没有因为危机而振奋,他们

不仅对已有的损失感到恐惧,也担心未来可能发生损失。尽管如此,恐惧并没有激发他们做出改变:他们把资金留在股市中,而不是"套现"。

他们之所以能保持这种停滞状态,部分原因是他们把自己的处境描述成除了继续投资股市之外别无选择。其实,他们有选择性地忽略了风险较低的选择——比如,联邦存款保险公司(FDIC)担保的储蓄账户或存款单——并表现得"好像"他们对投资方向别无选择。一位投资者特洛伊解释了他继续参与市场的原因,他问道:"我们还能把钱投到哪里呢?在床垫里?"这句话在本研究进行的其他几次访谈中反复出现。

一方面,由于这些俱乐部和个人因公司欺诈而遭受到经济损失,他们竟然有理由说"我们还能把钱投到哪里",这令人感到惊讶。毕竟,如果他们把钱藏在床垫里,至少不会蒙受损失。杠杆女士组织中苏珊在她的叙述中隐晦地提到了这一点:"我承受不起离开市场……我得把钱赚回来。"由于其俱乐部仍持有62股世界通信公司的股票(当时已退市,几乎毫无价值),而且在TriTeal(该公司被《傻瓜投资顾问》称为"20世纪90年代最糟糕的投资公司"之一)首次公开募股中的投资几乎全军覆没后,想要通过新的投资扭亏为盈的前景显得异常渺茫。但她对投资伙伴的依恋和忠诚也影响了她对事件的判断。她说:"我们亏损并非因做出错误决策,因其自身的腐败下沉。"投资组合合伙人也给出了类似的解释,说明他们将继续作为俱乐部一员进行投资的原因,尽管他们过去3年的亏损令人震惊和失望。当我问他们为什么坚持在一起投资时,其中几位相继答道:

查尔斯:习惯使然。

戴夫:习惯了。

凯文:我们紧密相连。

阿诺德:我们需要有人能对市场感同身受。

这四个答案都突出了戈夫曼所描述的骗子受害者的特征——陷入瘫痪状态,但有一个重要的区别:团体作为一种应对机制的作用。所有仍在运营的俱乐部都采取了这种适应性策略,帮助团体成员从"非理性繁荣"过渡到安慰和修复身份损伤。没有实现身份重建的俱乐部成员必须自己进行身份重建,但不是单独进行,而是在其投资俱乐部以外的小团体中进行——以便继续投资。下面两个部分将详细介绍这个过程。

拒绝即适应

一些投资者干脆拒绝承认自己被骗,以适应这种情况。和飞碟异教组织的成员一样(Festinger,1956),这种策略消除了感到羞耻的可能性。也许加州投资者斯坦最雄辩地表达了这种对事件的彻底重构。对于这种激进事件的重构,来自加州投资公司的斯坦或许给出了最雄辩的表述。当我问他们什么时候知道20世纪90年代的牛市已经结束时,斯坦否定了这个问题的前提:

> 我不同意牛市结束的说法。我也不认为曾经有过熊市。牛市只是放缓了几年。我相信人们的乐观精神——他们会创造自己和孩子想要的东西,这样社会的车轮将继续转动。如果你认为一切都结束了,那么,你就大错特错了。

其他几位参与者也给出了类似的说法,尽量减少持续的金融丑闻的影响,并将注意力转移到所谓的"阳面(bright side)"上。塔拉是已解散的全女性组织资产积累者(Asset Accumulators)的成员,她表示,股价回升只是时间问题,并证明了她继续投资于市场的承诺是正确的:

> 我丈夫想在市场下跌时卖掉所有股票,但我说服他继续持有我们的股票。他信任我,因为我加入组织已有10年之久,他认为我一定知道些什么!要不是我说服了他,他早就把所有的东西都卖掉了。幸而现在股票又上涨了。

虽然不像斯坦的立场那么极端,但塔拉对自己经历的描述表明她对资本主义意识形态的一种近乎宗教般的忠诚。事实上,许多参与者在谈到他们在市场低迷时期的经历时,使用的措施在任何关于罪恶和救赎的故事中都很熟悉,"我仍然是一个宗教激进主义者",资产积累者组织的贝里说,"我们从未失去信心",投资组合合伙人斯基普说。

通过将安然、世通和类似公司破产的新闻理解为反常现象,而不是普遍腐败的迹象,他们规避了可能会感到的羞耻;相反,他们的描述让自己体验到自身的立场情感,即忠诚、坚定、知行合一。

作为明知共犯的散户投资者

第三组投资者通过将羞耻转化为内疚来应对——这一观点受到了金融专业

人士和企业媒体的热烈支持。正如一位投资顾问写给客户的信中所说,当前公司丑闻的根源并非腐败高管所种下,而是贪婪的投资者及其华尔街盟友所埋下的祸根(Curtis,2002)。当世界通信公司准备申请美国历史上最大的破产索赔时,《纽约时报》引起了公众的理解与支持,指出该公司的罪行包括伪造会计报表,以避免每百分之一美分的盈利亏空,但这样做是为了避免对未达到盈利预期的公司进行经济处罚,因为轻微的业绩不佳往往会导致公司市值损失10%(Berenson,2002)。在这种"我责怪社会(I blame society)"的辩护中,像世通这样的公司将焦点从他们的非法活动转移到投资者和监管者的不合理上。

令人惊讶的是,在我的研究中,许多参与者都非常愿意接受指责。许多人谈到牛市下跌的同谋感,似乎他们的行为促成了伪造会计报表、审计腐败和治理不当等问题。虽然这些领域的问题显然是系统性的,涉及数十家公司和数百(甚至数千)名金融专业人士,但本研究的参与者表达的唯一愤怒却是针对他们自己。几位参与者用"妄想(delusional)"这个词来描述他们在牛市期间的想法,而另几位则用短句暗示自己暂时性的疯狂:一个人说,"我们认为很聪明";另一个人说,"我们变贪婪了"。

在自责的同时,人们对公司腐败的态度却出奇宽容。虽然也有一两个人对安然公司破产案所揭露的真相表示震惊,但大多数人都将其视为正常的商业活动。许多人表达了全女性组织杠杆女士中的卡伦所表达的观点:

我的工作经历告诉我,生意人总在欺骗,所以丑闻并不令人惊讶。但是在20世纪90年代,人们没有仔细研究这些数字的真实性,因为这都是好消息。这是人之常情——为何挑剔别人送的礼物呢?

同样,已解散的"牛熊(Bulls & Bears)"俱乐部的前主席格雷格,不仅认为他本不应该相信金融市场,而且认为他确实知道得更清楚,但仍参与其中:

我当时就知道这是个骗局,我只是尽可能地利用它。我记得自己当时非常惊讶,像艾美加(Iomega)这样的初创公司竟然比通用汽车公司估值还高;一家初创公司不可能在上市首日就比通用汽车公司值钱。我知道整个市场存在作弊行为,有些人可以参与首次公开募股,有些人则不能;我也知道自己只是个小角色,因为我必须在公开市场上购买股票。我知道董事会之间存在偏袒。当人们说"这是一个新时代,现在情况则不同"时,这一切都是假的。我从来不相信。丑闻并没有损害我对这个系统的信任,因为我从一开始就不信任它。有些人从共同基金经理那里参与了特殊交易,那又怎样？我在一家大型国防承包商工作:我们总是看到特殊交易！"

在另一次采访中,他的前同事凯特的回答与格雷格的惊人相似,尽管这与格雷格无关。一方面,她声称在进入市场时就对腐败行为睁一只眼闭一只眼:"我们知道账目做手脚了,我早就预料到了。"然而,接下来,她又抽象地重申了自己对这一体系的信心:"我从未考虑过退出市场；我仍然相信商业模式,即使高层管理者腐败不堪。"这不禁让人联想到一些信徒的信仰宣言,他们蔑视神职人员领导层的腐败,但原则上仍忠于宗教机构。这个类比很贴切,因为正如经济人类学家凯斯·哈特(Keith Hart)所指出的那样——"经济学已成为我们世俗科学文明的宗教"(1990:155)。

讨论和影响

经济学家罗伯特·希勒曾写道,"投资投机性资产是一种社会活动"(1993:167)。正如本章的案例研究所示,这也是一种情绪活动。对于我所研究的 50 个人来说,参与股市引发了从兴奋到羞愧的强烈情绪。这些情绪不仅引导他们的行为,而且将他们定位和定义在 21 世纪的社会图谱中。

基于他们的经验,我们可以从理论上推断金融是情绪化的。也许最重要的含义是,群体层面的身份认同研究将微观层面的情绪体验与宏观层面的体系(如金融市场)联系起来。我的研究表明,在大范围的公司欺诈导致股票价值普遍下跌的情况下,成功的框架体系和解释说辞使参与者们继续投资股票。正如戈夫曼对骗子受害者的研究所预测的那样,这些投资者没有在羞耻感的重压下退出市场,而是通过互相帮助进行身份修复和"污名管理",继续活跃在股票市场上(O'Brien,2011)。

采访数据也支持了雪夫(2003)关于羞耻感在社会生活的中心地位的理论,说明了避免羞耻感对投资者应对财务损失的核心作用。我的研究参与者采取了几种不同的方法来实现这一目的,包括否认(西方社会常见的方法；见 Scheff and Retzinger,2000)和转变(Kuzmics,1991)。一些人仍然选择被动地否认,却只是表现得好像什么都没改变,但另一些人则积极努力重新构建自己的处境,并以允许他们继续投资的方式对自己做出解释。有些人认为,公司欺诈的证据只是一种反常现象,而不是他们成为受害者的系统性骗局。另一些人则将羞耻转化为内疚,承认股票市场普遍存在腐败现象,但声称他们知情,而且是同谋。

本书使我们对情绪体验和管理中的文化差异变得更加敏感(见第9章),因此,在将本研究的结果推广到美国案例之外时,必须谨慎对待,这也为今后的研究指明了方向。例如,跨国研究可以将本章所述美国投资者的情绪和应对方法与其他文化中投资者的情绪和应对方法进行比较,在其他文化中,羞耻感和"吸金者"对社会身份的威胁可能较小。近年来,全球披露的多起金融欺诈案件提供了一些有前景的机会。俄罗斯和冰岛是特别好的比较案例,因为这两个国家金融体系中普遍存在的腐败现象与美国类似(Kramer,2009;Sigmundsdóttir,2012)。冰岛和俄罗斯的投资者是否继续参与本国的股票市场?如果是,那么他们如何管理应对风险和损失时的情绪?这些问题对全球金融和市场秩序具有重要意义。正如我们在本章中所看到的,投资者的情绪会影响他们为企业提供的资本供给。因此,受金融欺诈影响的国家或个人是否感到羞耻,以及如果感到羞耻,他们则如何应对,将影响市场复苏的时间和程度。出于实用主义和政策的原因以及理论原因,这些问题值得研究者进一步关注。

注释

* 作者感谢欧洲大学研究所、亚历山大·冯·洪堡基金会和马克斯·普朗克研究所的支持。如有意见,请发送至 bh. dbp@cbs. dk。

1. 如马尔基尔和其他人所建议的,避免这些损失的方法是投资指数基金,这意味着购买整个股票市场的份额,而不是投资于个别股票,从而使投资者能够跟上市场的涨幅(当然,当市场下跌时,他们也会分担损失)。

2. 虽然美国交易所的交易量自2008年以来急剧下降,从国内股票共同基金中撤出的资金有所增加,但尚不清楚这些趋势是市场的撤退,还是老龄人口按计划兑现投资为退休提供资金的影响(Popper,2012)。

3. 绩效评估是相对于每个俱乐部的寿命来计算的。

5 信任的语法

苏珊·夏皮罗

自《美国社会学杂志》发表《非个人信任的社会控制》(夏皮罗,1987年)以来的25年间,有关信任的社会科学研究成果激增。《社会科学引文索引》(*Social Sciences Citation Index*)列出了过去1/4世纪发表的以信任为主题的46 000多篇文章(标题包含信任的文章超过15 000 篇),而过去100 年中发表的文章不到4 500 篇。[1] 事实上,在过去的1/4世纪中,社会学期刊对 *AJS* 文章的引用次数是之前一个世纪中所有关于信任的出版物的一半以上。[2]

当然,在大量的文献[3]中,信任作为名词、动词、形容词和副词出现,不同程度地代表了一种心理倾向、情绪、(关于可信度的)判断、决定、赌注、行动、关系、规范、组织形式、法律文书、社会资本的来源和种类、信心和合法性的同义词等。正如哈丁(Hardin)所言:"在大多数学术研究中[4],信任是一个使用松散的术语,如方言中的使用,其含义多种多样,且往往隐晦难懂"(Hardin,2006:4[2])。哈丁和他所批评的其他几十位学者一样,都赞同汉普蒂·邓普蒂(Humpty Dumpty)"用相当轻蔑的语气"向爱丽丝解释的观点:"这正是我选择的意思——既不多也不少。"(Carroll,1899,Chapter 6,p. 123)[5] 不幸的是,这种概念上的混乱与理论上的混乱如出一辙。斯韦德伯格指出:"现代社会学家提出了大量令人困惑的信任理论。"(Swedberg,2010c:25)

尽管存在这些问题，我还是天真地希望能有机会重温这些浩如烟海的文献，对其进行归纳和总结，以便更好地理解我在25年前描述的现象，并解释最近的发展。遗憾的是，我结束了漫长而艰难的旅程，非常沮丧，并得出了结论：我走错了地方。我发现，我所描述的"非个人信任"现象在我首次撰写相关文章的1/4世纪后变得更加普遍，并紧密地交织在社会结构中。但遗憾的是，我一路上考察的关于信任的各种概念和论述，大多关注其他方面。在本章中，我首先介绍两种相互竞争的信任概念：一种已成为美国社会学的主流范式，另一种则在本卷中占据重要地位。然后，我重新考虑了目前流行的信任概念似乎忽视了的现象。

信任的概念

大多数关于"信任"概念的定义源自一个相似的起点。据说，信任是指在不确定或有风险的情况下将酌处权交给他人，或依赖他人，又或容易受到他人的影响（如Heimer,2001;Levi,2001:15922;Hardin,2002:9;Barbalet,2009b;Bachmann and Inkpen,2011:284)[经济学家或法律学者称之为代理关系的一个子集(Shapiro,2005)]。从这个共同的出发点开始，信任的概念延伸出纷繁复杂的一面。

对于信任的潜藏利益解释

也许罗素·赛奇(Russell Sage)基金会对近期有关信任的文献做出了最为重要的贡献，该基金会在十年间赞助了实证研究、多学科研讨会、会议、工作论文以及近20本系列丛书，并启发了在其他地方出版的学术著作。[6]尽管并非所有的罗素·赛奇基金会的资助者都坚持辉格党的路线，但这一大批著作都是由罗素·哈丁(Russell Hardin,2001,2006)倡导的"潜藏利益解释"这一特定的信任概念所驱动的。

哈丁认为，信任是认知性的，也就是说，"我们对他人的信任本质上是对他人相关知识的了解，尤其是对他人值得信任的理由的了解"。信任取决于"在相关情况下对他人可信度的评估。如果我有理由认为你值得信赖，那我就信你"(Hardin,2006:38,56)。信任是知识，而不是行动或选择。

潜藏利益解释认为，"被信任者"希望与"信任者"继续保持关系，这是对信任的激励。"……我信任你，因为我认为认真对待相关问题上的利益符合你的利益……你重视我们关系的延续……"（或重视你在与他人交往中的声誉）"……因此,你在考虑我的利益时也有着自己的利益。也就是说,你将我的利益包覆于你的利益中"（Hardin,2002:1）。这样,我的利益就变成了你的利益。

由于信任要求判断对方的利益在某一具体问题上包覆我们自身的利益,因此这种关系型信任概念明确局限于个人的、持续的、密集的、多方面的关系,其特点通常是互惠。在这种关系中,各方相互依赖,权力相对平等（Cook,2005）。"不可能……信任陌生人,甚至是熟人,对于信任机构、政府或其他大型集体也几乎不可能……"（Cook et al.,2005:4—5）。此外,在潜在受托人因利益冲突而受到损害的情况下,信任是不可能的,本章稍后将对这一假设提出疑问。相互依存是知识的来源,也是激励的来源。"我们反复互动的丰富性……使关系更有价值,以至于我们想要维持这种关系,这就是彼此值得信赖的证据"（Hardin,2006:114）。最后,哈丁认为,除非存在一定的损失风险,否则信任是毫无意义的（Hardin,2006:28）。

信任的情绪基础

除了风险的核心地位,杰克·巴巴莱特的信任概念与潜藏利益解释的所有假设几乎都是对立的。信任不是认知或理性的,它"永远不可能建立在相关知识的基础上"（Barbalet,2009b:369）。它是一种"行动形式",连接着现在和未来,"只有在给予信任之后才能获得其正确性的证据……"（Barbalet,2009b:369）。正是这种对未来固有的不确定性产生了信任。"由于信任必然是在其结果产生之前给予的,因此有关该结果的信息,包括对方的可靠性、有效性和可信度,根本不存在,也无法从现有知识中推断出来"（Barbalet,2009b:372）。

正如未来是不可知的,对方的可信度也是无法计算的。现有知识无法建立可信度。信任没有证据基础。巴巴莱特拒绝接受"信任可用被信任者的可信度来衡量"的观点。哈丁认为信任是基于对可信度的判断,而巴巴莱特则认为"如果可信度是信任的有效条件,那么信任就不再是问题了"（Barbalet,2009b:371）。"计算和被信任者的自利并不能促进或解释信任,反而常会取代信任"（Barbalet,2009b:373）。此外,巴巴莱特也反对将信任局限于潜藏利益,即对称的个人关系,他认为信任是由对他人的不对称依赖构成的。

巴巴莱特认为,信任是一种"情绪设施"（Barbalet,2009b:374）。"信任的基础……是对他人未来行动的信心,以及对自己对他人判断的信心"(Barbalet, 2009b:375)。后者体现在当信任被破坏时,我们会感到"自责和自咎"。

乔斯林·皮克斯利对金融领域的情绪研究(2004)发现,银行家和中央银行家之间的不信任普遍存在。与巴巴莱特一样,皮克斯利也认为未来本质上是不可知的,"经济未来的确定性不过是海市蜃楼"(Pixley,2004:4)。"由于未来是不可知的,而不可知性的影响可能是可怕的,因此必须关注围绕不确定性的情绪,以便做出决定"(Pixley,2004:5)。

竞争激烈的金融公司的生死取决于对未来结果的预测,而未来结果是不可知的,无论它们对过去信息的计算有多么合理。因此,企业必须在不可知的未来展示情绪和惯例,并通过伪理性的策略,将这些猜想带回当下,以便采取行动。典型的情绪是信任和不信任,而典型的惯例是假定未来会与过去相似。这些都是金融业不可避免的动荡和情绪基础(Pixley,2004:2)。

因此,信任和不信任是应对不确定性的情绪,提供了"一种控制的错觉"(Pixley,2004:28)。这些"面向未来的情绪在金融领域中不可避免地根深蒂固","标准操作程序与理性计算一样推动着经济生活"(Pixley,2004:3,15)。

共　性

即使从这一肤浅的概述中也可以看出,巴巴莱特/皮克斯利和哈丁关注的是社会结构中截然不同的角度。从图5—1来看,信任的基础在他们的论述中有所不同并不奇怪;他们试图理解的是完全不同的社会关系。

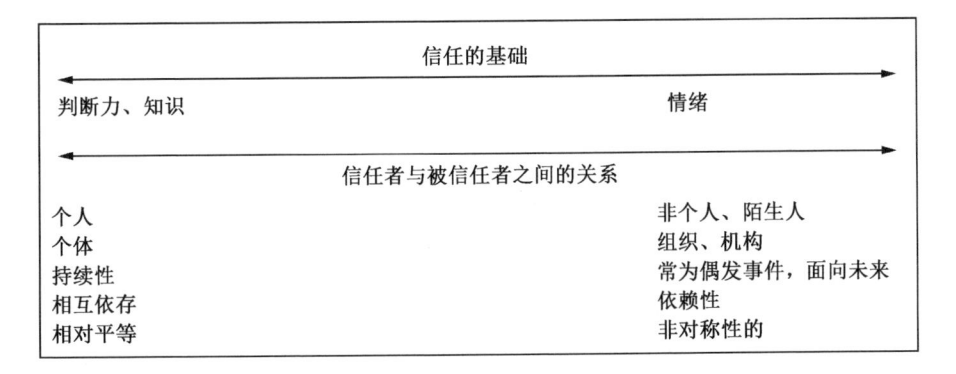

信任的基础	
判断力、知识	情绪
信任者与被信任者之间的关系	
个人	非个人、陌生人
个体	组织、机构
持续性	常为偶发事件,面向未来
相互依存	依赖性
相对平等	非对称性的

图5—1　信任的社会结构

尽管存在这些深刻的根本分歧，但巴巴莱特和哈丁至少在五点上是一致的。第一，"利用一个关键概念来做多方面的工作并不能推进解释性理论的发展"（Barbalet，2009b：369）（尽管正如我们所看到的，他们各自使用这一概念来划分完全不同的社会关系和信任基础）。第二，组织、制度保障、合同、制裁、补偿和其他社会手段都不能确保信任，也不能成为信任的基础。他们认为，这些手段越能使结果可预测或减少脆弱性，就越不需要信任。第三（与本章关系不大），两者都拒绝接受文献中盛行的信任与社会资本之间的联系。第四，在理论化信任的基础上，这两种论述都会问我们如何或为什么要建立这种有风险的、脆弱的关系。第五，两者都考虑了信任的影响。在哈丁看来，信任是合作的基础。对巴巴莱特而言，

> 信任必然是对未来结果的预期，如果成功，信任就会创造未来的结果。信任能促进和实现成果，而没有信任就不会有成果。信任所产生的代价是信任给予者所承受的脆弱性……这是购买未来的代价，这样才可能实现一个本来无法实现的未来。
>
> （Barbalet，2009b：369）

作为不对称代理的信任

看来，我更加反其道而行之了。我只同意第一点（对第三点并不特别在意，也不涉及第四或第五点）。在我的概念中，信任更多的是作为名词而不是作为动词，更多的是消极的而不是积极的。它不会带我们飞跃或推动飞跃，也不会确保或证明潜在的风险和脆弱关系——这也许是哈丁和巴巴莱特在论述中隐含的信任在方言中更通俗的含义；相反，借鉴法律概念，我用"信任"来表示脆弱关系本身，尤其是不对称关系（Clark，1985；Frankel，1998）。我让其他人来解释其基础或普遍性。

正如我将在下文详细阐述的那样，信任职位（有时也称为受托人）是由信任者授予权力或责任的人所担任。无论别人是否认为他们值得信赖、对他们是否有信心，或者其利益是否包覆了服务对象的利益，他们都会担任这些职务。事实上，他们可能在利益或行为上完全不值得信任，也不会让人产生信任感，却仍然担任这些职务。此外，由于其他人所摒弃的许多制度保障[我称之为"信任的守护者"（Shapiro，1987）]（第二点）本身就是有风险的不对称关系，在这种关系中，一个人代表另一个人行事，因此我认为守护者也参与了信任关系（即使他们表明信任与其他人无关）。[7]

我在 25 年前阐述的信任概念的开始方式与其他大多数论述相同。我当时所说的"信任"关系有

> 两个要素：一个是"代理"的概念，即个人或组织代表他人（称为"委托人"）行事[8]；一个是风险投资的概念，即未来的偶然性。委托人无论出于何种原因或心理状态，将资源、权力或责任投资于他人，由他人代其行事以换取不确定的未来回报。
>
> （Shapiro，1987：625－626）

这些代理关系有多种来源：

vi. 劳动分工——我们根本没有时间亲力亲为（即使是狩猎和采集），复杂的任务往往需要一个以上的参与者[9]；

vii. 获得专门知识或利用专业知识[10]；

viii. 消除物理距离、社会距离（如中介或居间服务）或时间距离；以及

ix. 集体化的冲动，以享受范围经济、规模经济或风险保护。[11] 许多这样的关系（养老金、保险、投资等）都是我所说的期货交易，要求在得到回报之前就做出承诺，而在此期间却没有必要确认投资回报是否会兑现（Shapiro，2005：275）。

简而言之，"代理助长了社会分化。代理可以弥合社会和物理距离，否则就会限制社会交流。代理人煽动和促进集体行动"（Shapiro，1987：626－629）。正是这些代理来源造成了委托人和代理人之间的不对称。在法律术语中，信托或信任关系代表了最不对称的代理关系，在这种关系中，委托人缺乏与代理人沟通或对其进行监督的专业知识、渠道或权力，无法明确代理人的义务，也无法指导或控制代理人的行动——简言之，委托人在这种关系中最容易受到伤害（Clark，1985；Frankel，1998）。[12]

道德准则、执业标准、监管法规和司法判决中规定的信托规范，是对受托人保管和酌情处理财产和机会、获取信息的特殊渠道以及专业知识的回应（Abbott，1983）。相应地，它们的规定客观、公正；充分、诚实地披露信息；以及在特定情况下符合"合理人"预期的能力、勤勉、谨慎义务或与之一致的表现（Mitnick，1975；Barber，1983：15－16；Stinchcombe，1984，1986；Clark，1985：76）。

协调三种信任概念

我并非要否定哈丁与巴巴莱特的观点，也不是说我提出的概念比其他概念

更可取。我们正在研究不同的事物，利用"信任"一词所包含的丰富的方言含义。就在我们三个人之间，信任是一种判断/评估，是一种润滑剂，可以减轻对风险关系的承诺，也是一种关系。而且，正如一开始所指出的，社会科学领域关于信任的出版物数以万计，这无疑为该术语注入了其他含义。语言学家将一字多义（如"狗"指所有四条腿的动物）称为"外延过宽"，这在一岁的孩子中很常见。正如巴巴莱特抨击的那样（哈丁和我都同意这一点，而汉普蒂·邓普蒂则声称要为此付出额外的代价[13]），信任的概念被过度扩展了，包含许多其他概念的含义。在过去的25年里，有关信任的学术研究已经足够成熟，相应的词汇也应紧随其后。我们为外延过宽付出了太多代价。就我而言，我已经准备好继续前进，即使意味着要抛弃这一丰富而令人回味的标签。

利用上述三种信任概念，图5-2根据委托人/信任者与代理人/被信任者之间的不对称程度，对代理关系进行了排列。[14] 哈丁将信任置于连续体的最左侧，在该连续体中，代理人包覆了委托人的利益，而委托人利用相关知识，判断代理人在特定问题上的可信度。显然，他发现图中的信任度很低，因为委托他人的理由往往意味着代理人将是一个不露面的个人或组织陌生人，享有不平衡的权利，如前所述，在这种情况下，不可能做出具有潜藏利益的判断。但是，如果信任是以可信度为标志的，而信任又需要一手资料，那么对于图5-2中潜藏利益的区域较小，我们又能说些什么呢？

哈丁和他的同事为此写了一整本书——《没有信任的合作？》（Cook et al., 2005）；无论这些关系是什么，它们都不是建立在信任的基础上。

与此相反，我所采用的视角集中于更不对称的代理关系，在这种关系中，一般无法直接了解代理人的可信度。巴巴莱特认为，这正是真正需要信任的地方，因为委托人对代理人知之甚少，他们的利益可能与为他们服务的人不一致，而且几乎没有能力影响、约束或监督代理人的行为。

哈丁会反驳说，这不是信任，因为委托人无法判断其代理人的可信度。如果我们接受过度扩展的信任概念，那么，我们都是正确的。无论如何，在图5-2所示的文氏图中，我们几乎看不到重叠之处；三个阵营都认同的信任的概念几乎没有。当然，这只是语义学上的解释。但结果是，那些把信任视为潜藏利益的人，只关注非常狭隘的关系，把最脆弱的代理关系让给他人调查。

如图5-2所示，我所研究的领域与巴巴莱特的领域重叠，他将信任理解为

哈丁(作为潜藏利益的信任)

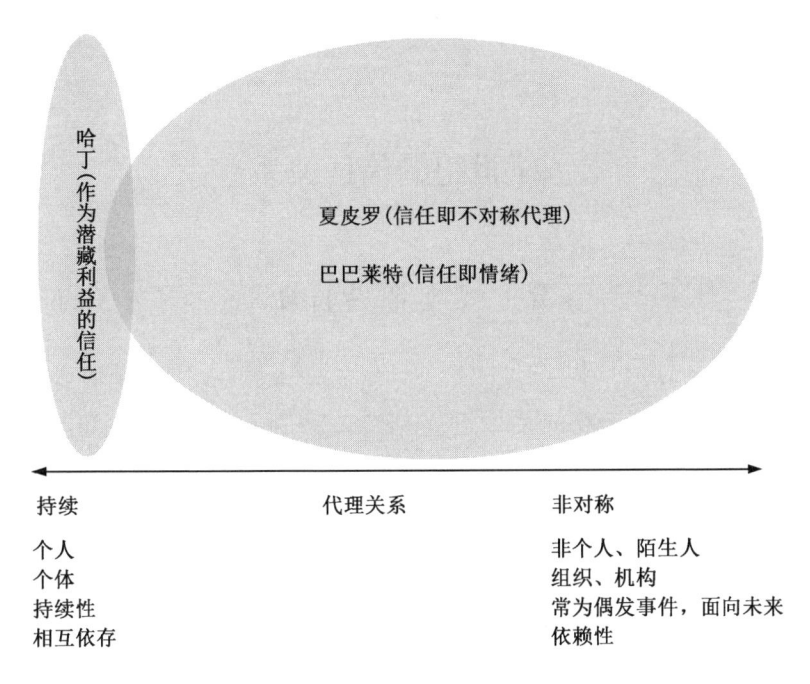

夏皮罗(信任即不对称代理)

巴巴莱特(信任即情绪)

持续　　　　　　　代理关系　　　　　　非对称

个人　　　　　　　　　　　　　　　　非个人、陌生人
个体　　　　　　　　　　　　　　　　组织、机构
持续性　　　　　　　　　　　　　　　常为偶发事件，面向未来
相互依存　　　　　　　　　　　　　　依赖性

图5—2　不对称性与信任

情绪，我们只是探索了这一领域的不同方面。巴巴莱特更关注信托人，而我更关注受托人。我并不研究信任的基础、信任的对象或原因，而是考虑那些承担信托人或受托人角色的人如何构建其责任，这些不对称关系的脆弱性，以及实际或潜在的信托人、受托人、第三方、政府和私人监管机构、社会控制企业家、保险公司等如何应对固有风险。由于其中一些反应会降低脆弱性，从而使信任关系更具吸引力，因此一些学者可能会认为它们是信任的基础，而另一些学者则认为它们是信任的替代品。但是，由于对信任的"原因"漠不关心，我的论述并没有具体说明或未能具体说明发生这种情况的机制。此外，由于我不涉及建立信任关系的动机，因此我的观点不仅与作为情绪的信任相容，也与作为理性判断或认知的信任相容，甚至与作为一种愚蠢、糟糕的理性判断的信任相容。毫无疑问，所有这些动机论述或信任基础都是在一定条件下运作的。

在本章的其余部分，我将探讨这一连续体本身，以及从我首次对其进行探讨以来的1/4世纪中连续体的非对称端是如何发展壮大并变得更加丰富、复杂和危险的。对我来说，我们是否继续称其为信任并不那么重要，重要的是社会科学家让它成为一个问题，而不是简单地将其归为一个残余的类别[如"没有信任的合作"(Cook et al.,2005)]。对非对称代理关系扩散的研究将按照上文所述的不同来源来组织。

21世纪的信任关系

分工、专业化、专门知识

在过去的1/4世纪里,正如之前的无数个世纪一样,出现了新形式的个人、组织和技术专长,以及提供这些专长的新组织形式和地点。在此期间,互联网技术的爆炸式增长加速了这些发展。同样,"从产品设计软件到数码摄像机等各个方面的技术进步"也打破了"曾经将业余爱好者与专业人士区分开来的成本壁垒"(Howe,2006)。一方面,更加专业化的需求、角色和提供者不断增长,破坏了现有的信任关系(甚至是一些以前由潜藏利益所保障的关系);另一方面,专家和依赖他们的人之间的不对称性也在增加。

新的组织形式可能会避开与其补充或取代的组织相关的监管。一个重要的例子是影子银行系统,它与金融危机有牵连,是"金融实体、基础设施和实践的集合,支持在现有国家认可的监测和监管范围之外发生的金融交易。它包括对冲基金、货币市场基金和结构性投资工具等实体",目前占全球金融体系的25%—30%(Wikipedia contributors,2012a)。[15]

第二种趋势反映了组织工作和提供服务的新方式,例如,外包、从公司转向市场或众包。卡鲁瑟斯和伍兹(Uzzi)在回顾"新千年的经济社会学"时指出:

> 政治、经济、技术和企业方面的一系列变化,使企业之间的界限变得易渗透、易变化,从而使市场变得更加重要,因为企业之间的变化影响着企业内部的变化。我们预计,这些变化将改变传统的经济行为者(尤其是企业)的身份、关系和角色。新的身份将以可能深刻改变财富积累和分配的方式出现和融合。

(2000:486)

他们把这种社会"重识别"过程称为"身份重塑"。他们列举了STATA(统计分析软件)的例子,该公司通过向客户销售软件,然后授权客户重写代码,从而将客户变成了供应商。在一个非正式的过程中,没有耐心的客户在STATA下一个版本发布之前就开始编写自己软件的优化版,并在网络上传播他们的程序。在此基础上,STATA 为客户提供编程课程,并创建了一个网站,客户可以通过该网站分享他们的程序和优化版。结果是,公司以较低的成本不断升级软件。这种"众包"策略是 Linux 等开源软件所固有的。

众包最初是为软件开发而设想的,已成为一种通用的方式,现在被定义为"将传统上由指定代理人(通常是雇员)完成的工作,以公开征集的形式外包给不明确的、通常是一大群人的行为"(Howe,2012)。目前,分布式计算项目[16]、分布式劳动网络或微观工作[17]、研究与开发[18]、图像共享(Howe,2006)、调查研究、计算与数据分析、通过博客或推特发布的众包新闻,当然还有协作式在线百科全书(如维基百科),都在招募"大众中潜在的人才"[19]。有些人的贡献会得到丰厚的报酬,有些人的每项任务只得到几分钱,还有些人的贡献是为了名声,或寻求关注、内在挑战、社会联系以及利他主义。

从企业转向市场,依靠或服从不露面的陌生人群体来完成所需的任务,当然成本更低、效率更高,而且可能更具创新性。众包反映了一种劳动力的民主化,在这种情况下,入职限制、正规培训、专业证书、规范、协议、标准和自律实践——所有这些信任的守护者(Shapiro,1987)——都被抛弃了,取而代之的是那些能更快、更便宜或更有创造力地完成任务的人。当然,外包,尤其是众包,会造成或加剧信托人和受托人之间的不对称。受托人的匿名性以及免于监督或传统的社会控制,使得欺骗或粗心大意变得更加容易,同时也增加了依赖他们的人的脆弱性。

> 而且,并非所有的[Amazon Mechanical]Turker 都是"符合要求的"人:一些准工人使用软件作为完成任务的捷径,但质量却大打折扣。一位不愿透露姓名的申请者说:"我认为有一半注册的人在骗人。""真的需要一种把人赶出岛的方法。"
>
> (Howe,2006)

此外,"众包"可能会加速"最小公分母"的竞争。当专业的、受监管的供应商与廉价的、高效的供应商竞争时,前者的专业性或对委托人/受托人的忠诚度可能会受到影响。例如,由于博客和推特(其中许多甚至不遵守最起码的新闻标准)助长了 24 小时新闻周期,主流新闻机构开始依赖或重新传播博客散布的未经证实的谣言。[20]

缩小物理距离和社会距离

过去1/4世纪中更明显的变化体现在物理距离和社会距离的弥合上，尤其在全球化、电子商务和社交网络方面。通过技术和政治变革，我们的经济、政治和社会世界——特别是反映在信任关系中的世界——现在已经真正全球化，而且往往是虚拟的。外包责任遍布全球——它为我们读取核磁共振成像、诊断疾病、向故障设备提供技术支持、制造产品、收集新闻、打仗、分配慈善捐款、投资资金。全球各地的个人、组织和政府将其金融资产部署到其他地方，以寻求更高回报、分散投资、资金安全或更稳定的货币。[21] 即使在本地工作场所，技术变革也推动了远程办公，使员工可以在远离主管直接观察的地方工作。

无论是与亲密的人还是陌生人，我们的日常交流和工作都变得如此虚拟——不露面、无形、抽象。网络传记、间谍软件和网络跟踪对我们的历史和角色进行了补充。保险箱已被无形的"云"取代，我们将最宝贵的虚拟财产存放在"云"中。社交网络平台在个人关系或亲密关系之间建立起更广泛、更有弹性的桥梁，这可能会增加那些依赖潜藏利益的人的机会（也许会扩大图5—2左侧拉长的椭圆形所占据的空间）。但是，这些所谓的以计算机为媒介的互动（2009：10）还在匿名陌生人之间建立相互联系并使之畅通。事实上，我们中的一些人甚至在网上挑选伴侣。研究信任问题的学者对电子商务给予极大的关注（例如，Cook et al. , 2009）。只需轻点鼠标，我们就能与可能根本不存在的虚拟个人或企业竞价、出价、拍卖、易货、买卖、分享和交换我们看不见或摸不着的东西。学者们认为，这些往往是一锤子买卖的虚拟交易，通常比较脆弱，缺乏身份认证（即匿名）和背景信息支撑，因此风险很大。

所有这些发展都加剧了委托人和代理人之间的不对称。当然，这些不对称现象并不新鲜，只是差距更大、更深而已。早在互联网、云计算、社交网络或电子商务出现之前，人们就已经利用托管服务来弥合物理距离和社会距离。例如，卡鲁瑟斯（2009）研究了具有数百年历史的信用制度，并描述了19世纪美国信用评级公司的诞生，当时陌生人之间的交易变得越来越普遍。[22] 正如前文所述，评级机构在当代金融交易中变得更加重要，因为在当代金融交易中，评估潜在投资所需的数据是专有的，潜在投资者无法获取。有关近期金融危机的报道描述了投资者在做出投资决策时如何绕过证券发行人不透明的信息披露，而是简单地倾向于穆迪或标准普尔的 AAA 评级,以此作为他们的投资依据(金融危机调查委员会,2011)。会计师事务所在分析公司机密信息、发表意见以及披露潜在投资者所依赖的信息方面也发挥着类似的桥梁作用(Shapiro,1987,2003)。尽管它们发挥着自我监管的作用(哈丁和巴巴莱特等信任学者可能会认为它们只是信任的替代品),但会计师和信用评级公司等弥合社会距离的中介机构本身也是受托者,它们与投资者和政府监管机构之间同样存在着信息不对称的关系。

其他中间受托机构的起源更为现代,并利用数字世界提供的独特资源。例如,许多号称客观的事实核查网站或智能手机应用程序——FactCheck. org、Politi-Fact. com、"Truth-OMeter"等——现在都在传播对政治和博客圈言论真实性的评级。[23]

更重要的是,出现了一个针对电子商务参与者的第三方声誉评级行业。该行业为虚拟行动者的可信度提供了多个视角(Lev-On,2009)。Verisign 和 TrustE 等信息中介机构对网站进行认证;专家提供产品评级。该行业大多是自下而上的同行评价,以及买家和卖家对彼此交易的推荐。这些声誉系统的威力一方面来自大量的评估者,另一方面来自这些系统所创造的激励机制,使参与者建立声誉并鼓励诚信行为。但是它们的缺点也令人印象深刻(Lev-On,2009)。参与者们深受潜在评分者自由评分的困扰,这预示着声誉评分会出现选择偏差。他们很容易受到虚假评级和操纵反馈策略的影响。[24] 当然,声誉不佳的虚拟行为者很容易消失,再以新的虚拟身份重新出现,这比在真实世界进行这样的转变容易多了。第二级企业已出现,协助解释和评估声誉评分(Carruthers and Uzzi,2000:488),并且开发和部署了数学模型和软件算法来搜索看似虚假的评分数据(Lev-On,2009;Streitfeld,2012b)。与信用评级公司和会计师事务所一样,这些声誉平台在虚拟交易中弥合了各方之间的物理距离和社会距离。

集体化、投资、期货交易

法律中典型的信托关系将股东与公司高管和董事联系在一起。这种所有权和控制权的分离是不对称代理关系的典型表现。这并不新鲜。几个世纪以来,委托人一直在信托组织中投资。还有一些人把自己的资产交给养老金和退休基金、互惠协会、银行和信用社、共同基金、保险公司和其他组织,以期待未来的回报或对冲和分散风险。新情况是,受托人和委托人之间不对称的规模呈指数级增长,尤其是在金融市场。在最近的全球信任危机中,许多信任关系都受到了影响。由于本书其他章节[25]用了大量篇幅论述金融危机,我将提供一个概述,细节留待其他章节讨论。

关于金融危机的论述(如 McLean and Nocera,2010;Financial Crisis Inquiry Commission,2011;以及本卷中的其他章节)充斥着对抽象、复杂、错综复杂、不透明的金融工具的描述,仅在美国,这些金融工具的价值就高达数万亿美元,而这些金融工具是在危机爆发前的数年中被发明出来并大力推销的。这些工具有许多名称:资产支持证券[26]、衍生工具[27]、债务抵押债券[28]、合成债务抵押债券[29]、债务抵押证券平方[30]、混合债务抵押债券[31]、信用违约掉期[32] 等,其中有些作为特定的部分或基于风险的工具切片出售。[33]

此处不对这些文书的具体内容进行赘述,但它们反映了一些主题。第一,个人抵押贷款、信用卡债务、汽车贷款等债务资产(其中一些是有毒资产)被证券化,在证券化过程中,这些资产被汇集成金融工具或证券,出售给众多投资者。将信用违约掉期与这些工具挂钩,保护投资者免受下跌或违约的影响,为证券化推波助澜。然而,集合意味着投资者不再了解集合资产的具体情况或风险程度。这也意味着,发放贷款的人确保借款人有能力偿还贷款的动机减弱,因为他们把风险转嫁给了其他人。其中许多工具反映了为摆脱风险或以一种风险换取另一种风险所做的努力。因此,创作者往往没有"足够的底气"来对谨慎或值得信赖的行为进行激励。第二,许多工具涉及切块、切割、捆绑和重新包装,因此投资者不知道自己到底拥有什么。第三,采用分散投资来降低风险。例如,金融企业家利用这一逻辑,将某一金融工具中所有评级较差的部分合并成一个新的金融工具,而这个新金融工具的评级会神奇地提高,据说风险已被分散。麦克林(McClean)和诺切拉(Nocera)将此称为"评级套利""评级洗钱",或直白点说就是"炼金术"(2010:122－123)。[34] 第四,这些工具是合成的,或者代表的是赌注而非真实资产。麦克林和诺塞拉生动地描述道:"交易衍生品往往就像站在两面镜子之间,看到的是你的影子的影子,无穷无尽。"(2010:5)第五,这些新型金融工具中有许多不受现有金融监管,或为受监管实体提供了规避监管要求的策略。

这些特点都使这些抽象的金融工具变得异常不透明。受托人实际上并不知道其受托人的身份,也不知道他们拥有什么、风险有多大,甚至不知道他们以不同的化身多次拥有同样的东西,甚至在与自己对赌。如前所述,由于其固有的不透明性,评级机构在审核这些工具时发挥的作用远远大于传统的公司证券。这些特点以几何级数增加了证券和期货市场固有的委托人与代理人之间在准入、权力、控制,尤其是信息方面的不对称(Gorton,2010:125)。

金融危机后,情况也未好转多少。上文所述的"众包"所体现的民主化浪潮如今已蔓延到证券市场,至少在美国是如此。美国最近的就业立法被证券专家约翰·考菲(John Coffee,2011)讽刺地称为"锅炉房[35] 合法化法案"——现对所谓的"众筹"作出规定。就业立法规定,寻求通过互联网筹集小额资金的初创公司可以免于遵守证券法规所要求的强制性信息披露。正如考菲所警告的那样,它允许公司"暗箱"操作——绕过证券发行人与投资者之间传统上所要求的透明度,而这种透明度有助于改善这种信任关系中各方之间的信息不对称。正如考菲的提醒,黑暗中会发生坏事。

简而言之,在过去的1/4世纪里,金融机构与投资其产品的人之间的不对称现象急剧增加。

利益冲突

信任的潜藏利益概念要求被信任者的利益与信任者的利益相同,这就是为什么在这一概念中利益冲突往往会破坏信任(Cook et al.,2005:4—5)。如果信任者的利益与自身利益相冲突,那么便很难维护信任者的利益。因此利益冲突让信任者有充分理由判断对方不可信。委托人和受托人的利益必须一致,这一要求限制了信托的范围。这也是为什么信任的潜藏利益概念忽略了图5—2中列出的大部分内容的另一个原因。它当然不允许存在大多数旨在使委托人集体化的信托关系,以便其享受范围经济、规模经济和风险保护,因为多个委托人的利益很可能发生冲突,无论受托人的利益是否包含其利益的一部分甚至大部分。

潜藏利益解释所忽略的是,受托人完全有能力做到无私——压制自身利益——并履行对其所代表的人的忠诚义务,而委托人往往更喜欢那些被利益冲突所纠缠的受托人,他们包覆许多相互冲突的利益(Shapiro,2002,2003)。[36] 随着提供信托的组织聚集越来越多的委托人,并且随着他们的身份和各种利益越发不透明,其持有的资产被证券化、切片、切块、分级、合成、平方、混合、交换等,利益冲突成为信托组织的内在问题,甚至变得更为棘手[金融危机的很大一部分原因是,受托人不懈地维护自身利益,对其所代表的人负有忠诚义务(U. S. Senate,

2011)]。尽管消除很多利益冲突是不现实的,但委托人和代理人都可以认识、识别并制定战略,以减少或调节利益冲突。[37]

变化越多,不变越多

21世纪初金融危机的故事所揭示的情况,与我在20世纪中叶的第三个四分位点从美国证券交易委员会进行的随机抽样调查中勾勒出的情况截然不同(Shapiro,1984)。前者表明,我们许多人和代表我们的机构盲目地致力于异常模糊、不透明、不对称的信任关系。危机发生的同时,美国历史上最大的证券欺诈案也曝光了。在长达数十年的庞氏骗局中,股票经纪人兼投资顾问伯纳德·麦道夫卷走了数百亿美元的投资(Arvedlund,2009;Henriques,2011)。麦道夫的骗局除了规模巨大、持续时间长之外,看起来更像是美国证券交易委员会50年前调查的不当行为,而不是金融危机所暴露的不当行为。

麦道夫的投资必然来源广泛,才能积累如此多的资金。但尤其引人注目的是,个人、组织和联接基金的社交网络都将投资者带到伯纳德·麦道夫的证券公司。图5-3展示了根据新闻报道和法庭文件对这些支线基金进行的社会网络分析(Krebs,2009)。麦道夫的庞氏骗局与众不同,但在证券欺诈案中并不罕见,它在一定程度上是一种亲缘关系欺诈,主要针对来自宗教、种族、社区或专业团体和网络的个人——在本案中,是犹太社区的个人和组织成员(Shores,2010)。[38]尽管对于潜藏利益概念而言,这些受害的社会网络途径仍然过于不对称,尤其是那些通过亲和团体的途径,更接近图5-2中连续体的左侧。[39]正如一位麦道夫的记者所观察到的那样:

> 每家企业都有第一个大客户,这个客户让它们在市场上赢得了信誉。对于麦道夫来说,这个客户就是卡尔·夏皮罗(一位富有的商人,幸好没有亲戚关系)……夏皮罗成为麦道夫的客户后,这位老千经纪人快速周转时间的消息便不胫而走。夏皮罗社交圈中的其他人开始排队与麦道夫交易,新客户又带来了新客户。毕竟,他们认为,如果夏皮罗如此富有,那么,他一定知道如何赚钱,知道该把自己的财富托付给谁。
>
> (Arvedlund,2009:31-33)

在庞氏骗局运作的几十年间,这种早期模式多次在其他名人身上重演。事实上,一些即将成为受害者的人争相利用自己的社交网络成员身份,以确保获得

资料来源：Krebs，2009。

图 5-3　麦道夫支线基金的社会网络分析

与麦道夫一起投资的看似独一无二的特权。另一起证券欺诈案——O. P. M. 租赁公司欺诈案的破产受托人也描述了这种模式，即盲目追随朋友、同事和信赖的榜样，而不进行任何尽职调查：

> 相反，在"阿尔方斯，你先请"[40] 的惯例中，所有人都袖手旁观，误以为其他人正在核实事情是否真如所看到的那样，或者毫无根据地假定其他知道欺诈行为的人会采取行动予以制止。
>
> （Hassett，1983：44—45）

即使在我们与陌生人建立信任关系的同时，这种人际关系的诱惑力依然强烈,因为他们享有不对称的访问权、信息权等,同时又被利益冲突所纠缠。

结　论

经过对过去1/4世纪进行的快速回顾,我发现信任关系的社会组织结构发生了显著的变化,这些变化与过往几个世纪的传统模式和谐共存,无缝衔接。这一系列的发展让人不得不尴尬地承认,社会科学界在信任研究领域的变革之路走得小心翼翼,如履薄冰。

对信任领域的探索表明,在过去25年的社会生活中,尤其是经济生活中的众多部分,信托人与受托人之间的不对称日益加剧,差距越来越大。如图5-4所示,如果在这一时期之初绘制图5-2所示的文氏图,信任的潜藏利益概念所占的比例会比现在更大。

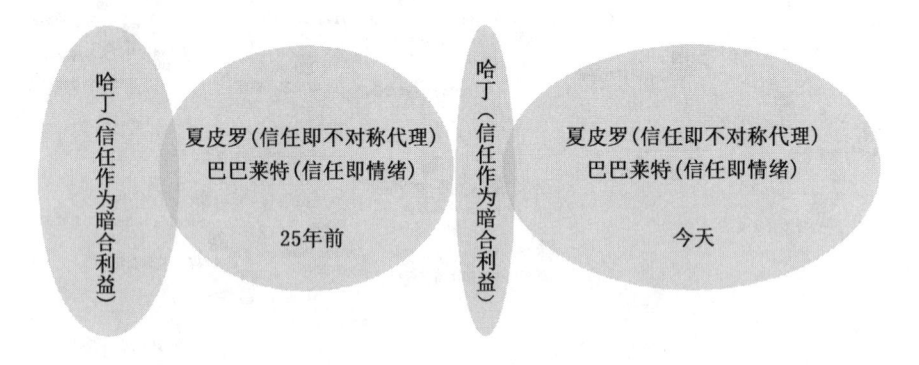

图5-4　1/4世纪以来的不对称性与信任

本章描绘了信任领域的一些变化。这只是一个开端。我并没有规定社会科学家可以用这幅新地图做些什么。有些人可能会试图解释这种变化的根源,或者为什么社会生活的某些领域比其他领域发生了更多变化。那些对信任基础感兴趣的人可能会调查这些信任关系的招募过程。考虑到这些更加不对称的关系存在更大的风险和脆弱性,委托人是否更不愿意承诺这些关系？承诺的模式是否变化？

承诺改变了？是什么情绪或其他因素促使他们做出承诺？人际间相互依存的关系与非人际间不对称关系之间的混合和互动是怎样的？那些对心理学感兴趣的人可能会思考,我们一生中如此多的时间都与陌生人(其中许多都是虚拟的)为伴并得到他们的信任,这会产生什么影响？对反常现象感兴趣的人可能会把注意力集中在这些关系的脆弱性和滥用信任的发生率上(Shapiro,1990)。那些对法律或社会控制感兴趣的人可能会研究我所说的"信任守护者",他们致力于最小化滥用行为或分散风险(Shapiro,1987)。出现了哪些新型守护者,其影响如何?将滥用这些异常不对称信任关系的人绳之以法有哪些挑战?其他人无疑将继续就棘手的概念问题进行谈判。

在本章中,我谨慎地穿行于信任的语法中,小心翼翼地避免被那些宣扬观点的人所诱惑。诱惑之所以容易,是因为对一个名词及其非同寻常的不对称性和脆弱性的探索时间越长,就越难保持情感中立。我们不禁要问,信任的情绪基础是什么?更令人费解的是,怎么会有这么多人放弃传统的信任提供者——科学、新闻、专业、监管,甚至是嵌入式社交网络或那些承诺潜藏利益的人——而把他们的毕生积蓄和对世界的理解交到虚拟陌生人和匿名人群的手中。是信任(动词)不再重要,还是"可信度"的指标发生了变化?是什么情绪(如果有的话)推动了这一明显的信仰飞跃?虽然我无法回答这些难题,但希望本书的其他撰稿人能给我一些启示。

与此同时,我最后得出两个适度的结论:第一,正如我之前所建议的,必须对过度扩展的信任概念做些什么。我们要么把这个词从社会科学术语中彻底剔除,要么在我们使用的专有名词中明确指出它的各种化身——如信任感、信任情绪、可信度判断、信任关系、社会资本等。第二,如果任何信任概念都是一叶障目,排斥社会生活中不对称关系的诸多轨迹,那就真是把孩子和洗澡水一起倒掉了。

注释

＊苏珊·夏皮罗在2012年获得罗伯特·伍德·强森基金会卫生政策研究调查员奖。本章的编写得到了美国律师基金会的支持。特别鸣谢卡米洛·阿图罗·莱斯利(Camilo Arturo Leslie)和乔斯林·皮克斯利提出的有益意见。

1. 关于指数偏差的讨论,参见克莱因(Klein)和蒋(2004)。

2. 当然,在过去的125年里,学科、学术和期刊的激增也是各类出版物(和引文)激增的原因。作为一个不科学的对照,与有关信任的文章被引次数增加了十倍相比,我在引文索引中发现,在过去25年里,有关反常现象的文章是20世纪的两倍,而有关偏差的文章则是20世纪的4倍。

3. 甚至在25年前也是如此(Shapiro,1987:625)。

4. 虽然这段话是针对调查研究而言的,但他的评价也适用于一般文献。

5. 谈话继续进行:

"问题是",爱丽丝说,"你能否让文字有这么多不同的含义?"

"问题是",汉普蒂·邓普蒂说,"哪个含义是最主要的——仅此而已。"

……

"一个词就能表达这么多意思。"爱丽丝若有所思地说。"当我让一个词做很多这样的工作时",汉普蒂·邓普蒂说,"我总是额外付费。"

6. 巧合的是,我在罗素·赛奇基金会做访问学者时,我的 AJS 文章就写好了,而当时基金会还没有提出关于信任的倡议。

7. 以评级机构为例,哈丁和巴巴莱特认为它们是信任的替代品。金融危机调查委员会的报告(2011:119)描述了评级机构在传播机构投资者无法获取的重要数据方面的关键作用:

许多投资者,如一些养老基金和大学捐赠基金,依赖于信用评级,因为他们既无法获得与评级机构相同的数据,也没有分析能力来评估购买的证券。穆迪公司前总经理杰罗姆·丰斯(Jerome Fons)承认,"次贷(住宅抵押贷款支持证券)及其分支机构在贷款抵押物的构成和特征方面几乎不透明。投资者一般无法获取最高级别的详细信息"。

因此,评级机构受托于那些依赖其报告和评级的人。

8. 委托者被称为"信任者",而代理人则是"被信任者"。

9. 米特尼克(Mitnick,1984)称之为实际或结构性代理。

10. 米特尼克(Mitnick,1984)将其称为"有内容的代理"。

11. 米特尼克(Mitnick,1984)称之为系统或集体代理。

12. 参见 Heimer (2001),他认为在权力不平等的关系中不会产生信任。

13. 见注 5。

14. 本章未考虑的其他信任概念也可以在连续体上绘制。例如,信任的嵌入性方法认为,个人社会关系及其固有的义务"主要负责"经济生活中信任的产生(如 Granovetter,1985:491),这种方法位于连续体的对称端。虽然巴巴莱特关于情绪的研究侧重于连续体的非对称端,但其他学者发现对称关系中也存在信任的情绪基础。

15. 对维基百科的引用是有意为之,它很快就会出现在讨论中。

16. 例如,利用与互联网连接的计算机寻找地球外的智慧生物。

17. 亚马逊的 Mechanical Turk 就是一个例子,它是一个网上工作市场,也就是所谓的"人类智能任务",计算机并不适合完成这些任务。

18. 企业(称为"寻求者")在网上发布其内部专家无法解决的问题,并向"解决者"提供解决方案。在一个网站上公布的问题中,有 30% 是"被破解的"(Howe,2006)。就连美国五角大楼现在也在寻求众包设计军事硬件(Lohr,2012)。

19. 自 2001 年创建以来,维基百科已迅速发展成为最大的参考网站之一,截至 2011 年 3 月,每月吸引 4 亿独立访客。

……目前有 85 000 多名积极撰稿人,用 280 多种语言撰写了 21 000 000 多篇文章。

截至今天[3/31/2012]，共有 3 917 676 篇英文文章。每天，来自世界各地的数十万访问者共同编辑数以万计的内容，并创建数以千计的新文章，以丰富维基百科的知识。

不同年龄、文化和背景的人都可以添加或编辑散文、参考文献、图片和其他媒体⋯⋯贡献的内容比贡献者的专长或资质更重要。维基百科将保留哪些内容，这取决于这些内容是否符合维基百科的政策，包括是否可以根据已公布的可靠来源进行验证，因此不包括编辑的观点和信仰以及未经审查的研究，也不包括版权限制和有关活人的有争议的材料。投稿不会对维基百科造成损害，因为该软件可以很容易地推翻错误，而且许多经验丰富的编辑都会在一旁提供帮助，确保编辑的内容是累积性的改进。与印刷版百科全书不同，维基百科是不断创建和更新的，有关历史事件的文章在几分钟内就会出现，而不是几个月或几年。较旧的文章往往更加全面和平衡；较新的文章则可能包含错误信息、非史学内容或破坏行为。

(维基百科撰稿人 2012b)。

另请参阅 Wright(2011)，了解社会科学的观点。

20.《纽约时报》的一篇文章在评论一篇关于政治人物的明显虚假的博客时指出，有些人认为"推特之美"在于：

它是一种会话工具，在这种工具中，文字是无常的，而且总是可重温的。推特用户认为，在这读到的新闻始终处于不断演变的状态，不应被视为福音。"⋯⋯你得到的是一个持续不断的对话和继续谈论它的机会⋯⋯这一切的美妙之处在于其自我修正的速度。如果是报纸报道，则可能会挂上一天"。

(Peters, 2012)

21. 关于斯坦福金融集团的代表如何剥削委内瑞拉投资者的精彩故事，请参阅莱斯利(即将出版)。这些投资者为自己的储蓄寻找一个稳定的国际金融出路，而由于国内货币不稳定，他们的储蓄正在贬值。

22. 有关信用报告的历史，另见 Norris(1978)、Olegaria(2003，2006)和 Sinclair(2005)。

23. 另见 Hardy(2012)，了解互联网在收集可获取事实方面的力量。

24. 例如，朋友和同事"点击的圈子"会在网上相互推荐(Lev-On，2009：309)。新闻界充斥着电子销售商如何贿赂购买者给予好评或改变差评的故事(Streitfeld，2012a，2012b)。Reputation. com 等服务可修正、删除或净化个人的网络声誉。

25. 特别是弗洛姆、基尔奇斯、威尔逊和麦卡锡以及斯韦德伯格(关于欧洲)的章节。

26. "以资产为抵押的债务工具，如抵押贷款、信用卡贷款或汽车贷款"(金融危机调查委员会，2011：451)。

27. "其价格由基础资产、利率、指数或事件的价值决定(衍生)的金融合同"(Financial

Crisis Inquiry Commission, 2011:451)。

28. "通常由抵押担保证券中风险较高的部分组成的证券类型"(Financial Crisis Inquiry Commission, 2011:451)。

29. 债务抵押证券,"持有参考资产(而非现金资产)的信用违约掉期,允许投资者对这些参考资产下注"(Financial Crisis Inquiry Commission, 2011:451)。

30. "持有其他债务抵押证券的债务抵押证券"(Financial Crisis Inquiry Commission, 2011:451)。

31. 债务抵押证券(CDO),"由现金债务抵押证券和合成债务抵押证券中的抵押品支持"(Financial Crisis Inquiry Commission, 2011:4513)。

32. 一种信用衍生工具,允许掉期买方将贷款违约风险转移给掉期卖方。卖方同意在违约事件发生时向买方付款。买方无需拥有掉期所涉及的贷款。

(Financial Crisis Inquiry Commission, 2011:452)

33. 源于法语,意为切片;用于指不同类型的抵押贷款支持证券和CDO(抵押债务凭证)债券,这些债券提供特定优先权和回报金额:"优先"档具有最高的优先回报,因此风险/利率最低,"夹层"档具有中等水平的风险/回报,而"权益"档(也称为"剩余"或"首亏"档)通常获得剩余现金流。

(Financial Crisis Inquiry Commission, 2011:456)

34. 由于一些养老金、捐赠基金和其他机构投资者只被允许购买高评级的金融工具,这些评级套利策略使得发行商可以将这些新包装的工具出售给那些无法购买相关成分的投资者。当然,如果一组工具面临相同的系统性风险,将它们集中在一起则不能分散风险。

35. "锅炉房"指的是经纪公司的电话库,销售人员在这里向全国各地的潜在投资者进行高压推销,让他们购买投机性、无价值或欺诈性的股票。

36. 出于多种原因,委托人会被有冲突的代理人所吸引:委托人希望利用人力资本、社会资本和政治资本,寻找具有专业知识、专门技能、内部信息和社会关系的代理人。委托人还倾向于从自己的社交网络中招募看起来更值得信赖的代理人。此外,许多委托人无法承担受托人的独家忠诚,因此倾向于大型组织,在那可以享受效率、范围经济和规模经济。由于上述原因,利益冲突或不利的委托人往往倾向于选择相同的代理人。

37. 有关挑战和可能的应对措施的更多信息,请参见夏皮罗(2002、2003)。

38. 在这一时期的另一起重大证券欺诈案——斯坦福金融欺诈案(莱斯利即将出版)中,也发现了类似通过社交网络使人受害的模式。

39. 亲缘群体和社会网络途径与信任的"嵌入性"概念(认为经济生活中的信任产生于社会关系)相一致(Granovetter, 1985)。

40. 古老的杂耍表演。

第二部分

金融危机的背景：
历史和理论研究

6 重新审视货币与信任的信用论

杰弗里·英厄姆

I

我初次探索货币理论时得出的结论是"货币本质上是一种社会关系";也就是说,所有货币,无论其形式和实质如何,都是由债务－信贷关系构成的(Ingham,1996)。我后来认为,将货币的本质确定为实际物品和符号是一个"范畴错误",导致对货币如何产生和运行的严重误解(Ingham,2004a)。大约在同一时期,异端经济理论家们也提出了类似的主张——尤其是美国的兰道尔·雷(Randall Wray)和法国的安德烈·奥莱安(Andre Orléan)与米歇尔·阿格利塔(Michel Aglietta)(Wray,1990,2004;Aglietta and Orléan,1998)。主张货币是"社会关系"是为了挑战生态经济学的霸权,显示其货币概念的严重缺陷,以及货币仅仅作为一种可与所有其他商品交换的特殊商品的起源。也许可以预料到,主流生态经济学对货币信用理论的这些重述仍不感兴趣(而且基本没有意识到)。学术界的学科分离一如既往地根深蒂固。然而,令人稍感意外的是,社会学界仍然普遍坚持"货币"与"信用"的区别(如 Carruthers and Ariovich,2010;Ganssmann,2011)。在日常使用中,货币仍被视为,至少是隐含地被视为"硬"现金;而信用是指涉及延期和中介(再)支付的其他交换和支付媒介,例如,银行支票、信用卡等。在此,我首先想重温并重申我最初的结论,即"货币"与"信用"之间的绝对区分是一种误导,其次,我想简要阐述现代信用货币的意识形态话语的影响。

实质上,我认为:(1)货币体系中的所有行为主体由于其参与本身而卷入了以记账单位(货币)计价的实际或潜在债务/信贷关系;(2)这些关系通过以记账单位(货币)计量的抽象价值(债务清偿能力——支付手段)的传递来结算;(3)这涉及两种意义上的信贷/债权:(a)结算手段对持有者而言是一种信贷,(b)对发行者而言是一种负债(债务)。

我们必须明确一个显而易见但有时被忽视的问题,即债务和信贷只能被理解为一种关系。也就是说,信贷和债务从关系的任何一方看都是指同一事物。债务人的债务是债权人的信贷,反之亦然。所有债务都是信贷,所有信贷都是债务。

从货币特殊性的这一概念出发,货币关系在结构上有别于以可交易商品(交换媒介)为媒介的单纯交换关系。货币并不只是表达重复商品交换交易中可能产生的数字比率,例如,1个苹果=2个橘子。相反,货币的先行存在使得真正的市场交换成为可能,在这种交换中,报价可以用记账单位的价格来表示,并以相同单位的信贷来支付(Ingham,2004a)。现在,这些差异或许已广为人知,无需再作详细介绍。不过,有必要说几句。

II

商品交换理论是所有正统/主流货币理论的基础。在这里,货币作为一种交换媒介,据说是因为可以克服以物易物的"不便",即杰文斯(Jevons)所说的缺乏"需求的双重巧合",或寻找贸易伙伴所涉及的"摩擦"和"搜寻成本"(Kiyotaki and Wright,1989)。在门格尔(Menger)的经典论述中,货币是从易货贸易演变而来的,是最可交易的商品,即一种交换媒介(Menger,1892)。

我用19世纪末关于同一问题的早期辩论中的术语,从"历史"和"逻辑"两个方面否定了商品交换理论及其衍生理论(Ingham,2004a)。一方面,没有任何历史证据支持门格尔从易货贸易到货币的推测性进化顺序。当然,易货贸易一直存在,但没有任何迹象表明货币体系是直接从易货贸易发展而来的。相反,证据指向了另一个方向,即在货币体系崩溃后,易货贸易在复杂的市场经济中被用来维持交换时变得普遍——如1990年后的俄罗斯、2002年的阿根廷、1923年的德国以及1945年后的短暂时期[Woodruff，1999；Ingham，2004a；Fergusson，2010(1975)]。另一方面，我遵循并阐述了凯恩斯在区分"本位币"和"方便的交换媒介"时所包含的隐含信用论(Keynes，1930：1)。"本位币"与债务(延期付款合同)和价目表(买卖合同要约)一起发展。债务和价目表只能用购买力和债务清偿能力的记账单位来表示。记账货币是对货币的"描述"，而本位币则是符合它的"事物"(Keynes，1930：2)。

"现场"使用的交换媒介与"本位币"一样，也是持有购买力的一种手段，"但如果仅此而已，我们还没有脱离以物易物的阶段"(Keynes，1930：2)。凯恩斯没有进一步解释这种区别但我认为它指的：一方面，记账单位(货币)中名义价值的标准化区分了"本位币"，使价目表成为可能；另一方面，一系列"方便的交换媒介"的交换比率是多重的、不稳定的。

除了我稍后将提到的某些情况外，简单的交换媒介——盐、豆类、烟草等——与其他商品的交换比率会有相当大的差异，这取决于交易者的不同偏好。因此，它们不适合用于债务合同和价目表。一个极端是，100件商品可能产生4 950个交换比率(Ingham，2004a：25)。显然，有些商品比其他商品更容易交换，但几乎没有证据支持门格尔的观点，即单一的交换媒介可以"自发地"与其他商品达到必要的汇率稳定水平，从而在凯恩斯所设想的债务合同和价目表中发挥作用。在这方面，我发现现代经济学家继续引用拉德福德对第二次世界大战战俘营的轶事研究来说明媒体交流的"自发"出现(Radford，1945 in Ingham，2005)，意义重大。有两点与我们的讨论相关。第一，在一个封闭的小型战俘营中，重复交换相对较少，商品种类也不多，这种非典型条件有利于形成相对稳定的香烟标准。在中转营地，香烟和其他商品之间的交换比率差别很大。第二，尽管拉德福德提出了门格尔理论，但他的论述表明，"最高级别的商业组织"并不是"自发"出现的；相反，其基础是"由英国高级军官代表控制"的集中营商店，这些商店禁止以物易物，张贴价目表，只接受香烟付款(Radford，1945：192)。在商店的组织下，人们开始使用一种营地纸币——"恶霸马克"，它以食品("恶霸")和香烟的固定汇率为支撑(Radford，1945：197-198)。换句话说，如果没有军官行使权力，营地的货币经济组织则很可能无法实现。他们控制着香烟和其他商品的供应，并从总体上管理着货币体系。[1] 凯恩斯在克纳普(Knapp)之后指出，是"国家或社会"的权威宣布了记账货币和符合其描述的本位币。

凯恩斯对我思想最重要的影响是他写给未婚妻莉迪亚(Lydia)的信,信中他抱怨自己的"巴比伦式疯狂"——这也是我第二次涉足货币社会学理论的标题(Ingham,2000)。他对古代近东文明的度量衡——尤其是价值度量衡——"着迷到疯狂的地步"。巴比伦人没有货币,但他们用记账货币计算债务和价格。债务是通过净额结算和以商品作为最终支付手段来清偿的,这些商品具有固定的、标准化的交换比率,就像在任何计量系统中一样。由于大麦或白银具有权威性,因此可以用它们来结算广泛的债权债务关系。1谢克尔银[240个大麦粒(现代秤约为8克)]=1古尔(约120升大麦,相当于一个工人家庭一个月的生活费)(Goldsmith,1987;van de Mieroop,2005)。换句话说,凯恩斯知道他们有一个没有流通货币的体系,因此在《货币论》的开篇写道:"记账货币,即债务、价格和一般购买力的表现形式,是货币理论的首要概念"(Keynes,1930:3,原文强调)。

剑桥大学伟大的钱币学家菲利普·格里尔森(Philip Grierson)的类似区分也给我留下深刻印象。他坚持认为:

> 货币是衡量价值的标准。除非用于交换的商品与标准有某种固定的关系,否则我们仍然是在进行易货贸易。易货贸易的双方是在比较各自的即时需求,而不是抽象的价值。
>
> (Grierson,1977:16;19)

虽然格里尔森似乎并不了解他们的工作,但他与19世纪德国历史学家的观点不谋而合,即将价值尺度的起源追溯到违反社会规范的定额罚金和伤害赔偿(偿命金)的标准。

> 这些法律的制定条件似乎比市场机制更好地满足了建立货币制度的先决条件。损害赔偿的关税是在公众集会上制定的……由于所制定的规定是针对损害评估而不是商品评估,因此避免了评估无关物品时的概念困难。
>
> (Grierson,1977:20—1)

简而言之,我支持货币名目论。货币是由社会构建的抽象价值的标准衡量,某些物品被宣布具有或传递这种价值。用齐美尔的话说:

> 建立两个量之间的比例,不是通过直接比较,而是根据每个量与第三个量的关系,以及这些关系是否相等。这是社会的伟大成就。
>
> [Simmel,1978(1907):122]

一位马克思主义批评家认为，我使用巴比伦银－大麦的价值尺度表明记账货币起源于"真实"商品（Lapavitsas，2005）。我回答说，价值的衡量不是以大麦或白银的数量为准，而是基于一种抽象且恒定的等价关系，这种关系是在一定重量的白银与一定面积的大麦地之间确定的，意味着这种等价关系总能换算出固定数量的大麦（Ingham，2006）。也就是说，大麦与白银的比例是由权威机构确定的，而不是由商品供需的"自发"相互作用决定的。

这使我们有了进一步的（暂时性）思考。货币与可交易商品之间的区别是绝对的还是相对的？货币仅仅是最具交易性的商品，还是绝对流动性才是货币的决定性特征？货币是所有商品中唯一可交易的吗？举例来说，按照克劳尔（Clower）对"所有商品都是货币商品"的易货经济和"一种且仅有一种商品可以直接换取任何其他商品的纯粹货币经济"[Clower，1984（1967）：5]的区分，可能会有所帮助。约翰·希克斯爵士在其遗著中谴责道，凯恩斯将货币定义为具有完全流动性的资产是循环论证，因为流动性只能用货币的可交换性定义（Hicks，1989：42）。然而，这一明显的循环论证却揭示了货币的本质特征，即货币是以自身定义的抽象价值（本位币符合记账货币的描述）。货币是"那些服从于它们自身所代表的规范的规范性观念之一"[Simmel，1978（1907）：122；另见 André Orléan 将货币描述为 autoréferetielle（Orléan，1998）]。理想的巴比伦大麦田的价值和作为支付手段的白银的重量只能根据它们之间的固定关系来定义。

我想现在可以更清楚地理解为什么门格尔如此坚定地认为交换媒介和支付手段（或最终结算）间没有区别——也就是说，只有交换媒介。若承认这两者间存异，就会给新发展的经济理论领域带来严重后果。当然，同样的考虑也适用于今天人们继续努力把货币解释为一种有用的交换媒介，而不是社会上和政治上构建的用于清偿债务的完全流动的象征性信用。我们可以说，所有支付/结算手段都是交换媒介，但并非所有交换媒介都是支付/结算手段。我们可否将它们称为货币在很大程度上是一个语义问题，但并不完全是。

我急于证明新古典主义经济理论的弱点，却没有看到这种区别的力量。有一种可能性是，不相容理论的对立之所以一直存在，是因为确实存在两种截然不同的历史现象：一种是不同程度的可交换性媒介，另一种是绝对的最终支付/结算手段。我想从历史和逻辑上对这两种现象加以区分。古代帝国崩溃后，作为交换媒介在中东地区流通的未加盖印记的银块和铁制工具就是一种演变。至少可以这样推测,当吕底亚人和早期希腊人将源自早期巴比伦时期的债务合同中使用的记账单位的概念应用到希腊时,达尔文式的"改良血统"过程就出现了。他们创造了被称为钱币的便携式信用。基于上述原因,我仍然认为,交换媒介不可能通过反复的易货贸易自发地演变为货币体系,在货币体系中,债务以抽象的价值单位表示,并通过代表相同价值量的债务的最终支付/清偿来结算。

现在我们可以回到货币信用理论以及货币与信用之间的关系上。我认为,起初提到的概念困难,部分是因为长期混淆货币之间的区别造成的。一方面,货币仅是一种可交换的媒介,以"自然"商品为基础;另一方面,货币是支付手段,即抽象价值单位的传递,也就是抵销债务的"信用"。正如创世论与进化论的持久对立一样,这种对立的长期存在强烈表明,其中涉及的不仅是逻辑理性和经验分析。几个世纪以来,将"真正的"货币"归化"为商品的意识形态一直是将货币的生产和控制问题从政治舞台上剔除的基础。[2] 贵金属商品货币已经消失,现在大多货币交易是通过电子方式完成,但旧对立关系中不合时宜的条款依然存在,人们普遍隐含地将货币认定为流通的物质对象。货币是"现金"——纸币和硬币,有别于"信贷"——支票、信用卡等。因此,人们开始认真讨论"货币的终结"和"虚拟货币"(经合组织,2002)。

III

最近的一篇社会学分析文章《货币与信贷:一种社会学方法》(Carruthers and Ariovich,2010)的标题本身就表明,要对这两种现象加以明确区分。"通常情况下,货币是用来买东西的,因此货币和市场交换紧密相连。但货币和信贷同样密切相关。例如,即使人们没有现金,他们仍然会赊账购物。"卖方可以允许买方延期付款,或者买方可以向第三方借款。每种情况都涉及还款承诺,因此有人认为,信贷取决于贷款人对借款人承诺的信任(Carruthers and Ariovich,2010:8)。然而,这种信任是一件"棘手的事情"。卡鲁瑟斯和阿里奥维奇称,由于亲属关系和社区关系的削弱,贷款人越来越难以"直接了解一个人,或了解他们在社区中的声誉,来判断此人是否值得信任"(Carruthers and Ariovich,2010:9,着重部分由作者标明)。

在此,我想指出这种货币和信贷分析的两个相关特点。第一,可以简单地假定,贷款人借出的是"货币",而信贷只是代表需要偿还的东西,即"真正的"货币。

换句话说,这些信贷关系所依赖的货币被认为是理所当然的,没有解释被认为是货币而不是信贷的东西是如何产生的,此外,也没有讨论现代资本主义的主要"信贷"形式是如何产生的——就是说,只要在银行的电脑键盘上轻轻一点,就能"制造"出信用货币,并为借款人创造存款。正如我们将看到的,这种创造货币的手段是现代资本主义国家与银行系统之间制度安排的结果,这种制度安排能够将银行与借款人之间的私人债务合同转化为公共货币。在消费过程中,他欠银行的债务被转化为公共信贷,即债务结算购买力。第二,卡鲁瑟斯和阿里奥维奇完全从个人信任的角度来讨论信任问题。个人信任是通过个人知识直接建立起来的,若没有个人知识,则由代理信用评级机构来建立(Carruthers and Ariovich, 2010:9—10)。

海纳·甘斯曼(Heiner Ganssmann)在其复杂的理论分析中对货币信用理论表示怀疑,尤其是我对它的解释(Ganssmann, 2011)。他认为货币和信用是不同现象,第一个理由是:"与支持货币体系的社会结构和机构相比,支持信用体系的社会结构和机构更为复杂"(Ganssmann, 2011:25)。[3] 我认为这种说法没有说服力。在我看来,货币和信用体系都是由复杂的社会结构和制度支持的。当然,除非像甘斯曼所认为的那样,货币的出现只需要交易者和商品,或者信用只是一个双边贷款的问题。此外,与卡卢瑟斯和阿里亚诺维奇一样,这种反对意见只是断言了尚待证明的东西,即两者之间的本质区别。

第二种反对意见专门针对我的论点——使用现金交易媒介的"现货"交易也是信用/债务关系(Ingham, 2006:261)。现货现金交易与信用关系不同,"无需了解对方,也无需丝毫信任"(Ganssmann, 2011:156)。与卡鲁瑟斯和阿里奥维奇的观点一样,信用也被排除在人际互惠和信任之外。我稍后会再谈这个问题,首先我们可以简单地了解"现货"交易的含义。

按照约翰·希克斯爵士的说法,有三种典型的货币交易:交货前付款、延期付款、"当场"付款(Hicks, 1989:41—2)。每种交易都有一份正式或非正式的合同,规定了支付时间。这三种情况都不同于"现货"易货贸易。正如约翰·斯密森(John Smithin)所指出的(Smithin, 2010:54, 原文强调),在货币交换中,"作为支付手段的物品与出售的特定商品和服务属于不同的类别。否则,用苹果换橘子时,为什么不称其中任何一个为交换媒介呢?"

甘斯曼对信用和货币的区分基于信用的定义,即信用完全是私人贷款合同和涉及代理人之间个人信任的延期付款。另外,现金在"现货"交易中的使用克服了个人信任的缺失。在甘斯曼看来,货币的信用论"忽视了货币关系与互惠关系之间质的区别……现金意义上的货币,无论是硬币还是纸币,都不一定与借贷关系相联系,通常情况恰恰相反"(Ganssmann,2011:154)。现金确实克服了因缺乏个人信任而造成的现货交易障碍,如不愿接受延期付款的欠条或个人支票。通过观察个人信任与非个人信任之间的区别,便可容易解决这一问题(Shapiro, 1987)。我曾在其他地方论证,虽然所有货币都是信用,但并非所有信用都是货币(Ingham,2004b)。[4] 在这点上,我只是沿用了齐美尔对双边和多边关系或"私人"和"公共"关系的明确区分。在货币体系中:

> 双方互动的关键点不再是他们间的直接联系,而是各自……与接受货币的经济共同体之间的关系。这就是"货币只是对社会的要求"这一真理的核心。可以这么说,货币就像一张没有出票人的汇票。有人反驳说,信用产生了债务,而金属货币支付清偿了债务。但这一论点忽略了一个事实——用货币清偿每一项私人债务意味着会现在承担对债权人的义务。
>
> [Simmel,1978(1907):177][5]

在货币体系中,货币发行者——银行、国库等,有义务承诺接受其发行的货币,作为对其所欠债务的最终清偿。此外,货币体系的一个条件是,商品的报价以记账货币计价。因此,对于货币发行者和货币持有者来说,货币在两个关键的意义上是一种债权债务关系。

> 货币所有者和销售者与社会群体的共同关系——前者对服务的要求和后者对这一要求将得到满足的信任——提供了完成货币交易的社会学组合。
>
> [Simmel,1978(1907):178]

货币关系涉及两种同时存在的关系:合同主体之间的关系以及合同主体与货币发行者之间的关系。这种三角关系涉及非个人信任,使陌生人间的交易成为可能。在现代货币体系中,存在着几个相互关联的非个人信任"三角",这些"三角"将信用卡发行商、银行、中央银行、国家等中介机构层层联系起来。

甘斯曼特别反对我的论点,即货币的拥有者被拖欠贷款(Ingham, 2004a:12)。

> 谁欠货币拥有者的货款？没人……如果某种货币是法定货币，人们就必须接受这种货币作为支付手段，但这并不强迫任何人向货币持有者出售商品。
>
> （Ganssmann，2011：156，原文强调）

同样，在断言货币持有者被拖欠货款时，我的意图是将货币与单纯的交换媒介截然区分开来，以打破货币交换仅是易货交换的一种特殊情况的思维模式。在易货交换中，商品获得了最大的流动性。[6]

如果没有与记账货币相对应的、等待清偿的实际债务和潜在债务，那么以记账单位表示的抽象价值的固定量（即货币本身所代表的价值）就无法存在。换句话说，货币只能被视为一种货币制度，而不仅仅是最易交换的商品。（正如我所指出的，这包括涉及销售要约的"现货"交易，无论这种交易产生的债务/信贷关系的期限有多短。）我完全同意甘斯曼以批评的口吻引用的阿格利塔的论断，即货币体系需要"个人与社会之间的互惠关系"（Aglietta，1997：416）。同样，这也是一个社会现实的不同层面或层次的问题。可以说，没有任何一个货币拥有者被任何一个人拖欠货款。但一般来说，如果商品的拥有者不再以货币价格出售商品，那么货币体系实际上就不复存在。当然，当人们对货币发行者失去非个人信任时，这种情况也常会发生。

IV

甘斯曼承认，所有货币都是信贷这一命题可能"以一种更有限的方式适用于当代形式的货币"（Ganssmann，2011：121）。与卡鲁瑟斯的观点类似，这也强烈暗示当代银行"信用"（贷款）与作为"硬"现金的货币之间的绝对区别，后者既不是任何人的信用，也不是任何人的债务。姑且不谈货币作为"硬"现金起源于贵金属的可交换性这一更可疑的含义，但这并不意味着这两种形式的货币不能同时被理解为信用。正如凯恩斯所言，印度卢比可以被视为印在白银上的汇票（以记账货币计价）。

在最近被重新发现的信用论的经典论述中，米歇尔·因内斯（Mitchell Innes）指出，许多前现代的贵金属货币都不标明其价值，以便君主可以通过改变特定钱币的记账单位，从而改变其与其他钱币的兑换比率，来改变该钱币的购买力（和赎税力），即其信用（Innes，1913，1914 见 Wray，2004）。此外，贵金属钱币很少是完整的。事实上,钱币的历史就是贵金属含量逐渐贬值,但记账单位持久稳定的历史(Aglietta,2002)。

因内斯对信用和货币之间一直存在的虚假区别嗤之以鼻。

> 与商业有关的一个流行的谬论是,现代社会出现了一种叫做信用的省钱工具,在这一手段问世之前,所有的消费都是用现金支付的,换句话说就是用硬币。
>
> (Innes,1913,见 Wray,2004:27)

相反,他认为"审慎的调查表明,事实恰恰相反"。与其说销售是为了换取"某种被称为'交换媒介'的中间商品",不如说销售实际上是"以商品换取信用"。因内斯称其为"原始商法":

> 买,我们就成了债务人;卖,我们就成了债权人。我们既是买家又是卖家,既是债务人又是债权人。作为债务人,我们可以迫使债权人取消我们对他的债务,方法是将他自己的债务确认书(原文如此)交给他,由他承担同等数额的债务。
>
> (Innes,1913,见 Wray,2004:31)

贵金属货币与贵金属商品(金条)之间的区别,即使是在其他成熟的讨论中也很少被注意到。[7]

当贵金属的价值与记账货币——例如,1 盎司黄金=1 美元或前面提到的巴比伦·谢克尔——之间的关系不变时,贵金属就成为货币。另见格里尔森关于烟草作为 18 世纪弗吉尼亚州可交换商品的讨论,以及当烟草价值固定为每盎司 3 先令时作为货币使用的情况(Grierson,1977)。

商业"纸币"——汇票、本票等的出现使人们开始认真考虑,这些纸币并不像因内斯"流行谬误"中所说的那样,只是真正货币的方便替代品或代用品,而是所有货币都是信用。在 17 世纪的英国,尼古拉斯·巴本(Nicholas Barbon)和伯克利主教(Bishop Berkeley)提出了货币的唯名论"票据"或"反票据"理论。但詹姆斯·斯图亚特爵士提出了最完整的早期信用论。"钱币"有别于"账户货币",后者作为通用的价值尺度,本质上就是货币。货币是一种抽象的价值,金属货币是其多种可能的形式之一。它是对商品或纯粹购买力,即商品持有者的信用,的索偿(Ingham,2004a:40)。

正如我们所指出的,将货币与贵金属相提并论,以及继续支持错误的、不合时宜的货币商品理论,在意识形态上使货币自然化的过程中起到了重要作用。如果人们普遍认为货币不是由一套特定的债权人和债务人关系构成的,而只能以一种假定的自然商品的价值为基础,那么对货币生产的控制就可以更容易地从政治争议中消除(19世纪末美国关于金本位制的争论,见 Carruthers and Babb,1996)。正如熊彼特所指出的,贵金属货币的拥护者分为两大阵营:一是错认为真正的货币只能由具有"内在"价值的东西构成的人;二是从实用角度出发,认为贵金属使货币更容易接受、更不易被特定利益集团操纵的人。

当然,20世纪逐渐废弃贵金属货币,威胁并最终揭露了"货币位于自然中"这一意识形态假设。[8] 越发明显的是,货币是一种社会生产的工具,也是政治上可谈判的工具,可由银行和国家随时提供,以实现集体目的。因此,人们开始为货币及其生产机构寻找一种不同的、更合适的意识形态合法性模式。正如我们将看到的,这已被证明是一个充满矛盾和困惑的艰难而缺乏成效的计划。一方面,正如人们不愿接受货币信用论所证明的那样,货币实物量的概念和商品货币的词汇在各个层面(从学术货币理论到日常常识概念)均有所影响。尽管现代货币体系以电子方式发行和注销信用,但人们仍普遍认为"真正的"货币源自造币厂,是通过与其他物品交换而流通的实物。[9] 另一方面,许多现代学术货币理论和央行行长的言论却指出了一个截然不同的现象。

V

私人债务转化为公共货币的社会机制是资本主义制度最重要、最独特的要素之一。正如我所指出的,银行对客户的贷款是私人合同,银行在合同中为借款人创造存款。在消费行为中,这些私人债务变成了公共货币(Ingham,2004a,2004b;Wray,2004;Ryan-Collins et al.,2011)。

欧洲16世纪以来国家、公共银行和银行系统之间形成了各种机构,实现了这一目标(Ingham,2004a,2011)。19世纪中叶,银行学派在与货币学派的商品理论家辩论时,进一步阐述了巴本和斯图亚特等早期信用理论家所分析的发展。

> 因此,真正要考虑的问题并不是各种特定形式的信用是否有权被称为"货币",而是在不歪曲术语和违反原则的情况下,这种称谓可否适用于任何形式的信用。
>
> (John Fullarton, *On the Regulation of the Currencies*, London,

1844 quoted in Wray,1990:105)

20世纪初,熊彼特、霍特里(Hawtrey)、凯恩斯等人已清楚地认识到,银行与借款人之间私人的债权债务合同如何在银行体系内创造出货币存款。凯恩斯典型的简述称:"为了借款人的利益,银行可对它本身产生债权,以换取借款人后续偿还的承诺。也就是说,银行可发放贷款或垫款。"(Keynes,1930:24)这些贷款用完后,它们会作为存款存入其他银行。因此,

> 只要银行步调一致,它们就可以无限制地、安全地创造银行货币。[1]单个银行的每一次流动都会削弱它,但其相邻银行的每一次流动都会加强它;因此,若所有银行都一起流动,那么总的来说,没有一家银行会被削弱。
>
> (Keynes,1930:26)[10]

凯恩斯还指出,参与者无法感知系统的动态。

> 每个坐在客厅里的银行董事长都可能认为自己是"外部力量"的被动工具,而他却无法控制这些"外部力量"。然而,这些"外部力量"可能只是他自己和其他董事长,但肯定不是储户。
>
> (Keynes,1930:27)

银行系统将私人债务合同转化为公共货币最有效、最安全的方式是使其成为连接中央银行和国家的环形机制的一部分,而中央银行和国家通过其记账货币和符合记账货币的货币形式创造了主权货币空间。资本主义银行体系发展至今,以银行贷款(信贷)为形式的私人货币需求最终由中央银行和国家来满足(Wray,1990;Ryan-Collins et al.,2011;参见 Keynes's analogy of the central bank as the conductor of the orchestra,1930:30)。通常情况下,拥有直接转账系统的银行通过相互借贷和向中央银行借贷来平衡账目,而中央银行则必须满足这些要求,以保持支付系统的完整性,并最终维持人们对货币的信任。

中央银行为私人银行信用系统生产的"货币"是"信用",这不仅是指所有货币都是对商品和服务的债权这一般意义上的"信用",而更直接地表现为它是基于中央银行的资产,即对中央银行所欠债务的偿还承诺。中央银行创造或"印制"货币的能力基于其资产的质量,即其还款承诺的存量,其中,国家债券是最重

---

[1] 斜体字是系统行为的线索。

要的。目前,这种关系结构与 1694 年英格兰银行成立时英国君主与政府之间的关系结构并无本质区别。该银行的资本由伦敦商人筹集并借贷给国王威廉三世,威廉三世承诺偿还债务,这也是该银行发行 120 万英镑信托债券的基础(Ingham,2004a:chapter,2004b)。20 世纪 90 年代末,财政健全性和货币正统性的坚定倡导者艾伦·格林斯潘最终被迫认识到,克林顿政府如果按照他的建议用预算盈余偿还国债,就会损害美联储向银行系统注入资金的能力。正如阿马托和范塔奇简明扼要地指出:"没有最后贷款人就没有流动性,没有最后贷款人就没有不可赎回的综合债务,没有不朽的国家就没有不可赎回的债务。"(Amato and Fantacci,2012:236)

在现代资本主义国家中,税收在产生货币的债权债务关系中占据着举足轻重的地位(Wray,1990;Goodhart,1998;Ingham,2004a,2004b)。正如"国家货币论"所认为的那样,国家发行的代币之所以被接受,是因为这些代币是国家向社会购买服务和商品的付款方式,而这些服务和商品正是国家要求的税收回报〔Knapp,1973(1924)〕。自 17 世纪国家与商人资本家之间的交易以来,税收收入与支出之间的差额一直是通过发行债务,即向私人投资者发行债券来解决的。国家是否有能力向债券持有人支付利息,而不需要通过通货膨胀来"印钞",这反过来又取决于国家的经济活力以及由此带来的税收收入是否充足。根据新宪章主义的"现代货币论",现代主权国家用自己的法定货币偿还债务,不需要像常识所假设的那样先征税再消费(Wray,1990;Mosler,2011);相反,在抵消税收债务的过程中,税收收入消除或"抵消"了支出所创造的货币,从而降低了通货膨胀的可能性。虽然这一机制并未被广泛理解或接受,但按照常理记账,一个可信或可控的支出和收入等式可让国债持有者安心,利息不会以因通货膨胀而贬值的货币支付。实际上,当今财政和货币危机的核心问题并不是国家应停止发行债务,因为这会阻碍创造货币;相反,这是一个如何说服债权人相信国家有能力并愿意偿还债务的问题。

现代货币的产生源于一种信念,即债务将继续被各方承担、偿还和重新签订——这就是不断创造和清偿债务的过程,而货币正是通过这个过程产生的。只有相信货币会长期保持其价值,才能做到这一点。

> 所有以市场为导向的社会,其首要问题都是找到某种方法来维持不变标准的工作理念,以便债务合同(创造价值的最终归宿)可在不同

日期以该单位书写。

(Mirowski,1991:579)

对货币及其创造体系的非个人信任,归根结底是国家主权与合法性的问题,而作为其稳固的基础,则是债务人和债权人——银行、政府和纳税人在创造和取消债务时的持续"步调一致"。

对记账单位(货币)和物质力量的垄断性控制是现代国家维持社会生活秩序的手段[例如,参见伍德鲁夫关于俄罗斯如何失去对记账单位控制的描述(Woodruff,1999)]。一旦稳定局面得以确立,货币对日常生活连续性的根本重要性就会被视为理所当然——人们对它漠不关心,或如社会学家曾表述的"情感中立"。只有当"不变标准"失效时,真正的意义才会显现。没有记账货币、没有公认的签订合同和清偿债务的手段,社会就会变得真正的原子化,因为角色、地位及其相互关系都失去了依托。在一个"物体与所有其他物体一起波动"[Simmel,1978(1907):121]的世界中,人们冷静地接受货币是"稳定的一极",但过度膨胀却破坏了遏制不安全感和暴力的社会秩序。德国在第一次世界大战后的经历所造成的直接和长期的后果是最可怕的。

1923年,由于货币实际上一文不值(当年12月的汇率为1美元兑42亿马克),德国魏玛共和国经历了彻底的混乱,最近再版的《通胀:我们应该怎么办》(*When Money Dies: The Nightmare of the Weimar Hyper-Inflation*)生动地描述了这一情况,该书参考了动荡时期亲历者的描述[Fergusson,2010(1975)]。城市与乡村之间爆发了暴力对抗,一群半饥半饱、疯狂的乡民来到村庄,从被他们指控囤积居奇的农民手中夺取粮食。一位年轻妇女在日记中描述了她堂兄农场的场景。"在手推车里,我看到三头被宰杀的猪。牛棚被鲜血浸透。一头牛就站在那里被宰杀,骨头上的肉都被撕碎了。"三角钢琴和其他奢侈品成了交换的媒介,因为贫穷的政府精英们用一袋土豆和一份熏肉换取了他们旧日地位的象征。资产阶级的画作、地毯和家具在易货贸易和抢劫中消失了。房间里几乎空无一人,情侣们纷纷自杀。持有美元、英镑、瑞士法郎或捷克克朗的外国人过上了富裕的生活。其他赢家是那些由于运气或谋划从银行大量借贷以购买硬资产的人。财富从储蓄者向债务人大转移。"时代让我们变得愤世嫉俗。"汉堡鱼商的女儿说,"每个人都在别人身上看到仇恨。"康拉德·阿登纳(Konrad Adenauer)在1923年任科隆市长,并在1949—1963年任德国总理。他与托马斯·霍布斯的观点不谋而合,他指出,在没有货币的地方,就会发生所有人反对所有人的战争(Orléan,2008)。简而言之,恶性通货膨胀不仅仅是一场经济危机,更是一场国家和社会危机,即主权危机(Orléan,2008)。[11]

VI

对现代货币的非个人信任建立在两个层面上。作为主权的基本组成部分,货币的基础是国家的生存能力和合法性。随着国家失去合法性,它们很快就会失去有效征税的能力,这反过来又会降低其货币的可接受性,进而降低履行基本职能的能力。除了国家的有效主权这一基础之外,意识形态货币话语在确保人们对现代法定货币的信任方面发挥着越来越重要的作用。自从最终放弃金本位制,并随之放弃货币被固定在"自然"中的"假设"以来,这项任务就变得无限复杂,并引发了无休止的争论。

在第二次世界大战后的第一个"有管理的货币"时代,各阶级之间曾有过短暂的和解,达成了暂时的共识,即货币的生产应大致遵循凯恩斯主义的原则,以实现共同的经济目标——增长经济和扩大就业。在资本主义历史上,货币至少在某种程度上第一次受到了民主控制。然而,在20世纪70年代,先进资本主义国家的共识在高通胀后瓦解,导致一系列试图将货币从政治辩论和民众控制的舞台上剔除的尝试。由于货币不再能被合理地定位在自然界中,它反而被放逐到"例外空间"(Mann,2010,即将出版)。[12]

人们普遍认为,代议制民主国家的政府会受到诱惑或压力,从而诱发或接受通货膨胀。米尔顿·弗里德曼认为,民主制度缺乏"预算约束"(Friedman,1962;关于"商人复仇"和新自由主义经济学再兴起的分析,见 Smithin,1996)。谋求连任的政客和一心想巩固权力的政府官员为了达到目的,不惜动用马克斯·韦伯所说的"无底国库"。优先考虑维持充分就业最终使工人有能力要求提高工资,从而增加了通货膨胀的压力。此外,在布雷顿森林国际货币体系瓦解、强大的外汇市场和全球资本市场重新出现之前,政府没有强大的压力来对抗通货膨胀,而通货膨胀的好处是可以降低其债务的实际价值。

如果高通胀水平持续并加速,银行借贷为生产和消费提供资金的资本主义核心业务就会变得风险极大,最终无利可图。当银行无法将名义利率提高到高于通胀率的水平,以确保实际利率为正值而又不造成大规模违约时,就达到了一个关键点。在此关头,资本主义的持续运作岌岌可危,社会和政治秩序面临解体的威胁。现代资本主义的基本结构是由债务人和债权人组成的网状结构,其地位和关系由价值尺度映射。

为应对20世纪70年代的通货膨胀和混乱威胁,货币主义学说得到了复兴和修正,即使没有保留旧商品和货币数量理论的实质内容,也保留了其词汇。即使货币不再是稀缺的贵金属,也有可能说服人们相信货币可以被管理和控制,使其像贵金属一样发挥作用。货币被认为是经济中的"中性"和"外生"要素。第一,货币是中性的,因为我们被告知,货币数量的增加只会影响价格,而不会直接影响经济活动。第二,货币可以被认为是经济的"外生"因素,因为它是政府支出释放"高能货币"的结果。现在,人们认为国家的首要职责不是通过支出来创造经济增长和就业,而是对支出进行公正的控制,以调节经济中的货币供应量,从而防止通货膨胀。为了实现这一目标,有必要将货币生产问题从政治议程中剔除,使其不受任何特定利益集团的影响,包括政府本身对选民的迎合。"货币当局"的唯一合法目标就是生产稳定的货币。

撇开其他因素不谈,货币主义之所以失败,是因为国家和中央银行并不能绝对和直接地控制货币,因此货币不能被限制在一个"例外空间"内。货币并不完全是"外生"的;相反,正如我们所概述的,它是由银行系统根据货币需求和存款创造而"内生"的。面对这一现实,中央银行逐渐放弃直接控制货币数量以达到固定供应水平的徒劳努力,转而试图通过改变利率来间接影响银行创造信用货币。在经历了言辞与实际做法大相径庭的勉强后,资本主义经济体中大多数货币的"内生"来源——私人拥有和控制的银行系统——似乎已被中央银行家广泛接受(Lavoie,2012)。

如今,中央银行的职责是制定其认为与通胀目标相称的利率,也就是说,它们试图通过价格来配给货币。为了使中央银行看起来不受政客挥霍无度和选民通胀要求的影响,中央银行被赋予执行货币政策的业务独立性。在这一"例外空间"中进行审议的委员会表面上是因其中立的经济专业知识而被任命的,而不是作为经济和阶级利益的代表。他们是"不变标准"的无私技术官僚守护者。"不变标准"是造福所有人的公共资源。

尽管中央银行现在业务上是独立的,但它们有义务使其货币政策的审议工作透明化,并遵守"规则",而不是像过去那样行使"自由裁量权"。但是,透明化和遵守规则不应与民主问责制相混淆。"银行独立性和政策规则是一枚硬币的两面,因为如果一个人对一项规则、一项'决定'做出的承诺经常受公众质疑,那么他就无法做出可信的承诺"(Mann,即将出版:28)。诺贝尔经济学奖得主罗伯特·卢卡斯(Robert Lucas)认为,有效的货币政策可以通过两种方式之一来确定,要么允许最初的政府做出永久有约束力的决定……要么进一步限制未来政府的可用策略(引自 Mann 即将出版的著作:29)。

然而,这种信念存在一个基本缺陷,即在一个与世隔绝的官僚空间内,通过遵循源自经济理论的规则技术逻辑,就可以实现对资金的管理。除个别情况外,即使是目前这种货币制度的支持者,也不会声称它能消除货币危机。这些都归咎于随机意外因素、人为失误,而不是资本主义货币固有的脆弱性,但无论如何,它们都是意料中的。然而,就其本质而言,危机——受规则制约的日常活动的崩溃——需要富有想象力的非官僚对策。人们期望中央银行行长是技术官僚,但在当前危机后,他们又因缺乏创新魅力而遭到诋毁。

此外,关于中央银行应有的作用和职能,或者说关于货币究竟是如何创造出来的,也没有达成广泛的一致意见。[13] 这里不是详细讨论长期存在的争议的地方,而只是想指出,人们仍不愿认识到,仅仅通过债务的发行和确认就可以创造货币。[14] 另一位诺贝尔经济学奖得主保罗·克鲁格曼在与异端经济学家兰道尔·雷的辩论中问道:"货币怎么可能'凭空'产生?('克鲁格曼与明斯基:在银行业方面,你该信谁?'2012 年 4 月 2 日,Economonitor.com)。"当然,现代货币并不是像上一代经济学家所说的那样"凭空"出现或"无中生有";相反,货币是特定社会关系结构的结果。正如信用论所言,这不是一个"凭空"的问题,而是还款承诺的问题。无论这是否只是另一个承诺,都不能改变事实。维多利亚·奇克(Victoria Chick)对最近出版的一本在某种程度上更清晰的书表示赞同,她认为:"在哈特利·威瑟斯(Hartley Withers)的《货币的意义》(*The Meaning of Money*)出版一个多世纪后,在凯恩斯的《货币论》(*A Treatise on Money*)出版 80 年后,人们仍需解释银行如何创造货币的基本原理,这实在令人惊讶(Ryan-Collins et al.,2011)。"[15]

目前,争端和不确定性主要局限于经济政治精英网络内部。尽管出现了一些泄密事件,但辩论仍在大众监督之外的神秘"特殊空间"中进行。如果说精英们无所适从,容易产生分歧,并相互矛盾,那么绝大多数人则完全不知道这种"制造"货币的行为究竟是如何进行的,以及如何才能更好地完成——他们的信任更像是盲目的信仰。亨利·福特(Henry Ford)曾在20世纪20年代警告说:"幸好全国人民不了解我们的银行和货币体系,如果他们了解的话,则我相信明早前就会发生一场革命"(Ingham,2004a:134)。

然而,金融危机的持续和全球资本主义银行体系的脆弱性或许有可能戳破这个日益脆弱的、被社会大众无条件接受的"特殊空间"。现在,人们普遍敌视和憎恨银行家能够轻而易举地致富,大多数人却必须忍受经济停滞,而银行家最终要对此负责。正如过去的危机中偶尔发生的那样,"货币从哪来"以及"这是谁的货币"此类显而易见的问题可能会从知识分子和政治精英的讨论中流露出来。然而,对这些问题进行更广泛的思考是否会削弱稳定货币体系所依赖的非个人信任? 在缺乏真正的共同利益和对集体目标的真正共识的情况下,货币是否像齐美尔所认为的那样,需要一种"超理论的信仰"和"准宗教信仰"[Simmel,1978(1907):179]?

注释

1. 监狱中的毒品货币受制于毒枭的强制力。

2. 我们的编辑乔斯林·皮克斯利也提醒我注意熊彼特的评论,他说19世纪末对信用论的抵制是因为它可能导致对银行如何创造货币的思考,因此"带有不道德的色彩"。例如,瓦尔拉斯(Walras)认为纸币是一种"滥用"[Schumpeter,1994(1954):1115—1116]。正如我们将要看到的,如果认为货币作为商品的本质和起源来自贵金属的物理属性,那么就更容易将其视为自然秩序而非社会秩序的"情感中立"要素,这也转移了人们对社会关系中不可避免的道德问题的关注。

3. 这与卡鲁瑟斯和阿里奥维奇(2010)的观点相似,他们仔细分析了各类信贷关系的社会结构,但没有对货币进行同样的分析——正如我所指出的,货币具有某种特殊属性。

4. 正如所有形式的货币都是交换媒介,但并非所有交换媒介都是货币。

5. 另见"金属货币也是一种支付承诺……它与支票的区别仅在于担保其被接受的群体的规模"[Simmel,1978(1907):178]。

6. 如萨缪尔森所述:"即使在最先进的工业经济体中,如果我们将交换剥离到最基本的层面,并剥离货币这一掩饰,就能发现,其实个体或国家间的贸易实质上是物物交换"(Samuelson,1973:55)。

7. 在有关中国资本主义发展的争论中,经济史学家普遍认为,由于欧洲商人使用大量白银购买,作为中国商品,货币短缺不可能成为17世纪中国经济衰退的一个因素

(Pomeranz,2000)。然而,银块(即按重量计算的白银)未能有效地转化为货币(即以统一的记账单位计价)。如韦伯所述,货币经济远远"没有像托勒密埃及时代那样发达"[Weber,1964(1951):3—12]。另见黄(1999)。

8. 1797年英法战事爆发后,英格兰银行暂停纸币兑换黄金,引发了一个类似的但短暂的辩论,即银行学派和货币学派就货币的本质展开了集中的讨论(Wray,1990;Ingham,2004a)。

9. 或者如我所述,纸币和硬币可以被视为与所谓的不同手段——电子和塑料等——完全相同,它们可以用于传递信用以免除债务。

10. 同样地,熊彼特简明扼要地表达了资本主义银行系统制造货币的能力。

> 对于信用的实际上无限的需求,有着无限的信用供应相匹配。银行总是可以发放更多的贷款,因为外部贷款的金额总是与更大量的资金流入相匹配。信贷需求不仅仅能够刺激信贷市场本身的增长,也能够促使相应的供给增加,而每一次供给都会产生相应的需求……
>
> (Schumpeter,1917:207 quoted in Arena and Festré,1996)

"银行票据和支票存款显然具备货币职能,因此它们就是货币。"相反,可能情况是,"货币本身不过是一种信用工具,是对唯一的最终支付手段——消费品的一种索赔"(Schumpeter,1954:321)。

11. 在对埃利亚斯关于金钱是促进"文明约束"的相互依存网络基础的批判中,牛顿观察到这并不是一个持续不断的世俗趋势,货币不稳定始终是野蛮主义的根源(Newton,2003)。

12. 正如曼恩给出的解释,

> 霍布斯对《利维坦》的最初表述是一个非常恰当的描述:整个现代资本主义国家的前提是,为了使资本主义及随之而来的自由蓬勃发展,金钱是我们必须与君主签订契约的唯一社会关系,使自己屈从于绝对权威,并接受永久的例外状况。
>
> (Mann,即将出版)

13. 自从凯恩斯认为只有三个人(大概包括他自己在内有四个)真正理解货币以来,情况并没有多大改变——他的一位学生,英国银行的一名初级职员以及一位记不得名字的外国大学教授。

14. 最近,主张回归商品货币的书籍出版量增加,表明这种应对货币和金融危机的方法越来越受欢迎。德特勒夫·施利希特(Detlev Schlicter)的《纸币崩溃:弹性货币的愚蠢和即将到来的货币崩溃》(*The Folly of Elastic Money and the Coming Monetary Break-*

down)(John Wiley and Sons,New Jersey,2011)一书最近在英国广播公司(BBC)的一次广播讨论中被提及。它认为,历史上所有以弹性和不断扩大的货币供应量为基础的纸币体系,与本质上供应固定的商品货币体系相反,本质上具有不稳定性,会导致经济灾难和混乱。

15.尽管在这样一部非常异端的描述中,即探讨了现代货币是银行债务产物的观点,人们对贵金属货币起源理论的坚持也显而易见。瑞恩·柯林斯等人提到了17世纪英国银行票据的发展,这些票据最初是由金匠发放的,用以记录客户存放在他们处的贵金属作为保管的收据。然而,这忽略了更重要的纸质信用货币来源,即汇票和本票,其在欧洲的历史已至少长达一个世纪(Ingham,2004a,2004b)。

7 马克斯·韦伯经济社会学的方法论

情绪在罗马农业史和当今金融市场中的地位如何?

山姆·威姆斯特

马克斯·韦伯的经济社会学提供了一系列复杂的方法。实际上,一些案例研究,如《罗马农业史》(*Roman Agrarian History*)和《新教伦理与资本主义精神》(*The Protestant Ethic and the Spirit of Capitalism*),都对经济史文献产生了重大影响。还有一些重要的政策分析,如韦伯关于普鲁士农业状况及其对德国经济发展影响的实证分析。他对关于德国证券交易所、金融投机的原因以及谷物期货的分析同样在这一范畴之内。此外,我们现在还能听到他于19世纪90年代在弗莱堡和海德堡发表的经济学和金融学演讲。这些早期讲座具有比较的范围,或者正如沃尔夫冈·J. 莫姆森(Wolfgang J. Mommsen)所述,它们展示了韦伯作为一位历史学家,研究经济需求得到满足的各种方式以及执行和受益于这些规定的政体。韦伯的学生不仅学习了一门关于19世纪末现代经济学的课程,这门课程从古典经济学转向边际主义,还学习了中世纪和古代资本主义的地位。韦伯早期的讲座在《经济与社会》(*Economy and Society*)的最终版本中得到了新的构建(前四章)(Weber, 1968)。《经济与社会》的教育功能是将韦伯所谓的"社会秩序"——法律、政治、社区、宗教和文化——与经济联系起来。由于现代理性资本主义的成功,经济通过合理、有序的生产和劳动结构,以及信用货币和银行业务的运作,在社会整体中占据了首要地位。通过基于工厂的大规模生产来满足消费者的需求已经成为现代社会的固定模式,这一点可以通过生动的比喻"铁笼"(亦可译作坚实如铁的外壳)来说明。经济的主导地位以及随之而来的对生活各个领域的合理化改造,是计算理性主义胜利的结果,而这一结果是通过法律、政治和国家的支持角色来实现和维持的,并且对社区和文化产生了冲突性的影响。迈克尔·桑德尔(Michael Sandel)的最新著作《金钱不能买什么:金钱与公正的正面交锋》(*What Money Can't Buy: The Moral Limits of Markets*, 2012)提醒我们,作为一个现代的消费者大规模生产社会,我们仍然受制于现代社会的合理化力量。

如果我们再结合《世界经济简史》(该书以叙述的方式记述了历史上的经济),我们不得不将韦伯更多地视为一名经济学家,而不是一名社会学家。韦伯究竟是何种类型的经济学家,这是我们现在必须要问的问题。当今时代,经济学作为一个专业,主要由两大经济理论学派主导:新凯恩斯主义和货币主义者,正如保罗·克鲁格曼(Paul Krugman)通过他们学派所在地的位置将它们描述为盐水经济学和淡水经济学一样。赖纳·莱普修斯认为:

> 要重建韦伯的经济社会学,就必须研究他的许多著作中的不同方法和概念。这一遗产中仍有许多内容有待揭示。经济理论、经济社会学和经济史三者之间不仅存在概念上的紧张关系,也存在实质性的重叠,这些都有待分析。
>
> (Lepsius, 2012:21)

在理性经济人、理性预期和有效市场假说等傲慢的经济理论提供了一个有助于摧毁全球经济体系的思想框架的时候,我们有必要提出这一极具警示意义的观点。韦伯并不反对经济理论。事实上,在德国历史经济学的陈腐世界里,他是卡尔·门格尔的理论理性主义的拥护者。通过韦伯的著作可以发现,经济理论和理性经济人是一种启发式建构,必须根据经济行为者的实际行为进行经验验证;同时,经济理论也只是理解现代经济社会的学术知识的一个方面。

韦伯的计划是将社会经济学确立为一种跨学科方法。但在这一点上他失败了,直到最近,我们才有机会在较高水平的学术研究中读到他所有的经济学著作。如上所述,这多少造成了困惑——至少从2007年开始,社会和经济科学现在普遍或应该普遍处于知识紧急状态,这一点姑且不做讨论。

在本章中,我将集中讨论韦伯经济社会学的两个主题。第一是他的社会行动的理想类型,以及它将目的性理性(类似于理性经济人)与包括情绪和情感在内的部分理性行动形式之间的关系理论化的能力。这些见解全面阐述了纯粹理性行动的适用性和局限性,尽管韦伯将自己视为现代经济学家,但在20世纪的经济理论中却很少引起共鸣。韦伯之所以在这里被边缘化,是因为他的社会科学方法与经济学的主流方法之间存在着基本的方法论差异,这是人类活动哲学与更狭隘的经济行动主义之间的差异。我的另一个主题是研究韦伯的一个案例——他的《罗马农业史》(2008年,原著出版于1891年)。这说明了所谓的韦伯政治经济学的独特性。韦伯展示了土地市场是如何由政治阶层与法律发展共同创建的,这导致独立公民的贫困化,以及通过土地期货交易和土地及其租金的夸大而致富的新贵族的崛起。今天的房地产及其衍生品交易与这段被长期遗忘的经济史之间存在一些惊人的相似之处,联系它们的是一个迫切的方法论问题:作为社会科学家,我们如何查找正在发挥作用的因果力量、理论在这一进程中的地位,以及社会科学家在政策和公民民主方面的责任。

经济学与社会行动理论

马克斯·韦伯的社会学最终版本——《经济与社会》英文版的前四章——似乎为经济分析提供了一个完美的起点,他将理性的经济行为者与情感和情绪在行为中的作用联系起来。至少对社会学家来说,著名的社会行动类型学提供了四种类型:(1)目的理性:行动者不仅要权衡不同行动目的的价值,还要权衡实现这些目的的手段的可用性。(2)只受价值理性驱动而追求目标的人。不受束缚的经济自由或乌托邦共产主义是价值理性的标准,无论社会现实中的后果如何,所有经济行动都受其驱动和评估。未能实现自由或共产主义的涅槃,被归因于对核心价值的信仰和坚持不足:如果共产主义失败,那么我们必须更加集体自律;如果新自由主义失败,我们必须要求更多的经济自由。(3)情感行动是由情感或情绪决定的行为。(4)传统行动是以一贯方式进行的经济行动,任何关于改变的建议或思考都会被强制性地阻止(Weber,1968:24—6)。

几乎没有迹象表明,经济理论家们读过马克斯·韦伯的著作,或者使用过他的类型学。因此,认为他已经提供了一套现成的命题,用于分析纯理性与其随后的低理性状态(第二至第四类)之间的相互关系,这有点多余。约瑟夫·熊彼特告诉经济学界,韦伯从来不是一个理论家,而是属于德国历史学派传统的一部分,尽管是较年轻的一支。对熊彼特来说,韦伯的主要成就是方法论——韦伯允许经济学家将理论作为一种理想类型来使用。"韦伯并不愿意宣称,就他对经济理论的几乎完全无知而言,他认为对经济理论家的做法原则上没有任何反对意见。"(Schumpeter,1954:819)韦伯用一种尖刻的否定回应了埃德加·雅费(Edgar Jaffé)提出的类似观察。

> 我们(雅费的攻击对象包括沃纳·索姆巴特)因此希望明确声明,在我们的经济学框架内,我们都非常重视所谓的"理论"——我们认为,这意味着对概念、类型和系统的理性构建,自然也包括"讨论价值、价格等",而根据[雅费]的说法,这些是缺少的。
>
> (Weber,2012:302)

尽管韦伯坚决否认,但他给经济理论家带来的问题是,他将他的理想类型学框架建立在社会行动的框架上,而经济理论家关注的是人们为何以某种方式行动的基本层面。甚至像阿马蒂亚·森(Amartya Sen,2004:19—33)这样可能具有同情心的经济学家,都会从个人偏好的角度来构建理性经济行动的几何模型,尽管森以批评理性经济人的严格版本而著称,例如,加里·贝克尔(Gary Becker)。要使完美市场理论行之有效,必须假设市场上的所有个体随着时间的推移都一致地遵循自己的偏好,并且他们有足够的信息和感知能力来实现这些偏好。经济学界对完美市场理论的批评是基于不可能满足上述条件。随着时间的推移,经济主体的偏好并不相同,他们被剥夺了基本的价格信息,在理性决策方面,他们在感知上是次优的。

韦伯理想中的目的的理性行动看似采用了相同的个人主义出发点,但其目的来源却有所不同。森作为我们对经济理论的支持代表,理性被看作是对个体偏好的表达和实践。这就使得偏好成为一种行为特征,因此可以进行特定类型的实证研究。而韦伯的目的("Zweck")概念则与意图相关联,更具有深思熟虑性——或者说是现在所说的反思性。个人生活在价值观和兴趣的海洋中,这些价值观和兴趣影响着每个人,并成为动机的源泉。因此,受到激励的个体可以通过对未来选择和机会进行理性评估来追求自己的目标,这些选择和机会受到机遇的影响(韦伯的经济行为者是贝叶斯主义者,他们从过去的经验出发,在不可知的未来寻求优势)。与此同时,个体可以通过情绪(情感行动)使判断力受到混淆而偏离真正理性的轨迹。韦伯的分类学已经具备将情绪与理性整合的所有正确要素,但是现代经济理论和决策理论却采用了认知行为观念的行动。这两种理性的方法看起来似乎很接近,但实际上却被一种方法论上的鸿沟所分隔。韦伯提出了与森和肯尼斯·阿罗(Kenneth Arrow)相同的批评,指出完美信息的困难,并且他显然也意识到次优理性。但韦伯的出发点是假设行动者遵循价值观(如基督教慈善或自由主义)和对利益的追求,而这两者都属于一个共同可及的理想和物质利益世界。韦伯的一个局限在于他没有解释为什么会选择和行动某些价值。价值不是行为属性方面的态度,也无法通过访谈技术获取。价值观是一种内化的倾向,汉斯·约阿斯在他的《价值观的起源》(*Genesis of Values*, 2008)一书中,就如何选择价值观、价值观的内化以及价值观的强度和适用性进行了深入探讨。对于现代经济学来说,所需要假设的只是人们在行为中表达自己的偏好(如著名的无差异曲线),而不需要假设确定价值观,也不需要通过这些价值观来解释行为,更不用说价值观是如何融入机构和企业的日常结构中的。

  韦伯认为,可以根据他人的价值取向来理解他们的行动。社会世界是有意义的,是"有价值的(sinnhaft)"。被称为"Verstehen"的方法论操作旨在了解个人的动机,以及对行动者而言,什么才是有意义的。现代经济学是"实证主义"的,这里所指的这个术语的相关含义可以追溯到1920年后在维也纳出现的逻辑实证主义,而韦伯在当时已经去世。他没有机会参与有意义与无意义之间的伟大分界,当然,他也是事实与价值判断之间巨大分界的倡导者。对实证主义者来说,被视为有意义的是以可验证方式表述的陈述,其他一切都不值得关注,如政治、宗教、道德、公众舆论等。韦伯要求为科学和事实建立一个领域,另外建立一个用于价值争论的领域——宗教、政治、法律等。实证主义只是取消了第二个领域。现代经济学遵循实证主义范式,而忽视了韦伯所属的价值观、意图和行动哲学。一个已实现的偏好——在特定的价格下更喜欢苹果而不是梨——就是理论家必须了解的起点。我们知道,这种坚持是针对古典经济理论的,因为该理论将理性选择建立在实质性的效用心理学理论基础之上。然而,在否定效用心理学的同时,整个关于行动的哲学论述也被否定了。哲学上的怀疑主义战胜了价值哲学:我们怎么能知道别人在想什么、感觉如何以及未来可能行动的动机是什么?既然可以直接观察到行为,为什么还要费力去研究难以解决的问题呢?

韦伯也认识到这一点,将其视为"Verstehen"的一个显著局限。在某种程度上,他遵循了实证主义的转向。世界上存在着社会行为的规律性,对这些规律性的观察使社会科学家得以理解和解释世界。但在这里,现代经济学再次与韦伯背道而驰。在确定了行动的规律性之后,为什么还要回过头来推断构成这些规律性的行动背后的动机和价值呢?可观察的行为偏好是建立理论所需的全部要求。韦伯的回答是,动机和价值以及对物质利益的认知共同构成了行动的原因。而通过追溯这些因果关系,我们可以得到对行动的解释。追溯原因需要一种科学的方法(他以法庭对特定犯罪行为的确认为模型)。而随后的解释是学术上的责任,旨在向公众提供信息。现代经济学阻断了通往因果关系的这条路,而是将解释的重点放在构建由经验证据支持的规律上。因此,需求曲线、不完全竞争、财政刺激、通货膨胀和通货紧缩等现象都可以被进行经验理论分析,原则上不需要将动机视为原因。未来的事态是根据统计数据"检验"过的模型来"预测",因此不考虑经济行动发生时的实际原因。此外,与韦伯的观点相反,经济政策仍然是专家的领域,而不是知情公众进行辩论的领域。

因此,尽管在坚持个体是起点方面存在表面上的相似之处,但事实证明,对个体的概念化存在如此大的差异——尤其是随着20世纪经济学的发展进程——以至于在经济学和韦伯式经济社会学之间建立桥梁的结果令人失望。尽管韦伯选择了与后古典经济学不同的科学道路,但当我们意识到韦伯以自己的方式与古典经济学和旧政治经济学的缺陷作斗争时,这引发了一个有趣的问题。这种分歧可以看作库恩式范式理论之间的分裂,可以说,社会学家和经济学家属于完全不同的世界。

矛盾的是,在社会学领域内,韦伯被视为"方法论个人主义者"——这个术语被广泛归因于他,但实际上并不是他的概念或想法。这种论点认为,由于韦伯将个人置于社会行动类型学的起点,因此他被视为一位个人化的社会学家,可以被归类为属于新古典经济正统世界的一员(Clarke,1982)。不用说,这最后一点需要社会学家将韦伯归入经济学的范畴,因为他肯定不是被吸引到他们的领域中去的。事实上,韦伯是为数不多的吸收了卡尔·门格尔和庞巴维克(Böhm-Bawerk)的新经济边际主义的德国经济学家之一。19世纪90年代,他在德国弗莱堡市(Freiburg im Breisgau)得了第一个教授职位,在那里讲授经济学和金融学。他的讲义至少以笔记形式,现已通过《马克斯·韦伯全集》(Max Weber-Gesamtausgabe)出版,其中清楚地表明,韦伯已经意识到从平均市场价格转变为分析市场交易中边际单位("die letzte")的重要性。卡尔·门格尔的《经济理论基础》(*Fundamentals of Economic Theory*,1871)是他在经济学概念基础方面给学生的阅读清单的首要作品(Weber,2009:91,242-252)。在继伯庞巴维克的研究成果的同时,韦伯也得出了理论结论,即市场活动不能通过对生产要素的各自决定的不合逻辑的推导来解释,而在古典经济学(和马克思)中,生产要素是由土地、劳动和资本的力量所代表的。经济学从社会学的供给侧分析转向消费者需求分析(当然,这与新古典主义的价格理论仍有很大差距)。

韦伯早期关于罗雪尔和克尼斯的方法论论文(写于1900—1906年之间)也标志着与旧的德国政治经济学的决裂。罗雪尔对经济有着亚里士多德式的理解,将经济构想为一个社会在其经济行为中如何聚合在一起的过程,这正如卡尔·波普尔所批判的整体论。罗雪尔还持有一种亚里士多德式的经济价值观,与从市场价格中获得价值的观点截然相反。罗雪尔和克尼斯都受到了新黑格尔进化论的影响。这种理论将社会视为准生物的生命实体,会随着时间的推移发展并达到越来越高的进步水平。如果韦伯没有与这种具有影响力的德国思想潮流决裂,那么他确实可能被描绘为德国历史学派的另一个代表。对韦伯来说,价格的经验世界是与伦理道德价值分开决定的,他认为伦理道德价值是中世纪"公正价格(just price)"概念的延续。与黑格尔的本体论决裂对经济学理论来说无足轻重,因为经济学理论并没有关于社会变革的理论(尽管世界的逐步市场化代表了一种强有力的社会变革理论)。

韦伯也拒绝了利斯特传统中的本土经济发展观。在世纪之交德国证券交易所期货交易的争议中,这种保护主义抬头。韦伯被邀请加入一个委员会,审查支持和反对谷物期货交易的情况。他坚定地站在了世界市场效率的一边,指出了能够进行谷物期货交易的好处(现在已成为一个标准论点),以及与封闭的国内市场相比,作为国际经济一部分的必要性和纪律性。

在所有这些情况下,韦伯都是一位职业自由派经济学家,当然要注意他的职位是经济学和金融领域的。正是1904年和1905年发表的《新教伦理与资本主义精神》,使韦伯成为一位具有创新精神的经济社会学家。这篇文章还确立了他的工作,提供了关于价值观、利益、动机和行动的概念,正是在这里,他决定性地摆脱了现代经济学的方法论,尽管这在19世纪90年代撰写的关于农业条件和股票交易的更密集、更广泛的论文中也很明显。价值观以复杂的方式影响着结果，而这些因果链必须从历史现实的密度中剥离出来。宗教对职业的理解源自当时的神学辩论，促成了将工作——有纪律的系统性工作——视为确保得救的标志。在欧洲中世纪晚期的某些政治、经济和地理条件下，这种决心转化为向现代理性资本主义的命运性转变（用现代术语来说是"转折点"），其优先考虑手段的计算而非行动目的的倾向。这使得亚里士多德传统中关于何为美好生活的理念变得无关紧要，因为手段主导了行动目的以及正确的生活方式。不能将整个宗教阶层（清教徒企业家及其工人）视为（黑格尔的）历史代理人，就像韦伯不会将工人阶级视为历史上唯物主义的推动力一样。但是，在近代早期北欧的领导阶层中有相当部分坚持一种共识——勤奋工作可消除对救赎的焦虑——由此引发了经济历史的决定性变革。韦伯使用了"人群（a collectivity of people）"的概念——这在任何历史社会学中都不可或缺——有点像今天律师们谈论"集体诉讼（class actions）"。

新教伦理还将韦伯孤立于20世纪的经济史传统之外，而他的论点在当时一直受到攻击。韦伯的理论是违反直觉的。它假设非理性动机是现代资本主义兴起的诱因。16世纪的神学革命思潮产生了一种普遍的救赎焦虑症，而这种焦虑症只能通过持续的工作来缓解。我们应该注意到，韦伯也否认了贪婪或欲望心理学论点作为结构性变革的主要推动因素，因为这种论点无处不在，并且仅仅对短期机会有利（Weber，1967：56—57）。经济史学家倾向于"辉格历史观（whig view of history）"：历史是发现更合理的行为模式的过程。现代资本主义是效率更高的市场发展的结果。韦伯认为，这是一种表面上的趋势，而且，他本可以补充说，这种观点违背了"先验原则（*principio petitio*）"：它将资本主义的特征假设为解释现象的原因。韦伯和同事维尔纳·桑巴特（Werner Sombart）认为，经济史学家面临的挑战是解释经济活动的领先边缘如何能够摆脱传统的基督教社区的束缚，该社区谴责追求财富，并且政治上将国王国家的需求置于纯粹商人之上。同样，韦伯追求的是一种不同的因果关系概念，用现在的话来说，可以说是植根于质的真实（Byrne，2012）——这个主题在此无法展开讨论，因为它涉及多重因果关系的深层问题（Whimster，2007：21—22）。

因此，韦伯是一位现代经济学家，但这是他自己造就的。而且，由于在20世纪韦伯一直被标榜为社会学家，他的经济社会学在学术上被边缘化了（除了一些非常值得尊敬的例外情况)。本章的其余部分,我将回到韦伯的一篇文本,该文本早于上述所有研究,并且我将尝试展示它与社会行动的四种理想类型的关系。这部著作是韦伯于 1891 年发表的博士资格论文,该论文采用了一种阶级历史观,并指出法学在推动整个文明从共同财产概念转向土地零售市场和土地期货方面的作用。这是罗马共和国时期,代表着历史上最大的一次财富向富人的转移。通过这项研究,韦伯得出了他的一个核心经济学理论:市场对一个群体有利,对另一个群体不利,而这一过程的特点是冲突,在冲突中,所有可用的手段——政治、宗教、法律——都被利用了。我的结论是,这种智力分析风格与他最后的社会行动理论是一致的。

韦伯的《罗马农业史》

在韦伯的作品中,这本书并不是最容易理解的,不过最近一本易懂的英文译本已经出版了。与它的两个主要影响者奥古斯特·迈岑(August Meitzen)和特奥多尔·蒙森(Theodor Mommsen)联系起来,会有所帮助。迈岑是公认的农业历史专家,以其对普鲁士及其 19 世纪初农业改革的研究而闻名。在德国,土地问题是一个长期存在的问题,因为工业化和城市化与农业和农村生活之间的平衡正在向前者倾斜。1871 年,德国在普鲁士的霸权下实现了政治统一,普鲁士的经济自由主义延续到 19 世纪 70 年代,随之而来的是一场关于德国将成为何种现代社会的辩论。德国需要一部新的民法典,在此引发了一场争论,究竟是遵循罗马法的理性、抽象和系统形式,还是应该拥抱旧德国法中以社区为基础的特点;前者被认为有利于财产所有者的利益。关于德国需要什么样的农业,迈岑在他的研讨会上(韦伯参加了该研讨会)发起了对最早形式农业的比较研究。在英格兰、丹麦和德国的部分地区,最初的农业聚居地共享土地,并将土地分配给各家各户耕种。在凯尔特定居点,氏族首领控制土地,并根据需要和氏族关系分配土地。重要的政治解释是,土地并不像其他人所说的那样属于私人所有。韦伯与迈岑一样,假定罗马历史开始时存在着村庄社区("Flurgemeinschaften"),这些社区共同拥有土地,并定期调整分配给家庭的地块。

特奥多尔·蒙森在其《罗马史》(*History of Rome*,1855)中认为,财产和处置财产的自由是罗马贵族阶级的基本特权之一。这一假设与迈岑的研究和假设相悖,他认为这些早期社区是通过村庄对土地使用的控制来运作的。蒙森还认为,平民这一整个阶级是由其不得拥有土地的身份所决定的。只有最初的罗马家庭(贵族阶级)的男性长子可以继承并拥有财产。所有其他子女和妻子都没有遗嘱权。除此之外,还有大量移民和被征服的部落,他们共同组成了平民阶层。这构成了古罗马阶层划分的基础,同时也是没有财产权或政治特权的平民反对贵族秩序的政治运动的基础。蒙森将这一现象归类为阶级问题:

> 罗马的法律和政治关系导致众多农民阶层的崛起——一部分是依赖于资本家怜悯的小业主,一部分是依赖于地主怜悯的临时小承租人——在许多情况下,个体和整个社区都被剥夺了他们所拥有的土地,但这并不影响他们[作为罗马公民]的人身自由。通过这些手段,农业无产阶级在早期就变得非常强大,甚至对社区的命运产生了实质性的影响。城市无产阶级的角色直到更晚的时期才在政治上变得重要。

(Mommsen,1855:206)

(无产阶级用来指代那些只有儿子但没有自己的财产的人。卡尔·马克思受过古代历史的教育,他也用同样的术语来指代被压迫和无财产的工人阶级。)蒙森,更不用说韦伯,都没有忽略导致冲突的残酷性质。当贵族投票决定发动战争时,罗马的平民必须装备自己,离开农庄,在军事领袖"独裁者"的绝对指挥下加入战争行列,这是一项代价高昂且致命的行动。此外,富有的土地所有者可以对小型公民农民进行剥夺和剥削,否则就会让他们陷入债务困境,甚至将他们送入可怕的债务人监狱或奴役。在政治生活中占有一席之地是生死攸关的问题,平民公民将此作为服兵役的代价——所谓的塞尔维乌斯改革(Servian reforms)。平民取代了旧的贵族议会,并有权投票同意宣战、任命地方行政官(制定法律诉讼的条款)以及通过人民投票进行立法(平民法)。平民也被允许进入参议院,但他们通常被视为主要元老家族的客户;而另一种情况是,富裕的土地所有权平民与古老的土地所有阶级结成联盟,共同维护他们的利益。元老院独揽所有公职,有立法权,可以审查和否决公民大会的任何法令。此外,元老院控制了包括缔结国家条约、管理和分配公共土地在内的公共行政事务。

这最后一项能力是韦伯在他的《罗马农业史》(RAH)中论证的关键要点之一,他直接引用了蒙森的观点。"新贵族政府"——蒙森在这里指的是旧的土地贵族家族将平民选入元老院:

> 似乎从一开始,"新贵族政府"就旨在摧毁中产阶级,特别是中小土地所有权,并发展土地和财富的贵族阶级的统治,同时又发展了农业无产阶级。

然后,在他下一个标题为"资本家的权力崛起(Rising Power of the Capitalists)"的章节中,蒙森概述了公共管理方面的发展如何极大地增强了资本家的权力。为了压低价格和缓解不满情绪,国家对盐和粮食的销售实行了垄断。这些任务被外包给私人机构——大商人,这也奠定了基础

> 财政农业体系的建立,其发展对罗马共和国来说变得如此重要而又如此有害。国家逐渐将其所有间接收入以及所有更为复杂的支付和交易交由中间商处理,他们收取或支付一笔固定金额,然后为了自身利益处理事务。

国家主要信任"大地主……"

> ……因此,一类税收农场主和承包商应运而生,他们的财富迅速增长,在他们似乎是仆人的国家的权力中,他们的金钱统治基础荒唐而无用,完全可以与当今股票交易所的投机者相提并论。
>
> (Mommsen,1855:224)

税收农场主,也就是有能力竞标国家特许经营权的大地主,控制着公共土地的租赁。其结果是残酷的——"中产阶级的物质和道德毁灭"。

韦伯的《罗马农业史》剖析了蒙森关于政治、法律和财富不平等的相互影响。但他的出发点与蒙森不同,如前所述,他认为罗马最早的定居社区是共同体性质的("Flurgemeinschaften")。除了起源问题上的分歧,韦伯沿袭了蒙森的主要论点。《罗马农业史》的主要论点所依据的阶级矛盾是平民与原始氏族家庭之间的矛盾。平民是没有财产的公民,以无产阶级为例,他们面临的问题是如何获取土地。韦伯提到他们的"土地饥渴(land hunger)"是这个阶级的一种驱动力——以及如何保住它。"绅士(gentes)",即贵族阶层,对改变"贵族(Quiritarian)"权利制度——获得和持有土地的传统特权——毫无兴趣。他们唯一的愿望就是继续作为独立的农民管理自己的家庭,并维护传统秩序。他们对满足无地平民的需求没有兴趣,当然也没有怜悯之心。征服外国领土对韦伯来说则是无地平民的要求,而他们对此也不感兴趣。

平民对土地的深切渴望引发了巨大的社会紧张,他们要求贵族阶级的口头

习惯法被记录下来，并向无地者开放，尤其是其中的程序。这就是公元前450年颁布的《十二表法》(Twelve Tables)的意义所在。根据韦伯的说法，它规定了契约的完全自由以及剥夺土地及其使用权的法律补救措施。从政治上讲，这导致持续的政治压力，即将公共土地分配给无地者，并在公元前130年后期实施了格拉古改革(Gracchan reforms)。这是一场地方性的斗争，贵族阶层和大土地所有者在这场斗争中对削弱其特权的行为进行了反击，他们认为特权是共和国的基本精神。韦伯总结道：

> 在同一时期，贵族们在激烈的阶级斗争中节节败退。蒙森正确地强调，平民的巨大政治成功始于保民官选举移交给部落大会的那一刻。他补充道，这一变化意味着平民党的领导者成为非贵族公民、中小地主的代表。这一阶层的目标如下：用成文法取代习惯法，取消债务，通过分割公有土地支持农业阶层的后辈，并因此扩大公有土地。
>
> ……
>
> 平民党创造了无限私有财产权的概念，或者更可能是从已有的内容中借鉴，并应用于土地财产。这一概念是经过深思熟虑的利益政治的人为产物，但由于其逻辑阐述的完善性，它在法学理论中占据了主导地位，而且只要法学还存在，它就将继续占据主导地位。
>
> （Weber, 2008：78—79）

他对法学的评论感到懊恼。韦伯允许推断，法律顾问倾向于支持即将出现的阶级，即平民阶层。他们释放的力量造成了混乱：内部战争、对外征服、将公共土地(主要是被征服的土地)大量重新分配给平民、苏拉等冷酷无情的领导人和大地主大规模征用土地。

> "mancipatio(将土地从一个人转让给另一个人的正式程序)"的这一核心特征的最重要因素是，在罗马，房地产业务集中到前所未有的程度。
>
> （Weber, 2008：68）

一旦"mancipatio"确立了对财产的所有权，就会在罗马保存的土地地图和财产普查(给予财产所有者政治权利以及税收和征兵义务)上登记。

> 这些因素，再加上对公共土地进行租赁拍卖以及对"ager quaestorius"(由国家出售并附有赎回权的土地)的授予进行拍卖，使得罗马成为世界上的房地产交易中心。

> 在这里,人们可以利用罗马特有的方式将土地变为财富。
>
> (Weber,2008:68)

公共土地主要通过征服获得,属于罗马人民。在共和国末期,平民施加了巨大的压力,要求将这些土地作为财产无偿赠送给没有土地的公民。但是,由于当时财产是可以出售的,这就形成了一个土地零售市场。此外,在罗马地籍登记处登记了所有权的人可以将其作为抵押,用来购买更多的财产。因此,所有公民可能:

> 都有平等的机会进入公共土地,因为所有人都有平等的权利在公共土地上放牧,也都有平等的权利在其上定居。这将符合《十二表法》所达成的妥协解决方案的一般特征。这些措施构成了对资本家的特殊恩惠,可能是通过要求一定比例的产品作为地租来掩饰,至少在理论上是这样。但是,(我们的资料)经常强调的一个基本事实是,给予平等的定居权并不是为小农提供机会,而只是为富有的资本家、贵族和平民提供机会。无节制的资本主义以前所未有的程度进入了农业领域。在数量和质量上,这与中世纪晚期贵族的圈地行为有着异曲同工之妙。经济和社会阶级利益及其后果在罗马历史中表现得淋漓尽致。
>
> (Weber,2008:86,着重部分由作者用斜体标明)

将土地分配给无地者的最初动机是为了让"贫困的农民后代"能够拥有自己的农场,并"被编入乡村部落",以便"进入那些拥有自己农场的阶级,他们的祖先曾经属于的阶级"。然而,此时土地的无产阶级已经移居到罗马,"失去了其扩张的能量,转而成为现代类型的城市乌合之众"(Weber,2008:87)。

韦伯通过对罗马公民可采取的法律行动进行法学技术分析,提出了这一论点,即罗马公民可通过这些法律行动维护其对土地的所有权,将土地转让给他人以及抵御逆权占有。最初的罗马家庭通过"quiritarian"特权持有土地,当他们想通过出售转让土地时,他们使用"ancipatio"的习惯法程序。但是这两种权利都不能构成一项可辩护的商业交易。平民通过"取得时效(usucapio)"这一手段逐渐获得土地,经过两年的占有后确保他们拥有所有权。这在法理上为财产的合法销售和交易打开了大门,最初受益的是那些此前没有土地权利的人。"'取得时效'本质上是对古代土地制度的攻击,是公有制农业终结的开端"(Weber,2008:66)。然而,大地主们只允许在罗马的土地登记册上登记拥有市民法权利的土地,这些土地的所有权经国家官员签署后,可以作为信贷,从征税耕作的公共土地上购买巨大庄园的租赁权。因此,土地权方面的"公平竞争环境"在官方和法律上被用来偏袒富人,将独立的公民农民贬为债务奴隶或被迫成为大庄园上的农奴,这就是韦伯论证的法理学部分。与之相比,熊彼特本人对罗马法的分析就显得黯淡无光(Schumpeter,1954:67—71)。

多年以后,韦伯在《经济与社会》的第二章中阐述了律师和法理学在经济组织中的角色。在经济组织中,未来的经济机会被一个利益集团或阶级赋予法律杠杆,而不利于另一个利益集团或阶级,他将其称之为"处置权"("Verfügungsgewalt")。

> 当一种行为是根据其在提供使用产品的愿望中的含义来确定方向时,它将被称为"经济导向(economically oriented)"行为。
>
> "经济活动(Economic activity)/节约(Economizing)"将被称为以经济为主要导向的处置权力的和平行使("Verfügungsgewalt")。
>
> (Weber,1972:31)

与现今情况类比

韦伯非常清楚与自己所处时代的相似之处。1890年夏天,当时他在校对《罗马农业史》,同时还在波森服兵役,在那里他看到了重新安置委员会的工作(Weber,1891)。该委员会将独立的德国小农户安置在政府从大地主手中购买的土地上。在所有公有土地都已转让给私人所有者的时候,屋大维奉行了这一政策。在波森地区(以及易北河以东各省)的重置政策并不成功。事实证明,向城市移民的势头过于强劲,容克(the Junkers)地主阶级(拥有大片土地庄园的人)通过在国家中的主导地位增加了他们的农业收入,例如,通过对进口更便宜的外国谷物征收农业关税。普鲁士容克是将德意志帝国推向毁灭的阶级——韦伯从19世纪80年代开始越来越清楚地认识到这一点——他们与罗马的贵族阶级有着共同之处,韦伯将二者定义为盲目追求共同利益的特征。

与我们这个时代的相似之处也显而易见。如果按照杰索普(Jessop)和斯通斯(Stones)的观点,玛格丽特·撒切尔(Margaret Thatcher)的政府在20世纪80年代出售了公共资产,从而在技术工人阶级和中产阶级中为保守党建立了新的政治盟友关系(Jessop and Stones,1992:171-192)。交易这些私有化资产的金融市场得到了扩展,私有化资产的新持有者以及随后的互助建筑协会出售了他们称为"意外之财(windfall)"的股份,以获取一次性利润。大众资本主义并未普及,相反,机构基金和私人富裕阶层利用其可靠的股息流购买了这些股份,并从中获益。斯蒂芬·黑斯勒(Stephen Haseler,2008)认为类似的情况也出现在美国。与罗马一样,美国坚定地实行资本主义国家政策。在中国加入世贸组织的过程中,国际劳动力供应中增加了5亿名廉价劳动力,而在罗马共和国相应的相当于对被征服人民的奴役。这对美国工人阶级和中产阶级造成的后果是工作岗位的消失。大众资本主义、股票所有权和以房屋价值为基础的借贷,是对大众生活水平和前景长期下降的安慰和掩饰。金融的去监管化为那些最有保障和最有能力借贷的人提供了巨大的机遇。投机变得比投资工商业更有利可图。制造业走上了古罗马乡村小农场的老路。财产及其利益被律师和立法者重新定义。股票所有权的金本位转化为衍生产品的纸面债权;一个管理和专业阶层侵占了"真实"财产的利益,其方式与罗马的土地期货交易如出一辙。迈克尔·刘易斯(Michael Lewis)在《说谎者的扑克牌》(*Liar's Poker*,1989)一书中展示了金融市场从家庭抵押贷款中诞生的残酷方式。同样,在弗兰克·帕特诺伊(Frank Partnoy)在《传染性贪婪》(*Infectious Greed*,2004)中部分复杂的故事中,揭示了责任是如何在法律上被改变以偏向金融资产持有者的。韦伯的分析将追踪属于中产阶级业主群体的财产如何成为投机性批发金融市场的主要项目,并转化为金融衍生品的法律动向(关于商业利益如何凌驾于法律和契约中残存的信托观念之上,该故事仍有待讲述)。正如沃尔夫冈·施特雷克(Wolfgang Streeck)所强烈抱怨的那样,我们正处于这样一个阶段:政府现在必须为公民和市场这两个主人服务。决定市场需求的政府人员多数曾是投资银行家。同样,财阀的利益也得到了罗马元老院官方任命的保护和帮助。克林顿政府那位去监管化的财政部长罗伯特·鲁宾(Robert Rubin)就来自高盛集团(Goldman Sachs)。下一任财政部长拉里·萨默斯(Larry Summers)曾经通过经营对冲基金赚得了一大笔财富。这项名单还包括亨利·保尔森(Henry Paulson)、蒂莫西·盖特纳(Timothy Geithner),以及在欧盟委员会的马里奥·蒙蒂(Mario Monti),他们都是从投资银行转入政府的。投资银行家曾让金融扩张而受益,并将其运作起来,如今他们指导政府如何安抚金融市场。在施特雷克看来,从20世纪90年代开始,对信贷膨胀的容忍、对失业和政府负债问题的接受以及对私人信贷的放松管制，破坏了民主政治。如果从法律角度分析当前(2008年以来)的金融和经济危机的起因，无论是在民事法还是公共法中，我们可能都会认为，财产权及其利益被律师、立法者和法院重新定义了。股票所有权的金本位转化为衍生产品的纸面债权；一个管理和专业阶层侵占了"真实"财产的利益，其方式与罗马的土地期货交易如出一辙。

一些方法论结论

韦伯关于目的理性和价值理性、情感行动和传统行动的类型学是一种理想类型，它凸显了社会和经济现实中的多个方面，为理论建模世界提供了基础。对世界的实证分析是通过具体案例研究进行的。正是在这里，我们掌握了社会学进程的运作机制，确定了因果力(causal forces)并验证了其归因。《罗马农业史》和新教伦理论等研究展示了理论、历史和进程机制，并通过这些研究寻找结构性变化的原因。理想类型和案例研究相辅相成，理论家们试图将类型学和案例研究调和或综合为统一的"韦伯式"理论，这与韦伯的方法论逻辑背道而驰。

情感和情绪在韦伯的理想类型学中占有一席之地，而衡量它们的影响则需要进行案例研究和实证分析。土地渴望(land hunger)和救赎焦虑是一种情绪，正如自20世纪80年代以来金融市场的贪婪因素一样。因此，正如阿尔伯特·赫希曼(1997)在其他地方指出的那样，这些情感可以被物质利益所解释，反之亦然。土地渴望是无地农民和平民百姓的要求，而贪婪则是白领专业人士的主要动机，他们曾经是资本穷人，现在却要求与传统富人平起平坐，并准备不惜一切代价实现这一目标。当情绪和感情涉及神经质和病理状态时，韦伯就对它们产生了兴趣，因为此时它们本身就成为因果力。大约公元前90年，罗马社会战争非常残酷，双方的权利意识都达到了病态的程度。同样，当金融市场超出以往的经验和预测(但无法预测)的未来时，贪婪和恐慌的相互交织也会造成金融资本的重大损失。韦伯认为，救赎焦虑是清教徒的一种群体性神经症，这导致他们的行为变得异常。而韦伯的理论兴趣就在于情感的强烈程度。但是，当情绪被升华，也就是被压抑，并转化为工作和日常事务时，它就会成为合理化和铁笼苦役的牺牲品(Weber,1968:25)。

我认为，试图吸收现代经济学的方法论假设和韦伯的社会行动方法并无多大益处。后者特意对世界历史、价值观和利益等方面采取了一种开放的态度,能够以案例研究的形式分析1919年德国或罗马共和国等地区的动荡。韦伯本人也对1919年的德国苏维埃组织的出现感到惊讶,并很快指出了计划生产和价格控制的后果。总体而言,他认为一旦现代资本主义的铁笼将其理性结构强加于观念和行为上,历史的重大动荡就结束了。经济理论将理性经济人及其性情属性放在首位,这样的世界才是安全的。从某种意义上说,百科全书式的《社会经济学大纲》(Grundriß der Sozialöknomik)——《经济与社会》只是其中的一部分——试图从知识上掌握现代世界,以便通过科学分析和公民的价值选择来管理现代性。韦伯当然没有预料到20世纪会出现经济衰退、通货膨胀以及魅力独裁者的情绪感染力。然而,随着西方国家进入长期萧条时期,债务人和债权人之间、贫困的中产阶级和财富不断膨胀的富人之间可能会发生长达数十年的冲突,《罗马农业史》也许比当前复杂的经济理论更能指导我们了解经济。

8 无序状态

对社会学在理解金融繁荣和危机方面所作贡献的新思考

肖恩·威尔逊和彼得·麦卡锡

引 言

在2008—2012年间,世界金融市场遭遇崩溃,随之而来的经济危机让许多人开始回顾历史,寻找关于危机可能持续时间和严重程度的线索。本章的核心理念在于,从历史上看,社会学家在理解金融和经济危机方面提供了许多有价值的见解,指出了这些危机复杂且高度社会化的根源。社会学的起源与这一问题息息相关,社会学家和经济学家在理解市场行为的方式上存在着尚未完全解决的矛盾。我们的方向源于一个重要观察,即有时统治市场并导致市场崩溃的"无序状态",不能被简单地视为市场理性行为的非理性偏离。这一观点目前得到了经济学界主要人物的大力支持(Akerlof and Shiller, 2009; Krugman, 2012; and Stiglitz, 2010)。但在这里,我们得到了经历过重大经济危机的更早几代社会学家,尤其是埃米尔·涂尔干和罗伯特·默顿所留下的强烈暗示和线索的指引。我们的研究首先要深入探讨涂尔干的"失范(anomie)"概念如何揭示经济不稳定的根源和后果,以及"失范"状态如何影响经济活动。从涂尔干的论述中,我们可以清楚地看到"外部约束(external constraints)"在调节市场中的关键作用,这也促使我们在近期市场崩溃的背景下思考外部约束的当代含义。

默顿对涂尔干的观察进行了补充,提出了自己对失范现象和"自证预言"的思考。我们认为,默顿和涂尔干一样,都认为外部调节过度行为对社会融合至关重要;因此,外部约束如何随着时间的推移而维持和削弱,对社会学分析至关重要。我们特别关注默顿的观察,即一旦经济行为者具备了对复杂系统运作的知识和洞察力,寻求破坏性优势(disruptive advantage-seeking)就不再被理解为无意的行为。我们认为,默顿在提出这一论点时强调了"规则制定者"与"规则追随者"之间的复杂关系,揭示了当代鼓励和深化金融繁荣的各种手法,而金融繁荣正是20世纪90年代和21世纪英美经济体的特征。

正如皮克斯利(2002b:83)等人所指出的,经济学家对狭义理性的信任——我们认为,这种信任体现在对市场动态能自我纠正政府干预的过度自信("有效市场"假说)——导致他们对涂尔干一个世纪前捕捉到的市场扩张中不可避免的不均衡、充满感情色彩的内容视而不见。约翰·梅纳德·凯恩斯无疑是一位因思考大萧条中市场的"非理性"而引人注目的主要经济学家。他对"动物精神"和建立信心的动力的著名思考,不仅为我们打开了一扇门,使我们可以对市场行为进行更丰富、更社会学化的解释,将不平衡理解为一种正常状态,而且还为我们打开了一扇门,使我们可以明确和正常化外部约束在调节需求、建立信心和引导市场方面的作用。

最后,我们简要介绍了一系列现代社会科学理论,旨在帮助理解金融危机带来的混乱。我们认为,巴巴莱特提出的"情绪氛围(emotional climates)"概念延续了早先涂尔干、默顿和凯恩斯对情绪在当代金融和经济危机中作用的社会学兴趣。我们又回到了在某种程度上困扰三位作者的问题上[1]:需要构建并维持对市场的有效、持久的"外部约束",以避免破坏性危机。

涂尔干的世界:情绪、失范与经济

对于古典社会学来说,工业化造成的社会混乱的性质和程度是其中一个最具影响力的历史背景。19世纪中叶,卡尔·马克思曾为这一问题殚精竭虑。后来,同样混乱的金融和工业经济也是埃米尔·涂尔干的主要关注点,尽管这一事实常常被社会学家忽视(Mestrovic, 1991:167; Stanley, 1993:342)。他提出"失范"这一概念,即激情超越约束所带来的情绪混乱和迷失状态,这为他提供了宏观和微观的社会学见解。一方面,它是对无节制的需求、欲望和激情所带来的情绪压力的诊断;另一方面,它又是一个宏观社会学概念,捕捉到社会变革冲破传统监管所带来的混乱和动荡。

对于宗教在调节现代工业社会关系方面的力量衰退,涂尔干给予了相当大的关注。然而,在1897年撰写的文章中,他也对其最有力的替代品——现代国家——的失败做出了以下具有时代特征的评论:"政府非但没有调节经济生活,反而成了经济生活的工具和仆人。"(2006:216)毫无疑问,工业化的性质和速度,以及金融市场的不稳定性影响了涂尔干对失范状态的洞察。[2]

涂尔干指出,经济繁荣会动摇传统思维,并反过来"改变"市场规则。本章结束时,我们将论证,理解这一发生的方式仍然是社会学家面临的重要分析挑战。

值得追溯的是,涂尔干在其社会人类学中如何理解情感问题,以及如何有助于为当代对市场和市场过度问题的诊断提供参考。与马克思一样,涂尔干也认为,人类的与众不同之处在于其对非物质需求的不断追求,而这为人类生活增添了丰富性和戏剧性。然而,这种不稳定的发展也在个人和社会层面引发了情绪失调的问题。在涂尔干看来,生活中总是存在着需求、欲望、情绪和激情之间失衡的风险——这一基本模式启发了他对自杀倾向、工作中的疏离感和"无序"市场的理解。这引出了一个对涂尔干整个社会学传统贡献具有明确影响的观点,并且与我们在此的目的相关:"如果没有任何外在因素能够抑制这种能力,那么它只能成为自身痛苦的根源。"(Durkheim,2006:208)正如沃尔夫冈·施特雷克在倡导对自由市场进行"有益的限制(beneficial constraints)"时所指出的,涂尔干与波兰尼一致认为,无约束的经济自由将成为一种力量,会"最终摧毁自身的人类、自然和社会条件"(1997:207)。

外部约束这一概念对于本章的论证非常重要,因此首先值得停下来进一步思考涂尔干这一概念的含义,以及这一概念如何将涂尔干的社会人(homo sociologicus)与理性经济人区分开来。涂尔干认为,个人生活乃至人类社会的发展本质上是不断进步的,但其特点是发展和情绪不平衡。因此,社会通过规范或道德约束来规范个人——不仅限制可能的自由,而且保护个人免受社会解体的破坏性影响。对我们的论点很重要的一点是,涂尔干特别强调,从事工商业活动的职业生活特别容易推动和检验规则,因此容易受到失范力量的影响。用马克斯的话说,"对涂尔干而言,商业类型缺乏能够调节他们对利益追求的规则和制约"(Marks,1974:332)。资本主义下的经济失范是一种"长期状态(chronic state)"(同上:333)。涂尔干的观点与马克思接近,他认为商业是一种压倒性的变革力量,但它是社会纽带解体的核心因素。

对于涂尔干来说,找到解决失范状态的办法是一个重要关注点。事实上,这个问题持续影响着关心社会融合的当代社会学家。涂尔干的答案各不相同且随着时间变化。根据斯蒂芬·马克斯(Stephen Marks)的详细描述,涂尔干的对策包括鼓励职业和政治体制,以及从"创作或更新的时期"中获得灵感(Marks,1974:353)。关于后者,涂尔干似乎认为大众动员是克服失范倾向的一个主要变量。正如马克·特劳戈特(Mark Traugott)所指出的那样,涂尔干认为"使团结纽带重新焕发活力的活动也是那些使社会变革成为可能的活动"(1984:325)。

我们并不是说涂尔干的著作为当代金融危机提供了具体的答案。但我们确实可以断言,他敏锐而集中地关注了经济失范问题。与波兰尼一样,涂尔干认为不受监管的经济活动是自我毁灭的,并明确表示国家有责任作为一个独立于市场的制度、道德和法律力量,能够规范甚至约束市场。

相比之下,对于新古典理性经济行为者来说,这些内在冲突都不明显。这些行为者完美地实现了效用最大化,他们从未经历过拼命追求更多,或与社会制度的约束硬碰硬所带来的情绪紧张。然而,失业、为缓解工作不安全感而更加努力地工作、寻找高风险高回报的股票、内幕交易、恐慌性抛售、非正规交易以及与急于谋求重大投资项目的政府进行艰难谈判的日常事件,都表明经济互动和变化的图景是杂乱无章的、有力的、不确定的。信息和个人财务资源在不断演变的法律规则、市场条件、宏观政治环境和权力关系塑造的经济体中相互作用。

由此可见,涂尔干的理论和理性经济学观点之间存在着差异,这导致对理性本质和情绪在经济决策中的作用的不同理解。这种冲突蔓延到关于国家作为干预者角色的争议领域。在新古典经济学中,通常将国家视为一种干涉、分配"租金"的力量,扭曲了理性的市场结果。最近,在"有效市场"假说下,这一作用被进一步削弱,因为假定市场能够预测并抵消国家干预(关于这一点,见 Stiglitz,2010:258)。

但是,否定国家作为"外部"力量(用涂尔干的话说)的作用直接来自对经济行为的有限假设,而这种假设正是战后美国主流经济项目的驱动力。该项目认为个体行为者毫无激情且缺乏理性,并且他们有能力预测和适应外部事件的变化。一旦我们理解经济发展本质上是不均衡的,充满了不确定性、权力和阶级结构以及情绪动态,我们对市场行为乃至经济周期(预测凯恩斯的动物精神概念)的理解就会改变,而且我们相信,这种理解会得到加强。在涂尔干看来,市场发展必须由外部力量——规范、规则和国家干预——来管理。[3] 根据这种解读,国家不仅仅是一个干预机构,它可能被视为管理市场发展这一内在不平衡过程的一个关键机构。重要的是,它在遏制严重不平衡甚至失范的市场状况中典型的过度行为方面发挥着关键作用,这种市场状况往往伴随着重大的经济繁荣和萧条。

为了进一步阐明涂尔干的理论框架,我们引用了《自杀论》(*Suicide*)中的一段描述来说明市场的不稳定扩张及其社会影响。它对我们所描述的问题给出了一个深刻的早期描述。在讨论了经济灾难及其摧垮社会地位的影响之后,涂尔干转而讨论经济繁荣时期,在这种情况下也是如此:

> 如果危机的根源是权力和财富的突然增长,那么[失范现象]也是如此。平衡被打乱了,但新的平衡不可能立即出现。公众的良知需要时间来对人和事重新进行分类。只要被解放出来的社会力量还没有恢复平衡,它们相应的价值就无从知晓,因此所有的监管都会暂时缺失。在可能与不可能、正义与非正义、正当要求和希望与不正当要求和希望之间,界限是未知的。因此,对抱负没有任何约束。如果干扰程度很深,则会影响到控制不同职业之间人员分配的原则。由于社会各部分之间的关系必然会发生变化,因此表达这些关系的观念也必须随之改变……在传统规则已经失去权威时,更为丰厚的奖励刺激了这些欲望,使它们更加难以满足,并且对控制失去耐心。因此,在激情需要更多约束时,对激情的约束却越来越少,从而加剧了放松管制或失范状态。
>
> (2006:213—214;我们标出重点)

涂尔干阐明了市场力量与制度和权威之间不稳定关系的常态。市场力量破坏了制度的相对稳定性,正如民主政治改变了政治秩序。经济和金融的快速扩张给金融规则带来了压力,破坏了这些规则(无论在法律层面还是其他层面),并给涂尔干所说的"观念(ideas)"带来了压力。当代一个明显的例子是,过去30年,经济学中的亲市场(pro-market)思维占据主导地位,甚至在监管者中也普遍存在反对进一步监管的情绪。

涂尔干的观察还清晰地表明,扩张和收缩的周期与外部调节之间的关系是一种长期的、不断变化的紧张关系。这并不是说"外部约束"的力量总是被削弱,因此总是落后于市场力量。法律和监管的性质体现了集体学习(collective learning)的概念,随着时间的推移,规则逐渐形成,以抵制破坏性行为。与此同时,违反金融监管或放松监管政策的行为也失去了其"清白(innocence)"——它们必须表现出对"已知(known)"风险的警惕性漠视,从而体现出经济权力和利益对集体既定规则的行使。这一点开始在默顿的观察中浮出水面,在美国和现代世界最严重的经济萧条之后,默顿写下了他所谓的"自证预言"。

默顿的"游戏规则(rules of the game)":自证预言与现代失范

兰德尔·柯林斯注意到涂尔干的思想对美国主流社会学的强大影响,尽管:

> 涂尔干理论/研究计划……在理论上是最连贯的,在学科目标上也是最雄心勃勃的,但它在这些方面的优越性直到20世纪30年代和40年代才得到广泛认可。当时它通过塔尔科特·帕森斯和罗伯特·默顿的结构功能主义运动以独特的方式被公开宣传并得到发展。
>
> (2008:119)

正是在默顿的著作中,"失范"概念得到了发展,并发生了一些变化。与此同时,社会学观察者绝不能忽视默顿作品所处的大萧条时代背景。默顿抓住了成功导向情绪与外部约束"规则"之间的紧张关系,如下所述:

> 当对成功的崇拜通过独自玩纸牌游戏巧妙地主导整个局面时,微弱的不安情绪……以及公开违法行为[如轻罪;违法行为]的隐蔽性清晰地表明,那些逃避游戏规则的人了解游戏的制度规则,然而……这些规则的情感支持在很大程度上被成功目标的文化夸大所削弱。
>
> (1938:675;作者强调)

然而,违反规则并不是一个单向的过程。默顿关于自证预言的著述捕捉了双向过程,这为涂尔干自己的观察提供了信息。默顿(1982)解释了"预言、信念和期望"是如何成为现实的,即使是暂时的。即使是完全没有根据的知识,一旦进入社会行为者的计算,在这个意义上也会成为事实。在这个场景中,默顿所关注的伟大主题是偏见。但在1948年的写作中,他批判性地回顾了大萧条时期以"社会学寓言(sociological parable)"作为文章的开头:谣传最后一家国家银行已经破产,但事实并非如此,这就为谣传的实现创造了条件。他在文章的结论中再次提到了大萧条,以说明制度安排可以克服此这类情况发生:"自证预言,即恐惧转化为现实,只有在缺乏有意的制度控制的情况下才会发生"。(1982:265)显然,默顿想说明的是,市场中的混乱是如何从信念中产生的,而信念本身又具有一种力量,就像涂尔干看到的思想屈服于变革力量的方式。

这种自证预言的概念是一个有用的分析模型,因为它解释了为什么"不正确""有风险"或"有偏见"的知识可以成为常态——当其他人这样做时,在这个基础上操作是有意义的。默顿的模型进一步让我们看到,将更大的风险和激进的市场行为常态化是一个社会过程。不可靠的知识、直觉、猜测都变成了有效的"理性",与凯恩斯的"动物精神"如出一辙。旨在削弱不利于追求利润的限制条件的一系列活动,会产生一个更具风险的环境。

因此,金融危机的诱发因素至少可以部分地重构为一些事件、行动和信号的后果,这些事件、行动和信号表明"游戏规则"正在发生变化。与查尔斯·佩罗(Charles Perrow, 2010)一样,我们可以认为放松金融监管的努力不仅证明了金融资本对监管模式的影响力日益增强,同时也发出了一个信号,即为了短期利益而承担金融风险是可以容忍的。然而,即使其他信号是无意识的,也可能更进一步暗示着无休止的扩张。一个突出的例子是英国前财政大臣兼首相戈登·布朗(Gordon Brown)反复表示,商业周期已经结束,"保守党繁荣与萧条"或"繁荣与萧条"本身已经结束。以下列举的是1997年和2007年的情况:

> 40年来,在两党政府的领导下,我们的经济经历了繁荣和萧条,这是一段不光彩的历史……
>
> 因此,在即将到来的预算案和未来,英国所面临的真正选择是,一方面是像我们几十年来一直做的那样,从一个停滞周期挣扎到另一个停滞周期。
>
> 或者,另一方面,与过去决裂,摒弃短期主义,通过稳定、生产率持续增长和为所有人创造就业机会来确保长期实力。
>
> (1997年11月25日,财政大臣戈登·布朗议员发表预算前声明)

布朗在其作为财政大臣的最后一份预算案中说道：

> 副议长先生，自 1997 年以来，通货膨胀率平均为 1.5%，是前十年的一半。而根据历史记录，这是英国一个世纪以来最好的通胀表现。
>
> 与此同时，通过坚守我们的承诺，维持公共部门的薪酬纪律，我们不仅将实现 2% 的通胀目标，还将为维持低利率和抵押贷款利率创造条件。自 1997 年以来，低利率和抵押贷款利率一直是过去 20 年 11% 的平均水平的一半。我们再也不会回到过去的繁荣与萧条。
>
> （2007 年 3 月 21 日国会议员戈登·布朗阁下发表的财政预算案演说记录）

尽管这些声明可被视为表达了对适度扩张的偏好，而非过度扩张和萧条，但我们认为它们向市场传递了不同的信息——任何重大经济收缩的风险正在消退。这种过度自信与涂尔干的观点相一致，即过度的市场扩张所带来的失范现象最终会在观念和规则中得到反映（重构），而观念和规则本身又会强化膨胀的预期。

政治和规则的变革会引发危机。放松管制可能会带来风险，原因很简单，因为这意味着一系列的期望。因此，一方面，默顿寓言中银行挤兑的问题得到了解决，通过新的制度安排，"建立了联邦存款保险公司并颁布了其他银行立法"（1982：264）。相比之下，2008 年随着美国大幅放松管制和影子银行部门的发展，这些安排被削弱了。正如摩根士丹利时任首席执行官约翰·麦克（John Mack）所说：

> 9 月 15 日，雷曼兄弟破产后不久，摩根士丹利和类似机构就经历了一场典型的"银行挤兑"，投资者对金融机构失去了信心，整个投行业务模式遭到围攻。

（FCIC, 2011：353）

卡西迪（2010：327-8）报告称，在救市行动开始前的几天里，近 1 500 亿美元从货币市场基金中撤出。正如斯蒂格利茨所指出的，这场挤兑之所以可能发生，是因为监管程度的放宽（2010：15, 146-51），以及人们预期政府会出手救助公司（2010：42 and 135, cf. 80; also 81-85）。在很大程度上，美国政府确实准备这么做，尽管让雷曼兄弟解散的决定似乎是出于避免不正当激励的愿望，但这一总体立场在几天内就不得不放弃（Cassidy, 2010：325）。

默顿的观察使我们能够重新构建导致金融危机的事件，将其视为在定义游戏规则的影响和权力转变的产物；随之出现的行动可以被视为有意破坏规则的产物。这种极其不稳定的政治经济产生了一些使危机恶化的条件：2008年，经济机构已经明显缺乏信任，导致整个金融体系冻结（Stiglitz, 2010: 289 – 291）。要理解这种信心的丧失，最重要的说法来自约翰·梅纳德·凯恩斯。我们认为（包括巴巴莱特在内的其他人也这么认为），他的著作颠覆了人们所珍视的关于经济理性的传统，应该启发人们更清晰地思考经济如何以及为什么会陷入严重危机。首先，我们要阐明凯恩斯对于市场崩溃的一些核心见解，其次表明凯恩斯认为政府在防止市场崩溃方面不可避免地要发挥更大的作用。

动物精神与信心：凯恩斯对市场功能失调的诊断

重新审视《通论》（*General Theory*）已成为一种普遍趋势，人们试图通过回归凯恩斯的理论——他努力解析资本主义的不稳定性，并探寻稳定投资之道——来理解全球金融危机。我们的论述是对凯恩斯著作的社会学解读，将他与涂尔干并列，重点强调情绪以及影响经济活动的"非理性"动机和关系。此外，该书认识到这些作家有一个共同的关注点，即抨击"边沁式微积分（the Benthamite calculus）"，将其作为理解经济决策和社会组织的基础。

通过凯恩斯的"动物精神"思想，我们看到了市场的"非理性"。这是一个听起来自然主义的隐喻，似乎否定了对驱动繁荣、恐惧、预言的社会学解释，而这些正是涂尔干和默顿的核心思想。凯恩斯当然不是典型的社会学家之一，但正如皮克斯利（2002b: 71）所指出的那样，他的观点具有潜在的实用性："情绪研究从凯恩斯的'动物精神'概念中找到了一个切入点，尽管它很肤浅，而且是方法论个人主义。"

我们从市场主要参与者的情绪和预期入手，因为他们要应对不确定性，并以"或多或少的信心"进行回应。凯恩斯认为，"企业家"（指生产者或投资者，可能也包括大企业或小企业）必须决定——必须"形成最佳预期"——在当前价格下预期能得到什么价格，即"短期预期"，以及"作为资本设备的附加值"预期的收益，即"长期预期"（1973a: 46 – 7）。他认为，这两种期望都有一定的稳定性（关于这一点，另见本卷中Richard Swedberg的章节）。在短期内，不利的变化不太可能导致企业家完全放弃生产,而有利的变化则需要时间来雇用额外的人员和设备(1973a:48)。而在短期内,这些预期可以在"一个渐进和持续"的过程中进行修正,"主要是根据实际结果来进行;因此,预期结果和实际结果在其影响上相互冲突和重叠"(1973a:50—55)。投资部分基于"我们可以假定或多或少已知的现有事实",例如,包括现有的存货和当前的消费需求状况(1973a:147)。

但投资还必须部分基于长期预期,即"只能以或多或少的信心来预测的未来事件"(1973a:147—148)。正是在这一点上,凯恩斯引入了他后来所说的背离古典经济理论的第一个主要理由,这种背离不仅涉及不确定性,而且涉及强烈的情绪:

> 传统的未来理论假定,我们对未来的认识与我们实际拥有的认识大相径庭。这种错误的合理化遵循了边沁式微积分的思路。假设未来是可以计算的,就会导致错误地解释行动的需要迫使我们采取的行为原则,也会低估完全怀疑、不稳定、希望和恐惧这些隐藏因素。
>
> (1973b:122)

凯恩斯总结说,在预测未来时,"合理"的做法是对已知事物给予最大关注。但这些预期还必须取决于我们做出预测时的信心——取决于我们对最好预测结果完全错误的可能性的评价(1973a:148)。

要理解这一点,尤其要认识到"我们对预期产量的估计所依据的知识基础的极端不稳定性"(1973a:149—150)。因此,我们依赖于"惯例(convention)",即未来将与现在非常相似。从这一角度来看,"如果个人投资者能够相信惯例不会崩溃,那么对他来说,投资在短期内,因而在连续的短期内,无论有多少个短期,都是合理'安全'的"(1973a:153)。因此,从长期来看,与短期一样,投资者会在短期内修正预期。事实证明,这正是对当代投资的准确描述。皮克斯利(2009b)发现,"面向当前的短期主义……是'全球'或英美金融交易模式的特征"(2009b:399),并认为"公司根据其时间取向实施特定的'情绪规则',这有助于理解它们在处理内部和外部危险时的策略"(2009b:384)。

未来将与现在大同小异,这是一种"不稳定的"惯例。在这里我们可以发现,市场决策在面对不确定性时依赖于参与者的情感以及判断。例如,凯恩斯指出,"无知个体(ignorant individuals)"的立场可能会"因为意见突然波动而剧烈改变,这种波动是由事实引起的,这些事实实际上对未来收益没有太大影响,因为没有坚定的信念根基来稳定它"(1973a：154)。专家们也不会为了保护专业知识而采取更明智、更长远的观点。在这里,凯恩斯提出了一个对我们理解金融危机特别重要的观点。通常情况下,专家并不会着眼于长期规划,而是试图进行预测。

> 传统估价基础的变化比一般公众提前了很短的时间。他们关心的不是某项投资对于一个打算长期持有它的人来说真正价值是多少,而是在大众心理的影响下3个月或1年后的市场价值。
>
> (1973a：154—5)

凯恩斯(1973a：155—156)说,"专业投资者(professional investor)"将在短期内预测传统估值,就像玩"音乐椅(Musical Chairs)"一样——这个比喻在谈论全球金融危机时经常被提及(例如,FCIC,2011：175)。这也为经济社会学家如何理解金融专家在引导市场走向特定道路方面所扮演的角色提供了有益的指引,这与默顿的自证预言概念所暗示的方式大同小异。凯恩斯的观点有力地表明,我们可以如何理解金融建议的局限性,以及它如何无法实现任何复杂的理性客观性。

这种"预测市场心理(forecasting the psychology of the market)"的活动就是凯恩斯所说的"投机(speculation)"(1973a：158);但要理解经济生活的不稳定性,还需要一个更进一步的、独立的因素——动物精神:

> 我们做出的大多数积极决定(其全部后果将在未来的许多天里逐渐显现),可能只是动物精神的结果——一种自发的行动冲动,而不是无所作为,更不是量化收益乘以量化概率的加权平均值的结果。
>
> ……合理的计算得到了动物精神的补充和支持,因此,正如经验无疑告诉我们和他们的那样,开拓者经常会想到最终会失去什么,而这种想法会被搁置一旁,就像一个健康的人搁置对死亡的期待一样。
>
> (Keynes,1973a：161—162)

动物精神,被理解为"自发的行动冲动(spontaneous urge to action)",类似于涂尔干对"展开(unfolding)"行动的不平衡、情绪过程的描述,在这个过程中,"先驱者""搁置"了合理的计算。因此,凯恩斯将动物精神视为一种经济"人类学"——它描述了经济决策产生的渐进、自发甚至混乱的方式,并展示了经济决策如何无法脱离社会、政治和情绪背景。

凯恩斯观察到动物精神的脆弱性,并解决了我们现在所说的"商业信心(business confidence)"(也许我们在这里需要允许一些夸张的说法)。他再次明确地将我们带入了情绪范畴:

> 经济繁荣过分依赖于有利于普通商人的政治和社会氛围。如果对工党政府或新政的恐惧会抑制企业的发展,那么这既不一定是合理计算的结果,也不一定是带有政治意图的阴谋的结果,而仅仅是破坏了自发乐观情绪的微妙平衡的结果。在评估投资前景时,那些对投资活动影响较大的人的情绪、紧张状态,甚至包括他们的消化系统状态和对天气的反应都需要考虑。
>
> (1973a:162)

鉴于这种潜在的不确定性,凯恩斯与涂尔干认为,政府是能够塑造或稳定市场行为的"外部"因素。正如《通论》的著名论点,在"严重失业"时期,政府可以通过资助公共工程对总就业产生重大的积极影响(1973a:127);在这种情况下,"安排当前投资量的职责不能安全地交于私人之手"(1973a:320),应该"扩大政府职能,使消费倾向和投资动机相互调整"[1973a:380(另见 Backhouse and Bateman,2011:98)关于政府如何管理这些动物精神、通过公共工程政策稳定投资的讨论]。他期望政府发挥越来越大的作用:

> 我期待看到国家在直接组织投资方面承担起越来越大的责任,因为国家有能力从长远的角度并根据总体社会利益来计算边际效率……
>
> (1973a:164)

在这里,"信心"的概念似乎在企业家不稳定的微观决策和政府必须在经济环境中实现的宏观稳定之间提供了至关重要的联系,以遏制过剩和提振低迷的市场。

这种责任——维护信心——是现代经济国家的核心角色。但这个角色在很大程度上是吃力不讨好的,这让人想起涂尔干(听起来像马克思主义者)关于政府如何迅速成为市场的"工具和仆人"的观点。虽然政府一直面临着利益相关的市场参与者要求"放宽规则"的压力,但当放松管制导致经济大幅波动和崩溃时,政府也难辞其咎。商界很快就期望政府带来稳定的市场条件,往往是通过吸收私人过剩造成的巨大损失,以及转移民主福利国家的资源,从而维护市场主导者的特权。在描述全球金融危机对德国的影响时,沃尔夫冈·施特雷克对信心问题进行了描述:"'金融市场'对国家偿还债务的能力失去了信心,并要求恢复它们的信心。"他们预计政府将削减社会开支,并在公民抗议声中捍卫紧缩政策(2012b:137)。

阿克尔洛夫和席勒在《动物精神》(2009)中重新关注了凯恩斯对信心的见解,他们断言:

> 要了解经济是如何运作的,以及我们如何管理经济并实现繁荣,我们就必须关注激发人们思想和情感的思维模式,即他们的动物精神。
>
> (2009:1)

鉴于此,他们认为:

> 当前的危机……正是由我们不断变化的信心、诱惑、嫉妒、怨恨和幻想造成的,尤其是由不断变化的关于经济本质的故事造成的。
>
> (2009:4)

阿克尔洛夫和席勒在回归凯恩斯的一般理论时强调了动物精神的作用,并因此强调了政府对经济的参与,这种做法是正确的。有趣的是,主流经济学中明显存在的对情绪的偏见也得到了近期其他经济学贡献者的认可,其中包括丹尼尔·卡尼曼,他在《思考,快与慢》(*Thinking, Fast and Slow*)一书中承认,他早先关于启发式和偏见的研究未能充分考虑情绪因素。他举例说,投资决策的依据是"喜欢(liking)",而不是股票价格是否被低估:

> 一个重要的进步是,与过去相比,在我们对直觉判断和选择的理解中,情绪显得更为重要。今天,执行者的决定可以被描述为情感启发式的一个例子,在这种情况下,判断和决定直接由喜欢和不喜欢的感觉所引导,很少经过深思熟虑或推理。
>
> (2011:12)

然而,尽管我们同意阿克尔洛夫和席勒的广泛观点,但他们对于动物精神的描述,正如皮克斯利在本卷引言中所建议的那样,需要进行"抑制(repression)"。他们几乎把动物精神与非理性混为一谈,这似乎与凯恩斯的本意相去甚远。此外,我们认为,阿克尔洛夫和席勒的表述只是将"理性"从市场转移到国家,避免了政府试图"维持信心"时出现的复杂情绪,这一点我们将在本章最后一部分进一步讨论。

为结束对凯恩斯的讨论,我们重点关注在严重衰退背景下支配所有其他情绪的一种情绪状态——恐惧。古德温认为,凯恩斯本人的思想也受到了这种强大情绪的影响,"在工业化的最初几年,这种情感既刺激了储蓄,又在衰退时期阻碍了消费和投资支出"(Goodwin,2006:233)。而在当前的危机中,这种情绪随处可见,可能是将经济问题推向政治领域的最强烈的一种情绪。例如,科尼奥迪斯(Koniordis,2012)对希腊金融危机的描述,这场危机引发了一系列应对经济危机的措施,包括抗议、民众对政治家的谴责,以及大量年轻人离开国家,抗抑郁药销量增加以及自杀率上升。

结论:全球金融危机、情绪氛围与国家角色

当前关于市场的合理性和效率性,以及它们对政府和社会的影响的争论,具有悠久的历史渊源。有趣的是,当代对芝加哥("淡水")世界观的攻击来自主流经济学中的进步力量。这里我们想到的是诺贝尔奖获得者约瑟夫·斯蒂格利茨和保罗·克鲁格曼。奇怪的是,主要的社会学家在当前的辩论中被边缘化了,而情况并非总是如此。19世纪末,涂尔干不得不抨击斯宾塞社会学的"高效社会(efficient society)"假说——社会将自发地从市场的理性契约形成中产生。几十年后,凯恩斯受到动物精神驱动经济决策的坚持的启发,试图削弱理性经济学的核心,他认为市场会定期偏离均衡,政府在经济稳定方面发挥了重要作用。本书并不试图过多强调涂尔干与凯恩斯之间的联系;相反,这是在从"社会学"角度解读凯恩斯,并指出,对于那些有兴趣解释社会和经济崩溃的经济学家和社会学家来说,"有效市场"假说的早期版本是明确的目标。当代经济社会学关注破坏性市场变化可能产生的失范效应,以及经济决策的"动物精神"理论包覆的狭隘经济理性的偏离,是合情合理的。此外,涂尔干和凯恩斯的框架使我们能够认真对待情绪在描述和分析社会与经济效应中的作用——这也是本书各章的核心关注点。此外,这两个框架都不要求我们"半途而废",即承认情绪的作用,但只承认情绪是必须由理性主体管理的非理性过程。

我们的最后一个论点是,早先的辩论和论点在当代对21世纪初金融和经济危机的分析中产生了共鸣。在本节的最后,我们将对当代社会科学中关于情绪及其在解释经济周期中的地位的一些讨论进行评论。

巴巴莱特的情绪氛围与商业周期

正如本书所收录的文章所证明的那样,当代社会学已开始强调情绪在各种社会制度中乃至在那些构成理性基础的社会和经济决策与判断的形成过程中所隐含的重要性。对我们来说,讨论主要集中在一些历史性的描述上,即失控的繁荣和严重的危机所产生的强烈情绪——失范经济状况、金融建议和挤兑的自证预言以及动物精神。杰克·巴巴莱特在《情绪、社会理论和社会结构》(*Emotion, Social Theory and Social Structure*)一书中提出了情绪氛围的观点,这是目前对宏观社会情绪状态的一种解释,有助于经济危机的社会学调查。他将其定义为:

> 这些情绪或情感的集合不仅是参与共同社会结构和进程的群体所共有的,而且它们对于政治和社会身份的形成和维护以及集体行为的发展都具有重要意义。
>
> (1998:159)

巴巴莱特接着指出,"尽管氛围是共享的,但个体参与氛围的方式是模式化的,因此也是不平等的"(同上)。我们认为,这意味着一些接近涂尔干最初对产生失范经济变化的描述,在这种变化中,"群体"和"观念"被打乱了。

在同一篇文章中,巴巴莱特用大量篇幅探讨了贸易(商业)周期对情绪氛围的影响,并指出"关于贸易周期和情绪的社会学著作很少,贸易周期数据也很少应用于社会和情感范畴"(1998:74)。我们非常同意这一观点,但我们也认为涂尔干关于破坏性经济增长和崩溃的论述显然是巴巴莱特关于情绪氛围论述的先驱。涂尔干意识到经济周期对"群体"和"思想"的破坏性影响,因此他的立场与巴巴莱特以阶级为中心的模式非常接近。[4] 金融化使证明商业周期对情绪的影响变得更加紧迫——工薪阶层的养老金依赖股票市场,金融崩溃对实体经济造成的严重后果是失业、通货紧缩和紧缩,这都表明了市场波动的普遍脆弱性是显而易见的。

最近,安格斯·迪顿(Angus Deaton)在2012年发表的论文《金融危机与美国人的福祉》(*The financial crisis and the wellbeing of Americans*)中对金融市场的宏观情绪影响进行了量化。这涉及回归建模工作,旨在找出2008年的金融危机是否改变了美国人对自己幸福感的评判。它确实表明,美国人的情绪幸福感随着股票市场的下跌而降低,尽管幸福感并没有像预期的那样随着收入和就业的实际下降而下降。迪顿在解释这一谜题时指出，衡量幸福感的标准方法可能更多的是追踪人们对未来幸福感的预期，而不是当前的幸福感。在金融危机的情况下，这些预期受到了"可怕恐惧(dire fears)"的影响，尤其是那些不富裕的美国人，他们担心自己的工作可能受到影响(2012:22)。尽管迪顿认为，这削弱了福祉指标作为经济活动预测指标的可靠性(它们对重大冲击过于敏感)，但我们认为，结果实际上证实了经济危机对情绪的广泛影响，给数百万人带来恐惧。从这个角度来理解，迪顿所报告的令人费解的福祉复苏，即使在收入和就业指标继续恶化的情况下，也可以解释为"可怕的恐惧"变成了"严峻的现实(grim realities)"，它们不再对福祉预测产生任何进一步的负面影响。

在讨论经济衰退初期影响人们福祉的可怕恐惧时，凯恩斯讨论了影响市场决策者的恐慌以及政府有责任恢复"信心"的问题。在一个复杂的、往往矛盾的运作过程中，国家必须通过提供就业保障来"安抚"消费者，通过扩大增长前景来"安抚"投资者和生产者。巴巴莱特再次对这一关系提出了重要见解，扩展了凯恩斯的偶然观察。在巴巴莱特(1998:67)看来，情绪氛围决定经济中的阶级关系。近期的例子包括工人阶级对失业的担忧(迪顿的数据充分证明了这一点)，以及商界人士对增加税收和干预政策感到不安，参见社会党人弗朗索瓦·奥朗德(François Hollande)在 2012 年 5 月赢得法国总统大选前夕，富裕的居民纷纷逃往邻国瑞士和卢森堡的传言，以及反紧缩政党激进左翼联盟(Syriza)在希腊的政治地位上升所引发的"精英担忧"(巴巴莱特)。

信心与国家角色

正如保罗·克鲁格曼(2012:206)继卡莱斯基(Kalecki)之后指出的那样，市场本身期待政府"恢复"和"提供"信心，而与此同时，商界领袖却批评政府的监管、税收和福利支出。这种相互依赖的关系充满了重大矛盾。在一个极端，商界攻击纠正市场崩溃所必需的刺激措施，甚至成功地主张大幅削减福利国家(紧缩政策)，众所周知，这将加深和延长经济衰退带来的痛苦。在另一个极端，大型企业争相寻求国家保护以确保生存。例如，高盛集团和摩根士丹利都有强烈反对监管的记录。2008 年 9 月，他们发现实际上成为银行控股公司并将自己置于政府监管之下符合他们的利益(FCIC, 2011:362－363)。然而，如果政府将国家控制扩大到超出企业所能容忍的程度，企业则可能会对政府采取强硬措施，在极端情况下,企业可能会撤出资本。克鲁格曼正确地指出了信心论的局限性,认为货币政策和财政政策旨在刺激经济活动,而市场信心最终取决于经济活动。从克鲁格曼的评论中,我们看到了他对国家独立于重大市场利益的坚持,即使这意味着从长远来看,恢复信心需要国家采取行动反对市场。从持续了30年的辩论来看,他的评论似乎是在呼吁恢复国家的"相对自主权(relative autonomy)",使国家不再过于依赖满足市场需求,也不再过于愿意让市场决定规则。

外部约束与民主福利国家

为了与先前的主题相联系——涂尔干似乎意识到需要"外部约束"来管理市场的增长和变化。他提出的社会民主使国家在指导和调节经济职能方面发挥积极作用(Giddens,1986:14;Durkheim,1959:34—35)。显然,他指的是现代国家作为履行这一职责的行为者所提供的一整套规则、资源、监管机制和惩罚措施。凯恩斯也持类似观点。这也是阿克尔洛夫和席勒(2009:xxiv)等准凯恩斯主义者所采用的观点,他们认为政府应该:"设置舞台(set the stage)。这个舞台应充分发挥资本主义的创造力。但它也应抵消因我们的动物精神而产生过度行为。"

沃尔夫冈·施特雷克(1997,2009)明确采用了涂尔干的观点,他认为要确保持续的经济利益:

> 经济只有融入一个完善的社会,才会有良好的表现,而只有对个人利益的追求施加规范性约束或社会义务,这样的社会才会存在。缺少这些约束,社会秩序就会让位于失范状态。
>
> (1997:199)

社会必须"治理"经济,因为自利行为最终会"损害自身的成功"(1997:207)。在这里,施特雷克遵循波兰尼的说法,资本主义"本质上是不稳定的""不可避免地会侵蚀社会凝聚力,除非社会有能力和意愿让市场跟上他们的步伐,并让它们保持下去。"如果市场不受监管,就会不断威胁个人的生活机会甚至社会身份(2009:247—248),因此问题在于"如何区分善意和恶意的约束"(1997:210)。

最后我们要问:"约束"在今天意味着什么?这个问题与困扰涂尔干整个精神生活的问题密切相关,他在职业和政治集会中以及在民众动员的道德再生潜力中寻求答案。从历史角度看,对市场功能失调的一系列反应可能会导致市场被其他分配制度完全取代,比如,国家所有制或宗教共同控制。例如,国家对市场的控制可能看起来很有吸引力,尤其是当市场失灵,或者市场带来灾难性后果,导致大部分社区陷入贫困,或者经济增长完全瓦解的时候。然而,国家对市场的遏制可能是压制性的——正如阿克洛夫和席勒所暗示的那样,国家同样可以摧毁一个社区的创造力和活力。

因此,最好将问题界定为:民主国家如何约束或管理金融市场才能取得良好的效果,以及什么样的机制才能防止出现极端形式的放松管制、贪婪和冒险行为。民主国家可选的选项必须在国家角色的限制之内,不能忽视法律机构和权利。

在这里,我们的看法与阿克洛夫和席勒不同——政府的作用不是用"理想理性(ideal-rational)"的行政应对措施取代"非理性"的市场趋势;相反,政府的干预措施应涉及对市场形势的一系列应对措施,这些措施引入了民主政治所产生的不同逻辑和情绪,改变了影响经济的力量、规则和结果的平衡。遗憾的是,不确定性和信心的问题不会因为另一群行为者(这次是国家政府)对市场崩溃负责而消失。在经济繁荣时期,民主国家的政府(和选民)可能会合谋放松管制、投机和通胀。相比之下,在经济衰退时期,尽管欧洲的选举意愿反对大幅削减预算,但在撰写本书时,各国通过政治手段缓解财政紧缩的微小努力也遭到了强大的商业利益集团的反对。我们的观点是,市场崩溃的情绪最终不可避免地进入政治领域,选民和商业利益在此竞相影响政府对于崩溃和严重经济衰退的应对措施。

然而,我们认为民主福利国家具有一些特征,可能有助于防止经济崩溃的最严重过度现象。运作良好的民主政体更有可能限制市场过剩,因为政治体系中存在着激励措施,惩罚将失败的私营企业成本转嫁给多数人的政治家。其中还应该包括有代表性的机构,呼吁人们关注放松管制政策可能造成的危害。而在理想情况下,民主影响应该服务于不同的利益,这些利益不太容易削弱那些保护经济免受过度投机和风险的机构。这些机构不太倾向于忽视困难,反对创造就业机会和基础设施支出,也不愿意放弃通过合作、创新、培训和技术提高生产力的机会。民主压力可以被理解为政治上的"动物精神",有助于引起人们对被狭隘的市场利益所忽视或与之无关的迫切需求和利益的关注。

注释

1. 卡尔·波兰尼还基于"自利益"(1957a:249)对 19 世纪市场社会的后果进行了反思。他指出,自利必然会服从于"人的本性(man's nature)"或他所称的"伟大而永久的制度(great and permanent institutions)"(1957a:251)。正如他所指出的,这种外部约束可以采取多种形式,其中许多形式并不民主(同上)。我们将在结论中对此作进一步思考。

2. 事实上,涂尔干在讨论失范式自杀时一开始引用了1882年巴黎证券交易所的崩盘(2006:202)。

3. 正如埃里克·欧林·赖特(Erik Olin Wright)所指出的,'涂尔干在其著名的关于"契约的非契约基础(Noncontractual bases of contract)"的讨论中(解释了这一点)。有时,这些"非契约性"基础主要从文化和规范的角度来理解,有时则从权力、胁迫和统治机构的角度来理解'(2004:407)。

4. 我们还注意到,埃里克·欧林·赖特按照新马克思主义的思路,对沃尔夫冈·施特雷克(1997)重建涂尔干经济约束模式的观点做了类似的修正。赖特的观点是:

> 与标准的新古典经济学的市场经济观点相比,(施特雷克的)涂尔干观点无疑是一种进步。然而,它与标准的新古典主义模式有一个共同的隐含假设,即在这些经济体中不存在利益根本对立的阶级。

(2004:410)

9 "尼古丁换蛋白质"

日本战俘营中的文化与艰苦交易的情绪

本杰明·曼宁

引 言

1941年12月7日,日本对英美在太平洋地区的据点发动了敌对行动,对珍珠港和香港实施了双重打击。在不到6个月的时间里,日本就控制了整个地区,其中包括超过300万平方英里的东南亚地区和几乎整个西太平洋地区。这一军事胜利带来了约32万名盟军战俘(Daws,2008:96;Waterford,1994:31,182)。这个数字包括约22 000名来自澳大利亚的战俘,以及另外22 000名来自美国的战俘(Beaumont,2001:344)。大多数日本俘虏的盟军士兵,被囚禁的时间从1942年初一直持续到1945年战争结束。美国人主要是在菲律宾被俘,而英国人和澳大利亚人主要是在新加坡周边地区被俘,包括现代马来西亚和印度尼西亚的多块领土,这些地区当时是英国和荷兰的殖民地。盟军战俘被运往亚太各地,充当劳动力以支持日本的战争行径。战争结束时,战俘遍布南至巴布亚新几内亚、北至满洲里的各个战俘营里,其中约3.6万人被关押在日本本土。这些战俘中约3 500人死在日本,另有11 000人在前往日本的途中死亡,其中大部分是由于运输船遭到鱼雷袭击。

本章将探讨盟军驻日战俘营中生活的一些经济方面。日本战俘营是一个资源极度匮乏的地方,那里的口粮几乎不足以满足生存需要,战俘们从事各种形式的经济活动来补充微薄的口粮。这些经历可以被视为一个准实验场所,用来分析和比较在极端条件下的经济行为,这揭示了理解文化和社会结构的重要性,以理解金融活动的情绪原因和后果。

战俘营作为准实验品

社会科学的实验机会有限。在经济学领域,尽管有人尝试采用小规模的实验方法进行基于实验室的博弈论研究,但这些研究成果的普遍适用性却备受质疑。另外,对于已经发生了重大结构性变化的真实社会事件,也被视为"自然实验(natural experiments)并进行了分析"。在这些情况下,尽管规模很大,并且存在着很多偶然性,但很难孤立特定因素并确定因果关系。同样,对国家经济的比较分析涉及如此巨大的规模,往往需要采用一些技术,如比较社会和经济制度的特定部分,如福利制度或特定行业,因此必然会减少细节和复杂性。

战俘在这些集中营中的经历可以被解读为经济行为中罕见的"自然准实验(natural quasi experiment)"。与实验室条件不同,这些经济体是真实的生活环境,其行为会带来真正的生死后果。然而,这些经济体的规模也足够小,而且内涵丰富,足以对其复杂性进行深入研究。

拉德福德(1945)曾对战俘营的经济学进行过分析,但日本第二次世界大战战俘营的条件与拉德福德笔下的欧洲战俘营在几个重要方面有所不同,正是这些不同之处使日本战俘营成为有趣的准实验场所。拉德福德描述的是军官专用营地。根据《日内瓦公约》和《海牙公约》的规定,军官应与其他军衔分开,他们可以领取薪水,但不需要工作。日本人并不觉得自己受公约约束,因此他们没有将军官与其他军衔分开。这是一个非常重要的区别,因为被俘的军官在营地内担任着对其他军衔具有权威和责任的职务。日本政府支付战俘的劳务费,其中一部分按军衔登记支付给战俘本人。

据拉德福德描述,战俘营中的经济活动主要依靠红十字会包裹和从家里寄来的包裹进行商品交易,而在日本的战俘营几乎完全与外界经济隔绝。他们从未收到过家里寄来的包裹,因为他们的家人根本不知道他们在哪里,他们也很少收到红十字会的包裹。这些战俘在整个拘留期间都是靠口粮度日的,虽然他们能够与其他国家战俘营外的市场取得联系,但是日本的战俘却不能,因为当时日本本身也面临着严重的食物短缺。

作为准实验场所,这些战俘营也有一个重要的比较元素。当战俘最初被俘时,他们不是按军衔分开,而是按国籍分开。因此,不同国家的战俘分别面对相同或非常相似的结构条件。有趣的是,战俘的经济活动和组织并不是千篇一律或毫无规律可循,而是明显受到国家文化的影响,澳大利亚、英国和美国战俘在构建新社会时的行为方式截然不同。

本章的重点是战俘在日本的经历,这在某些方面可以被视为第二次"实验"。在来到日本之前,战俘们一直被关押在大型战俘营中,里面有成千上万的同胞。在日本,战俘营的规模要小得多,通常只有几百名战俘,有时更少,最大的战俘营也不会超过 600 人。在日本,战俘不再按国籍划分。澳大利亚战俘在东南亚各地建立了规范的战俘营,第一次遇到了在菲律宾建立战俘营的美国人。正是这些遭遇,驱使战俘们在权衡自我与敌方组织经济的策略时对那些理所应当的观念进行质疑,而这往往会引发他们强烈的情感反响,这一观点将在下文作出详细论述。

波兰尼与东南亚战俘营的经济组织

在探讨日本所发生的事件之前,我将简要回顾战俘在抵达日本之前在以前的战俘营中经历过的道德经济的主要特征,并借鉴卡尔·波兰尼的经济类型学,将其作为一种制度化的过程。我从波兰尼那里借鉴的第一个概念是他对经济的实质性定义。如果使用形式主义的经济定义,就会将大部分有助于战俘生存的活动排除在外。形式主义的定义仅限于市场活动,仅限于通过兑换进行的选择。而波兰尼从亚里士多德那里借鉴的经济定义则是一个制度化的过程,人们通过这个过程来保障自己的生计。

这一愿景在亚里士多德的经济理念中得到阐述,他将经济看做一个制度化的过程,通过这个过程,人们的生存得到了保障。

(Polanyi,1977:30)

实体经济是由两个不可分割的层面构成的:人与环境相互作用的过程及其制度化过程(Polanyi,1977:31)。过程表示运动:物质的运动和制度有效地表示文化,尽管波兰尼没有使用这一术语。这种将经济定义为制度化过程的观点,改变了经济分析的范围,使其从商品贸易的正式定义扩展到任何与供给或生计相关的活动:

> 活动,只要是制度化过程的一部分,就可以被称为经济活动;机构,只要集中了这些活动,就可以被称为经济机构;过程的任何组成部分都可以被视为经济要素。
>
> (Polanyi,1959:166)

波兰尼的出发点是,经济是一个制度化的过程,并引出了制度分析的方法论。波兰尼用这种方法研究了人类过去和现在的大量经济,发现组织社会经济活动的三种核心制度模式——再分配、互惠和兑换,且每种模式都建立在特定的社会结构之上。正是通过这些模式的反复出现和相互依存,一个经济体才得以整合,"确保其稳定和统一"(Polanyi, 1959:167-8)。制度模式如图9-1所示。

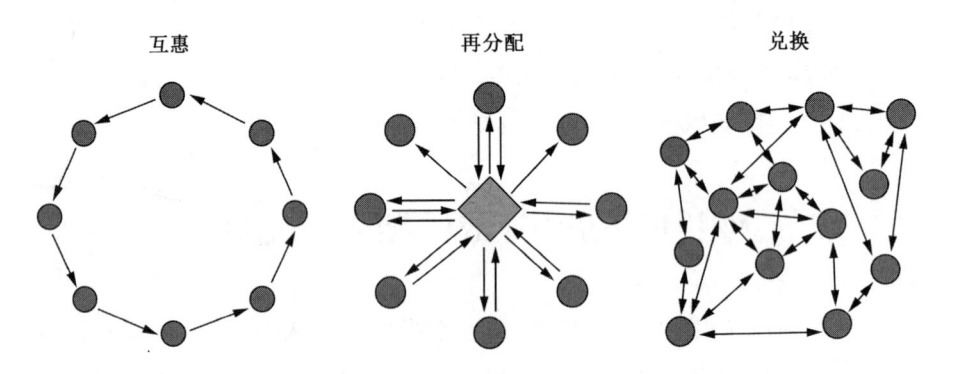

资料来源:改编自 Schaniel and Neale,2000:90。

图 9—1　融合形式示意图

波兰尼确定的第一个过程是互惠。互惠不是一种个人行为,而是特指社会群体行为。互惠涉及对称群体相关点之间的流动,因此假设以对称排列的群体为背景,包括友谊、亲属关系和酋长关系等。流动通常涉及相关点之间等值资源的转移。

波兰尼确定的第二种活动模式是再分配。再分配过程是指通过习俗、法律或临时中央决策,由"一只手"集中收集和分配物品。它指的是"通过习俗、法律或临时中央决策组织的向中心或从中心(首领或国家)向外的合理流动进行经济协调"(Dale,2010:116)。如果没有预先存在的制度基础,再分配过程就不可能进行，因为除非有一个公认的中心，以及向中心流动和随后离开中心的渠道，否则再分配就不可能发生。"原则始终不变——向中心收集，从中心再分配"（Polanyi，1959：172）。一个当代的例子是现代福利国家的再分配活动。

波兰尼在其类型学中指出的第三个过程是兑换。兑换意味着两个实体物质之间的双向流动。兑换是正式经济学的唯一对象，但在波兰尼的图式中，兑换一般不太重要。这并不是因为波兰尼认为兑换不同寻常，事实上恰恰相反。他认为，某种形式的兑换几乎是普遍存在的。然而，他的论点是，除了现代资本主义经济之外，兑换在其他已知社会中通常是一种不那么重要的经济活动。他认为，几乎所有已知的文化都限制了社会交流的程度：

> 限制因素来自社会学的方方面面：习俗和法律、宗教均促成这一结果，即在人和物、时间和场合方面对兑换行为加以限制。
>
> （Polanyi，1957a：61）

要充分理解这一点，就必须了解波兰尼对市场的定义，以及这一定义与通常的用法有何不同。操作性兑换，即仅仅是地点上的流动；决定性兑换，即按固定汇率进行的兑换；综合性兑换，即按讨价还价的汇率进行的兑换（Polanyi，1957b：244—5）。波兰尼认为，虽然人们可能每天去购物的地方市场很常见，但它们并不重要，因为它们本质上缺乏竞争性，在很大程度上只是在实体经济之外而非内部发挥作用的机构。这里有一个重要的区别：看似定价的讨价还价，实际上可能是围绕交易的一种习惯表现，而且实际上可能是再分配的一部分。只有最后一种兑换形式，即综合性兑换，才符合形式主义的预期，即资源的生产和分配是通过价格体系的供需机制进行自我调节的。

在确定了经济活动的三种核心模式之后，波兰尼的类型学接着探讨了一体化问题。事实上，他将这三种过程称为"一体化形式"，这一概念是其制度分析方法的核心。波兰尼认为，"研究经济在社会中地位的变化"实际上是研究"经济过程在不同时间和地点是如何形成的"（Polanyi，1968：148）。分析师的出发点是确定的：

> 经济获得统一性和稳定性的方式，即经济各部分之间的相互依赖和循环利用。这是通过极少数模式实现的，这些模式可以称为一体化形式。
>
> （Polanyi，1968：148—149）

克里普纳(2002:779)将这三种一体化形式有效地描述为代表组织经济活动的不同方式的制度模式,它们通常不是孤立存在的,实际上是所有社会中或多或少存在的要素。然而,其中只有一个要素可以说是一体化的。

> 一体化存在于经济过程中,只要货物和人员的流动……实现制度化,从而在各种流动之间形成相互依存……因此,一体化的形式指的是制度化的流动,通过这些运动,经济过程的各个要素……被联系在一起。
>
> (Polanyi, 1977:35)

某种特定的一体化形式的主导地位指向基本结构,因为不太重要的制度特征"往往会在结构上适应这些'特征'"(Polanyi, 1960:332)。

为了达到我们的目的,需要理解的重要一点是,在抵达日本之前,澳大利亚的战俘营都是通过互惠来实现一体化的,而美国的战俘营都是通过兑换来实现一体化的。无论是在地方层面还是在正式的经济组织层面,澳大利亚人都严格遵守平均主义原则来组织经济。澳大利亚人作为一个小群体,倾向于分享一切,并在"搜刮"(从日本人那里偷东西)时共同协作。他们是出了名的神偷,依靠分享战利品。这件事意味着他们可以作为一个团队非常有效地工作,并实现其他群体不可能实现的抢劫和走私行为。在战俘营组织方面,澳大利亚军官对自己的薪金实行征税制度,使他们之间的收入相等。通过征税筹集到的资金以额外食物的形式重新分配给整个团队,尤其是用于支持病人的福利计划。通过将这些钱用于大宗采购,他们还能得到更多的福利,所有澳大利亚人都从中受益。

从被俘虏开始,位于菲律宾的美国战俘营就通过兑换实现了一体化。澳大利亚和英国的战俘营也有很多买卖,但受到其他主要因素的限制。而美国人的情况并非如此,美国难民营没有福利计划。位于菲律宾的美军战俘营早期总体情况与本章其余部分所述的日本战俘营的情况非常相似。根据波兰尼的类型学,我们可以看到,每个国家的战俘营都属于这三种类型中的一种。在每一个战俘营中,三种形式的经济过程同时并存,但只有一种形式占主导地位并实现了一体化。本章的其余部分着重于他们在日本的经历,这是这两组战俘首次相遇的地方,但偶尔也会提到他们早先在其他地区的经历。

日本战俘营的综合性兑换

与东南亚的战俘营相比，日本战俘营的物资更加匮乏。当时日本粮食严重短缺，几乎没有机会与百姓进行贸易。尽管如此，日本战俘营的战俘之间仍然进行着大量的贸易和易货交易。事实上，在战俘营外进行贸易的机会有限，进一步证明这些战俘营主要是通过兑换实现一体化的。

美国人爱德华·黑尔写了一篇关于他在善通寺战俘营期间不断进行易货贸易的文章，其中一章的副标题是"为身心生存进行易货贸易"（Hale，1995：49－59）。这是一个特别具有启发性的叙述，其中包含关于日本战俘营之间兑换过程中的不同寻常的细节。黑尔认为，易货贸易主要是根据个人偏好进行的良性商品兑换，这种交易对精神刺激非常重要。但他所描绘的实际上是一幅完全商品化的图景，他还提到暴利的阴暗面，尽管他声称这种行为是不被允许的。有些人会用质量换数量，比如，用一小份美味的食物换一份饱腹且平淡无奇的米饭。那些不吸烟的人可以用他们的香烟配额换取食物，或换取服务，如洗衣服、值班或在战俘营工作。很快，一切都被商品化了：

在这样的地方，每样东西的价值都与其对生存的必要性成正比。最重要的当然是食物，从未便宜过。其次是香烟，最后是衣服。肥皂和铅笔、笔记本、牙刷等实用物品一般都很值钱。这些物品根据需求的规律性、物资发放的次数以及黑市上的供应情况而有所不同。

（Hale，1995：53）

这一描述表明，交易的物品绝对是最基本的。这不是拉德福德在欧洲战俘营描述的额外奢侈品交易，而是日本人提供的非常基本、实际上总是不够的口粮。还要注意的是，黑尔讨论的是这些物品的相对价值，而不是价格。波兰尼将兑换定义为"物品在双手之间的相互占有性流动"（Polanyi，1959：180）。所有兑换都以汇率为基础，但汇率并不一定意味着价格。我们往往认为兑换和定价市场兑换是一回事，不过这是新古典经济学的观点，但在波兰尼的分析图式中，它们并不是一回事。波兰尼确定了兑换的三个层次，这三个层次可以根据确定汇率的方式来确定。兑换可以按固定汇率、不确定汇率和议价汇率进行。只有在议价汇率的情况下，汇率或价格才由交易过程本身所决定，而不是由其他主导因素决定。固定汇率是习惯性的、法定的或公之于众的，因此很容易识别。不确定汇率则更为复杂，既不是固定的，也不是讨价还价的，而是与货物流动有关的各种其他操作的结果。在某些情况下，如征税、拍卖和彩票，汇率必须是不确定的，因为它在交易时无法确定，只能在事件发生的过程中确定。在其他情况下，汇率是故意不确定的，因为参与兑换的人认为汇率是次要文体，比如，朋友们兑换圣诞礼物或野餐捐款。波兰尼指出的第三种层次的汇率，即议价汇率，指汇率是在定价市场中"合作伙伴之间讨价还价"的结果。

这些区别对于分析文体至关重要，因为汇率水平，即汇率的确定方式，有助于深入了解经济一体化的方式。固定汇率兑换和不确定汇率兑换都适用于一体化的再分配形式或互惠形式。例如，不确定的税率既存在于诸如嫁妆之类的互惠安排中，也存在于诸如国家税收制度之类的再分配安排中。然而，议价汇率的兑换仅限于定价的市场机构(Polanyi,1959:180-181)。

"价格"一词意味着波动，这可能是真的，也可能是假的，所以波兰尼倾向于使用"等价物"。在供求人群这一因素之后，决定兑换是否实现经济一体化的重要因素是等价或汇率。等价物在一定程度上与一体化相对应。在通过兑换实现经济一体化的情况下，等价物就是价格，它们是通过交易决定的，指定的是"不同种类商品之间的数量比率"(Polanyi,1959:183)。另外，在再分配形式的整合下，等价物也很常见，但它们指定的是

> 不同种类的物品之间的关系，这些物品可用于支付税款、租金、会费、罚金，或表示根据财产普查获得公民身份的资格。同时，等价物还规定了受益人可以选择的工资或实物配给的比例。
>
> (Polanyi,1959:183)

这一点很重要，因为它使系统具有灵活性。但这与现金关系截然不同。"等价物不是用物品来换另一种物品，而是用物品来代替"(Polanyi,1959:183)。在互惠是综合因素的情况下，等价物又是完全不同的，等价物与处于对称地位一方的充足的物品有关。"显然，行为背景不同于兑换或再分配"(Polanyi,1959:183)。

黑尔关于美国善通寺战俘营的描述表明，该营地的经济实际上是通过兑换实现一体化的。也就是说，汇率是通过定价市场机构的议价来决定的，而这些机构又与一个一体化系统联系在一起。一个特别有趣的例子是货币。起初，营里的军官领了军饷，但尚未参加工作的士兵却没有。军官们拥有的钱远远超过了

他们在食堂可能花掉的钱,他们开始雇用其他人做"小工"。于是货币开始流通,但很快便贬值。虽然战俘营里有大量的日元,但并没有被用作交换媒介。由于没有对支付、税收以及支出进行强制性循环,也没有固定的商品储备来稳定其价值,因此日元在战俘营内没有任何价值。

相反,香烟却被用作交换媒介。定量配给的香烟供应稳定可靠,而且由于吸烟者每天会消耗掉大量香烟,所以香烟的价值也就稳定下来。后来,当香烟供应变得不稳定时,米饭就成了标准价值。随着相对稀缺程度的变化,价格也发生了迅速而显著的变化。当香烟供应充足时,一碗米饭的钱可能卖到 50 根雪茄;但当烟草供应枯竭时,其价值大大增加,一碗米饭的钱可能只卖两到三根雪茄。这些市场波动导致一些人在商品充足时囤积商品,以便在稀缺时牟取暴利。换句话说,他们在资源充足时以低价购入,在市场条件发生变化时继续持有,然后在稀缺时以高价出售。黑尔声称,这种囤积以牟取暴利的做法受到了人们的抨击,但并没有被制止。有一些人悄悄地四处活动,提供一边倒的交易,这是一种收取食物高额利润的"可怕的骗局"(Hale, 1995:54)。然而,这个战俘营相对富裕,因此维布伦所说的这些"尖锐做法"的全部影响并不像之前描述的其他战俘营那样明显。

曾经有一段时期,由于除了大豆之外实在没有其他东西可以交易,所以贸易一度萧条。值得一提的是,禁止大豆贸易的是日本人,而不是美国人,而且是通过暴力手段强制执行的,因为大豆是人类赖以生存的营养物质的重要来源。贸易的下降并没有永远持续下去。黑尔描述了数百个装满各种食品的红十字会箱子的到来是如何立即恢复贸易的:

> 惊人的"玩弄手段"再次开始。例如,三文鱼罐头与咖啡或牛肉的比较价值的涨跌,完全超出了外行人的想象。
>
> (Hale, 1995:120)

等价物(或价格)的不稳定性清楚地表明,交换是以议价的方式进行的,而且这些价格在不断变化,这在证券交易所之外是很少见的。它们相互联系、相互影响的事实表明,这些都是市场机构,而不是在再分配或互惠背景下进行的交换。位于菲律宾的美国战俘营也是如此,但在东南亚的澳大利亚战俘营却不是这样。然而,日本战俘营的条件比在菲律宾更为极端。

日本的硬交易

由于与外部市场的联系非常有限,日本的战俘营里没有像海外那样的大型黑市。如果一个人想在日本获利更多,就只能直接牺牲另一个人的利益。正如加文·道斯所描述的那样:

> 在日本,聪明的人才能在交易中脱颖而出,且越来越需要硬汉。真正的贸易始于一个实在忍受不住饥饿的人,他必须得到更多的大米。若他没有资金支付也没有抵押品,则他便会找商人借大米,此时商人就会向他收取利息。
>
> (Daws, 2008:307)

呐喊声此起彼伏:"蛋白质换尼古丁"或"今天的大米换明天的大米"。绝望的吸烟者是最脆弱的目标,他们不仅要满足烟瘾,而且愿意用营养来换取尼古丁以抑制食欲,这简直是以命换命。冬天,当男人们干完活回来,又冷又累又饿的时候,他们往往愿意用第二天的早餐来交换,只为在当晚感到些许安慰。

在名古屋战俘营,那里有"饱食者"和"兔子"。兔子是债务人,他们抵押未来的口粮来增加当前的消耗。"饱食者"一天不吃东西,然后第二天以很高的利率借给兔子,比如50%甚至100%,如此循环往复,他们就能以此筹集足够的资本,以利息的方式把食物借给兔子,从而促进更大的整体消费。"兔子"经常会在还债之前饿死(Hubbard, 1990:193)。这些模式以及所涉及的具体情绪几乎在所有的美国驻日战俘营中都相当一致。

这些条件使得艰苦的交易员们得以兴旺发达。J.J.卡特是一位在日本从事掠夺性贷款和期货交易的大型交易员。卡特的证词很有意思,因为他揭示了其中一位大型交易员对这种情况的看法及其动机。卡特说,他以前在菲律宾的战俘营里被其他美国交易员敲诈,这让他感到愤愤不平。"在日本,我决定报复……于是便开始了自己的生活"(Knox, 1981:391—392)。

他开始在菲律宾从事贸易,但那只是在战俘营外廉价购买东西,然后走私进来,再高价卖出。在日本则不同。虽然他也做过一些走私生意,但核心业务是掠夺性贷款。正如巴黎的房地产经纪人向布迪厄(2005:169—181)承认,他们知道自己真正销售的是金融而非住房,他们的目的是刺激买家购买符合其借贷能力极限的房子。卡特和他的合伙人也知道,他们真正的业务是通过商品而非商品本身来销售贷款,并通过瞄准最弱势群体来获利。

> 你与弱者做生意。交易的一端是弱者,另一端是强者,一个商人。一个叫戴尔的人曾帮助过我,他和我一起做生意,我说的就是这个生意。我们不称之为交易,而是借餐换餐。
>
> (Knox,1981:391)

他们的做法实质上是以眼前的食物换取未来的食物,并收取利息。例如,早餐的配给量比晚餐少得多,所以卡特会用自己的早餐来换取另一个人的晚餐。或者,他可能会用今天的米饭换取明天的米饭和汤。当食物多到吃不完时,他必须得把食物变成不会变质且具有储藏价值的物品。因此,他会卖掉多余的食物,在之后换取香烟。他可以用一顿饭向一个不抽烟的人换取十根香烟。然后,他一直保存这些香烟,直到吸烟者消耗完所有配给的香烟,因为他预见到未来香烟的稀缺性会抬高其价值。在下一次香烟定量配给之前,所有人的香烟都消耗光了,所以他又垄断了市场,他就能以每支香烟一顿饭的价格售出。因此,一周前价值 10 支香烟的一顿饭现在只值 1 支香烟。卡特指出,正如汽车销售宣传的是月供而不是汽车的总价一样,

> 你并没有走到某个人面前说,"我给你一支烟,你给我一顿饭。"不是这样的,这就像付款计划。这就是战俘营里的交易方式,永远在计划未来。
>
> (Knox,1981:392)

交易员必须对未来有定位,必须有能力延迟满足自己的饥饿感,以树立自身的地位。对绝望的债务人强制执行偿还的能力也是如此。

破　产

某种形式的破产政策普遍出现在这些贸易强硬的美国战俘营中,这是一个普遍的现象。不同阵营的做法略有不同,但总体的想法是,如果一个人欠下的债务超出了其支付能力,那么他将被宣布破产、被限制贸易,进入行政管理和债务重组。澳大利亚人比尔·惠特克罗斯(Bill Whitecross)第一次遇到这种做法时简直不敢相信:

> 起初，我们对这些人可以被正式宣布破产感到好笑……如果有人与被宣告破产的人进行交易，风险自负。破产者不能再出售任何食物，而且他们的部分饭菜，也许一天一顿，也许两天一顿，会被指定的"接管人"收走，支付给这位破产者的债权人。这是一件很严重的事情，因为他们仅靠 2/3 的口粮过活，且已经到了饥肠辘辘的地步。
>
> （Whitecross，2000：200）

从资金来源看，这种破产和债务重组制度是如何或何时出现的尚不清楚，但它似乎是在许多战俘营中独立出现的，并且是一个高度发达且具有复杂规则的机构。破产通常由一名牧师监督，他会对债务进行重组，只用香烟偿还，不用食物，而且利率很低，只有 10%。他会携带破产者所有的财产，如肥皂和烟草，以免被债权人拿走，并监督他们在单独的桌子上吃饭，以确保他们吃掉所有食物，而不会被迫从桌子上偷偷拿走一些（例如，见 Knox，1981：393）。

一方面，这些破产程序可能是出于某种人道主义力量，是对社会所能容忍的破坏性交易的限制。但破产程序的真正意义在于，通过限制那些无法偿还债务的人进行交易，以避免承担更多无法偿还的债务，从而保护未来的债权人免受不良风险。美国交易员卡特认为破产不是个问题，只是做生意的一部分（Knox，1981：392）。但话又说回来，卡特和其他所有交易员都知道，每笔交易背后都有人破产，他们眼看着与他们进行交易的人破产（Daws，2008：309）。一个死去的债务人并不比一个破产的债务人更有利可图。口述历史学家加文·道斯曾采访过的两名交易员均做过市场调查。他们观察那些在交易中陷入困境的人，交易超出了他们的支付能力却没有饿死。据统计，每 20 人中就有 1 人陷入困境，其中至少 4/5 是烟民（Daws，2008：308）。

权利与腐败

在信任度极低的同时，犯罪和腐败现象也十分猖獗，由此产生了一种黑社会式的政治经济，富有的商人利用自己的财富来控制腐败的官员，并通过腐败进一步中饱私囊。日本制度的与众不同之处在于，它不仅将军官和其他级别的人员集中在一起，还依靠这种等级制度来管理战俘营。因此，军衔就意味着权力。有军衔的和没有军衔的军官负责在战俘营内分配不同的任务，例如，决定谁可以进入厨房。在所有的战俘营中,食物的分配都是重中之重,分配不公可能是更深层次腐败的明显迹象。尽管在日本,战俘通常都有统一的碗,但一勺汤和一勺米饭虽然看起来差不多,却不一定一样。额外的食物可能是通过贿赂买来的,也可能是亲信提供的,或者仅仅是出于偏袒或友谊而给予的。为了防止这种情况发生,大多数战俘营的服务者通常会频繁更换(Roland,2001:255)。然而,在日本新潟这样的战俘营里,腐败盛行的最明显迹象是,人们所做的工作从不轮换(Knox,1981:420-421)。

在另一个跨国战俘营里,美国人占据了全部的关键职位,并尽可能地利用这些职位的权利牟利:窃取公共资源、控制市场以及敲诈勒索。如果一个战俘病重到不能工作,但还没到住院治疗的程度,那么,他可以从事一些轻松的工作。然而,战俘的待遇并不是由病情决定的。生病的战俘需要由军医开具"轻度生病"的证明。在该战俘营中,军医开具证明的代价是一碗米饭。在东南亚的一个澳大利亚战俘营中,这种情况难以想象,因为在那里,给病人重新分配食物司空见惯,且照顾病人的道德规范贯穿于与病人打交道的全部过程。但在菲律宾的美国战俘营中,这种交换早有先例,医务人员限制病人获得药物,并将其商品化。

在这个由少数权贵控制的结构中,"穷人"的生活更加绝望,他们之间的关系也变得更加紧张。他们拼命地互相残杀,互相偷窃以进行交易。由于没有纪律,没有军官的领导,这就变成了强者与抗弱者、投机取巧者或狡猾者与不识相者之间的简单暴力斗争。据澳大利亚人比尔·惠特克罗斯反映,美国的高犯罪率与其倡导的个人主义和不平等现象息息相关,这与他在澳大利亚海外战俘营的经历形成了鲜明的对比:

> 在泰国的河谷路战俘营里,同志们的情绪十分低落。在该营地中不可能丢失任何物品,因为丢失的物品在下一次游行时会被展示出来,失主会认领。偷窃行为无人知晓。但日本的情况则完全不同。在食堂里,如果把饭菜放在桌子上,去几码外的桶里取饮料,则是不安全的。为了防止饭菜不翼而飞,我们不得不把饭菜交给朋友照看,直到我们回到餐桌旁。

(Whitecross,2000:181)

这不仅仅是因为军官们没有管好下属,制止掠夺行为的发生,有些军官甚至加入掠夺行列。在霍顿,当士兵外出工作时,美国军官们利用他们独自留在营地的时间来进行掠夺。据二等兵刘易斯·埃利奥特(Lewis Elliot)说,当大批军官到来时,士兵们不得不留下一些人看守财产,以防军官偷窃。据陆军一等兵罗伯特·布朗(Robert Brown)说,当军官们开始在营地内工作时,他们偷走了本应作为外出工作士兵的微薄口粮。情况变得如此糟糕,以至于在其他士兵的要求下,日本政府不得不将美国军官撤职(Knox,1981:395)。

这种行为虽然在美国军官中普遍存在,但只限于美国军官。大型交易员J.J.卡特反思了此类交易所映照的美国特点:

> 认为美国战俘营指挥官可以阻止交易是不现实的。在我看来,军官们认为这种企业制度是美国人生活方式的一部分。
>
> (Knox,1981:394)

不过,卡特补充说,官员们想要获得任何货物,还得依靠交易体系,尤其是在他们不外出工作的情况下:

> 让我这么说吧。我去过六个战俘营,但没有一个管理得当。我都怀疑是否存在这样的营地。我的意思是,我们的军官将如何领导,他们将用什么来领导?日本人拥有并经营着一切。这些军官,不管是什么军衔,他们也在努力活下去。
>
> (Knox,1981:394)

卡特承认军官们的行为根植于制度之中,但同时又似乎认为这些制度是理所当然的、是自然的,也是不可避免的。然而,当卡特来到本州北部的一个英国战俘营,并试图开展他在之前的五个营地中经营过的大米贸易业务时,英国高级军官对他进行了严厉的呵斥,说:"你看,这里不允许贸易。"卡特笑了,但他始终无法与英国人进行任何交易(Daws,2008:309,Knox,1981:415)。另一位美国人在对比英美军官处置士兵被警卫殴打时所采取的调节方式后,也观察到这种差异:

> 我从未见过美国军官试图保护任何人。也许他们觉得没有下手机会。我看到英国军官冲到日本人面前,对他们大打出手。军官被打得屁滚尿流,但他爬起来又重新开始。
>
> (Brown in Knox,1981:407—478)

普雷斯顿·哈伯德提供了一个有趣的反例。他是一个美国人,在一个由英国人管理的战俘营里。他认为,由于"几乎没有腐败",这个战俘营比美国设在菲律宾的战俘营管理得更有效、更公平。在英国人接管此营地之前,由于食物分配不公平,斗争不断,英国人接管后,他们在没有美国人参与或干预的情况下管理中央厨房,并公平分配食物。以至于美国人开始认为战俘营里的英国人比他们的美国"伙伴"更值得信赖(Hubbard,1990:176)。

如果将此事付诸表决,大多数美国战俘无疑会选择继续由英国人管理厨房。名古屋的美国人开始觉得,英国人和澳大利亚人天生就是公平的。

(Hubbard,1990:176)

文化、规范和情绪

正如前文所述,正是通过相互接触,战俘们才能够通过与其他战俘的比较,对自身所处的条件提出疑问。这就清楚地表明,在这种极端的准实验条件下,文化是各民族建立不同社会的一种结构性力量。战俘们处理这种状况的方式,尤其是即使是跨国战俘营也由美国人用其方式控制,使日本的状况变得更糟。研究澳大利亚战俘的历史学家汉克·纳尔逊(Hank Nelson)写道:

> 在日本,不同的民族群体经常住在一起,这种行为差异很大。美国人的贸易几乎是对自由资本主义经济的拙劣模仿。在他们的记忆中,美国人可能会认为战俘的生活充满竞争,优胜劣汰。无论澳大利亚人的行为如何,都更倾向于谈论人们作为群体的分享和生存。

(Nelson,1985:185)

研究美国战俘的历史学家加文·道斯对不同民族在经济伦理上的明显差异做出了更为直接的评价:

> 当其他国家的战俘来到日本,遇到这些强硬的交易大米的美国人时,他们大吃一惊。荷兰人本应是一个贸易民族,但他们始终与贸易无丝毫关系。澳大利亚人吓坏了。他们在东南亚的战俘营中从未见过这种情况,当他们第一次在日本看到时,他们简直不敢相信眼前的一切。对大米收取利息——简直超出了他们的认知。澳大利亚人无法想象通过对大米这样的基本生活必需品收取利息来置人于死地。
>
> 这简直是吸血,是谋杀。在澳大利亚士兵的小群体中,大米一直在交换,但这不是商品期货交易,而是分享,是澳大利亚的部落主义。而

英国即使被称为店主之国,也在坚持道德原则。

(Daws,2008:309)

在这里,我们可以看到其他民族在面对美国规则时本能的情绪化反应。波兰尼认为,经济领域的个人行为如果发生在不合适的结构背景下,就不会产生预期的结果。波兰尼断言,"由于交易从来都不是冷漠的行为",因此,它处于"被认可的渠道之外"是不能容忍的。美国战俘再一次充分证明了这一点。团结彻底瓦解,竞争残酷的个人主义盛行:

市场就像一条无形的边界,将所有作为生产者和消费者的个体在日常活动中隔离开来。

(Polanyi,未发表,引自 Dale,2010)

交换从来都不是冷漠的,因为双方都试图从对方身上谋取利益,所以存在一种明显的敌对态度,这种态度削弱了社会团结。他声称,随意的物物交换会引发"剧烈的情绪反应"。有趣的是,波兰尼应该识别出在交流融合文化之外发生的情绪反应,这实际上是一种道德上的反感。这似乎确实是其他国家看待美国战俘营规则的方式。波兰尼对食物交换提出了一个特别恰当的看法:

任何一个致力于保护其成员之间团结之源的社区,都不能允许潜在的敌意围绕着对动物生存至关重要的问题发展,因此,能够像食物一样引发紧张的焦虑。在原始和古老的社会中,全面禁止有关食物的有偿交易。

(Polanyi,1957a:255)

另一方面,波兰尼认为,再分配"倾向于整合各个层次和各种永久程度的群体"。与互惠一样,"其单位联系越紧密,再分配能够有效运作的分支就越多样"(Polanyi,1957a:255)。换句话说,经济行为存在情绪的原因和后果,它们都是社会结构的原因和结果。它们不是个人行为,而是基于文化规范和制度基础并对其作出反应。当澳大利亚其他阶层有机会恢复其社群主义方式时,他们抓住了这个机会。例如,澳大利亚人唐·摩尔(Don Moore)回忆说,在商品化和贸易为王的福冈 17 营,他们加入了这个体系。但摩尔被调到另一个有更多澳大利亚人的营地,与同伴重聚:

有一天,一个家伙说:"听着,我的大米卖不出去了,谁想换?""把这该死的东西送人吧。""什么?""送人吧,别再乱搞了。我们要把这里变成澳大利亚人的战俘营。"从那时起，所有东西都被集中保存。

(Nelson, 1985: 185)

结　论

　　日本战俘营可以作为研究经济行为和组织的准实验数据来源。在相同的结构条件下，基于战俘营中的每个人都在追求一种最佳方式，理性主义方法可能期望找到一致性，或基于他们追求不同的效用偏好，从而找到一种随机性。然而，我们发现，随着每个国家创造和再创造的道德经济截然不同，他们的行为出现了明显的模式化现象。尽管波兰尼能够帮助我们坚定地站在结构主义立场，理解改变经济体的难度，因为这需要对社会结构进行根本性的改变，并进行社会再生产，但他的见解却不足以解释这些模式的起源。我们可以看到，在日本占主导地位的战俘群体倾向于复制他们之前的集中营中创造的程序和结构，但问题仍然存在：他们为什么会建立起之前战俘营的特殊社会呢？有一些观点值得考虑。战俘们并不是简单地重建原有社会。他们都来自资本主义国家，在罗斯福新政之后，美国社会福利政策可能比澳大利亚还多。相反，他们似乎非常有选择性地甚至高度地强调了某些特定的文化特征。也许，鉴于他们所经历的极度贫困和不确定，那些与生计保障的核心经济过程最密切相关的特征才会被着重强调。

　　波兰尼的制度分析方法将分析重点从个人行为转移到制度上，因为只有通过观察相关模式，才能推断出潜在的结构。换句话说，起决定性作用的不是个人的性格或行为，而是经济活动的结构性动机。加雷斯·戴尔（Gareth Dale）认为，在研究交换一体化或市场和社会时，波兰尼从深层次的动机层面上感知到占有欲和自利，这两种价值观受到了制裁并构成其他价值观的基础，应受到谴责：它们使社会原子化，破坏了社会的道德结构，催生了利己主义和无我主义（Dale, 2010: 201—2）。

　　在这种结构中，人们别无选择，只能做出通常看来应受谴责的行为。正如威尔逊和麦卡锡，或者威姆斯特在本书中所述，在这种极端的交换一体化经济中，如果没有某种克制反常化或病态化的情绪，这似乎是不可避免的。

　　在本章中，我们清楚地看到了经济活动的规范性基础，也看到了隐含的和明确的情绪反应以及行动的情绪基础。这些说法显示的不是理性的计算，而是一种本能的反应。当这些群体彼此相遇时,他们会质疑原本认为不可避免的结构安排。然而,通过比较,我们发现这些真实的影响是由工作在社会构建的道德经济中的人造成的。同样,通过归纳而非演绎分析,人们可以亲自实践研究现实生活中发生的事件,而不是根据简化的、有缺陷的假设建立纯粹的模型(Hirsch等人,1987),这样我们也许就能超越理所当然的观点,克服波兰尼(Polanyi,1947)曾说过的"过时的市场心态",从而更好地理解金融体系的文化和社会原因及后果。

10 货币的情绪

评估背叛与改革

乔斯林·皮克斯利

引 言

　　本书已经说明,当前形式的金融业是如何被特定的情绪和冲突所驱动,从而破坏了文明规范的民主约束。如今,让人难以想象羞耻等社会情绪会在银行产生。不管是否如此,我们的主要论点是说明"情感中立"永远不适用于货币。一门全面的社会科学必须予以情绪全面的研究。自2008年以来,银行所谓的信贷"民主化"导致全球进入全面危机,并使民众陷入信贷紧缩。这实际上是对社会的背叛,但我们并没有将其"道德化",而是探讨了其情绪原因、过去和现有货币制度的脆弱性及其情绪后果。债权人和债务人之间的关系进行改良,从而使银行获得高额利润,并随着时间的推移使互惠义务进一步去社会化。银行或盲目或故意地寻求破坏经济生活的新方法,而可能会带来更多的非理性结果,银行业自身的"利益"和理性行动更是如此。对于进一步加剧贫困和绝望,诸多地方对此产生疑问。银行和金融公司的规范和情绪助长了人们对世界漠然视之的态度。

　　本章通过考虑一项改革提议,阐释本书作者所采取的突破性方法。正如本书所言，多年来，研究货币情绪的社会学家或经济学家并不多，而我们正是。不过，我并非简单地总结本书作者所提出的重要论点，而是想了解我们对脆弱的金融体系可能进行的改革所做出的评价。正统派厌恶梅纳德·凯恩斯，因为他把情绪带入理性的最后堡垒，许多作者认为他是我们前行路上的温暖"伙伴"。此外，在1944年布雷顿森林会议（Bretton Woods）关于货币政策的辩论中，他所倡导的国际清算体系方案未能获胜。因此，我最后将纽约和伦敦两大金融中心的背叛，与我们可以提出的支持和反对非常合理的经济改革方法的问题进行比较。我将从复杂的情绪角度阐述这本书给我的启示，并结合凯恩斯的"清算"建议进行涂尔干讨论，该建议现在再次被提出。

凯恩斯的想法是取消世界贸易体系的霸权基础，无论是英镑还是美元。"储备货币"这一名称本身就带有背叛、特权和不诚实的历史含义。他的计划是改变债权国的极端权利，从而促进和谐的世界贸易。我认为这项改革很有吸引力。每个人（其中一些金融界人士）都担心情况会有所改善，但可分析的范围仍然过于狭窄。本书对评估这一拟议的全球改革大有裨益。这就是我希望呈现的内容。[1]

凯恩斯主义者以令人钦佩的道德和理性理由为其改革辩护。然而，在和平解决债务和信贷问题的过程中，他们排除了情绪因素，也排除了对主要行为者进行克制和互惠的需要。他们不仅低估了金融业对变革的情绪抵触，也低估了金融业对违背民主准则的意愿。但一些凯恩斯主义者也将这一变革作为技术官僚的解决方案，甚至没有对其可能性条件进行适度分析：它是"正确的"。

我认为，他们的希望仍然受制于经济学的理性假设，即"更好的想法"将激励和清除更合理的经济秩序，本书对这种假设进行了限定。事实上，鉴于我们对情绪在金融交易中诸多作用的认识，我们进入了一个凯恩斯主义改革者尚未涉足的复杂领域。此外，清算理念只能衡量贸易的实际情况。虽然服务也是贸易，但没有任何服务工作的"产出"在重要意义上是"可衡量"的；优质服务中很少有传统意义上的"盈利"。与此相反，服务业的一个分支——当今的金融业——却在无节制的特权和恐惧的驱使下把承诺当作可衡量的"产品"来交易。因此，金融业不再"为社会服务"。在清算理念下，债权债务关系可能会变得诚实和公开，但如果说清算理念促进了理性，那就忽视了一般社会关系的情感本质。尽管这种观点比正统观点更为可取，却缩小了分析的范围。

我将这一提议与我们对现有的高级金融业内部情绪做法的辩论进行了比较，高级金融业是一个对民众行使债权人权利的部门。面对其造成的危险、持续性的严重破坏、大量严密的调查以及自 2007－2008 年金融危机以来争辩或制定的新规则，金融业的辩护似乎显得软弱无力、傲慢无礼，这一点令人震惊。有人认为，不是人们"天性"贪婪或冷漠，而是"权利"令人恐惧。"不道德恐慌""反常"和"不安"等情绪在这一章节均有提到。我们把精英们在极端条件下的冷静状态与金融家在公开场合大放厥词的状态进行了比较。支持市场的信念助长了不遵守任何规则的无情行为。然而，诺贝特·埃利亚斯的社会冷漠、傲慢的文化条件以及各种信任、欺骗和愤世嫉俗等情绪，贯穿于全书各章，是理解这一令人沮丧而又危险的现象的必要因素。

凯恩斯主义的感性与理性方法

凯恩斯主义与其他理论一样是一种道德学说、一种致力于平等的学说。凯恩斯对金融中的情绪及其与不确定性的关系的见解与经济行为主义者截然相反。他对高级金融学中"隔板严密的会议室"表面下的恐惧和恐慌进行了讽刺，而经济学情感转向中的一些人则对外行的错误和"群众"的恐慌进行了情感讽刺（见导言）。

在金融和银行业危机中，理性正统模型的局限性显而易见，且比所呈现的还要大，行为主义试图通过质疑其所需的"完美性"来解决这一问题。在韦伯的论述中（此处由 Whimster 所著），一门更好的社会科学不能止步于"揭示"行为，而必须研究动机。同样，行为金融学几乎忽略了凯恩斯主义者关于不确定性的所有说法（见 Wilson and McCarthy）；他们中很少有人认为正统观念的"预测不过如此"。他们将概率误算归于个人的行为，尽管正确地坚持错误是不可避免的。他们很少关注企业行为、银行之间的民主或技术官僚协调（见 Kyrtsis），也很少关注国家的作用（见 Wilson and McCarthy）。

对于主张平等的经济学家，尤其是凯恩斯主义者来说，政府的协调作用十分重要：他们对社会群体和社会秩序采取了一种隐含的社会学方法，这对本书的作者很有吸引力。但是，正如下文所指，凯恩斯主义者仍过度受到理性假设的影响。

在战后时期,许多政府都致力于为银行家和实业家灌输信心,培养动物精神。在某种程度上,这与凯恩斯关于吃息族焦虑和不安的邪恶笑话恰恰相反。面对不确定性,政府会保障验证未来的预期,但微妙的是,这产生了意想不到的后果。情绪管理!这涉及政府技术官僚在宏观层面上帮助企业在经济活动中获得更合理的结果。在政府的指导下,央行在控制私人银行创造货币方面发挥了重要作用。当时的流行语是"迎着信贷膨胀或紧缩逆风而行"。在那个年代,商业领袖和银行家们关注的是稳定的社会结果(Mizruchi,2010,关于美国战后精英的研究)和以实现平等为目的的"自动稳定器"。但是,操纵成为新的"正统观念"或新自由主义主张,与凯恩斯主义灌输信心的情绪规则背道而驰:他们错误地声称,市场比国家更能灌输"纪律",这一观点很多人都知道。

尽管"纯粹主义"凯恩斯主义者从未宣称经济学是一门自然科学且主张平等,但仍存在些许傲慢、技术官僚主义的一面。像杰弗里·哈科特(Geoffrey Harcourt)这样的凯恩斯学者毫不犹豫地称凯恩斯为"哲学家之王",而非民主主义者(2012)。凯恩斯将期望作为经济活动的核心,但在我看来,这种对情绪的重视是值得赞赏的,但同时却过度依赖于"理念"。某些凯恩斯主义者希望重新获得"政策相关性",这或许源自他们在20世纪70年代之前所扮演的政策角色。

与马克思主义和新古典主义一样,大多数凯恩斯主义者信奉理性主义,认为存在某种"幻想",他们所需要的只是"更好的思考",而凯恩斯主义者是更好的思想家!(Amato and Fantacci,2012)《纽约时报》专栏作家、诺贝尔经济学奖得主保罗·克鲁格曼说:"走向世界繁荣的唯一重要结构性障碍是那些充斥着人们思想的陈旧理论。"(Campbell,2010:395)他知道自己是在转述凯恩斯的观点。

另一个相关的例子是《货币从哪里来?》(*Where Does Money Come From*)(Ryan-Collins等,2011)。我并不是在质疑书中观点的作用,所以请大家多多包涵。该书作者正确地指出,银行决定信贷配给的依据是对还款能力、其他银行的偿付能力以及对整个"系统"的信心:

> 银行决定经济中的信贷分配,但它们的动机……往往会导致银行倾向于以抵押品或资产为抵押发放贷款,而为生产投资发放贷款。因此,新的资金……很可能被用于房地产和金融投机,而不是小企业和制造业,从而给社会带来深远的经济影响。
>
> (Ryan-Collins et al.,2011:5)

有证据表明,这一重要的社会理念与当今的金融业背道而驰。作者还引用了加尔布雷思的话。"银行创造货币的过程如此简单,以至于人们的思维都遭到排斥。当涉及非常重要的事情时,更深层次的奥秘似乎才是合适的"(1975:18)。令人不安的是他们所得出的教训:"没有更深层次的奥秘,我们不能让我们的思想遭到排斥。"(Ryan-Collins et al.,2011:5)他们的"正确"之处在于,银行在记账时确实创造了货币,但从本书概念进展来看,他们背后的奥秘值得怀疑。如果货币如此令人反感且有悖于直觉,那么从头脑中清除这种"杂念"就很困难。解释货币可能是必要的,但远远不够。情绪后果是不可知的:如英厄姆和夏皮罗在书中所指,许多人别无选择,在缺乏信任的状况下,只能盲目选择信仰或宿命论,或如哈林顿所言,以掩饰被"欺骗"的羞耻。

因此,尽管凯恩斯主义理论在智力、道德和逻辑上都很有吸引力,但其仍然经常呼吁"更好的观点"。经济学界的政策迷们倾向于假设自己具有超强的理性。对凯恩斯主义者来说,别无选择的"科学"主张是煽动人心的。正统派以不平等的方式对待金融,否认或忽视金钱是一种社会关系,并极力否认情绪。正如英厄姆在本书中所论证的那样,这使得金钱脱离了"自然",脱离了目前急需的民主控制。

齐格蒙特·鲍曼认为,社会学早在几年前就放弃了立法者的身份,转而扮演一个解释复杂动机、价值观和实践的小角色。在这一情况下,本书并未恪守浪漫主义传统,把情绪和情感神圣化。然而,如果许多浪漫主义者向"反动"政府出售服务……那么可以说,这些浪漫主义者比功利主义者更深刻地理解自由和民主对于人的本性、思想和情感的意义(Schumpeter,1954:419-420,原文强调)。汉斯·约阿斯也认为,对价值观的承诺既有被动的一面,也有热情的一面。他说,"价值观不仅仅是关于可取性的概念性观念,如果受到质疑,我们则可以轻易放弃";否则,我们就会"被价值观所吸引"(Smith,2011:208)。哲学家无法"改变世界"。世界的不一致性、其固有的不确定性及其相关情绪是无法控制的,更不用说"战胜"了。没有冲突和妥协,民主提议便永远无法实施。"正确思想"的熊熊烈火令人担忧。最好能够包容、理解并承认"人们的想法和感受"。[2]

凯恩斯的伟大构想

凯恩斯关于布雷顿森林体系的建议旨在加强各国政府对本国经济的控制,

以抵制"吃息族"的逻辑("流动性偏好")。这并不是狭隘的民族主义,因为其目的是减少自取灭亡的民族主义保护战略,这是第二次世界大战的战前准备策略。

凯恩斯认为,资本主义的严重问题在于"吃息族"对投资方向的选择。对于"吃息族"来说,只有在回报高于金融交易的情况下,资本才应该投资于贸易和生产。与韦伯一样(1981),凯恩斯也同样认为,无论是长期投资还是短期资产投资,"吃息族"都在与国家对抗。凯恩斯戏称为"'吃息族'安乐死"的解决方案,尽管有趣,但是否仍然过于狭隘,原因是否在本书所讨论的问题中?

关于重提凯恩斯国际清算思想的主张,本章做出了诸多评价。我们认为,由于理性计算基于过去发生的事件,所以其指导作用有限。之前的实验是凯恩斯主义者重要著作中的应对制度,这些制度被引用来反对该部门强调"流动性"的教条。我借鉴了阿马托和范塔奇于2012年创作的《金融的终结》(A&F,2012)。这是一本有关历史重构的书,阐释了金融业的社会冷漠和2007年证券化危机的起源(见本章引言部分以及英厄姆所著章节)。这并不是决定性的,而且由于如此吸引人,所以我只说明社会学贡献是如何与众不同的。

1950年,欧洲资本主义民主国家建立了一个清算体系,以解决战争中受到严重破坏的国家的资金短缺问题。债务人和债权人都受到了限制(A&F,2012:116—117),因此,这种安排具有一定的对称性。1533—1575年的欧洲贸易博览会上出现了同样的原则。交易员以固定期限的"汇票"相互承诺,一旦结算,这些承诺就没有了"存在的理由",因此"流动性"就被破坏了(A&F,200—201)。20世纪50年代清算联盟停止后,这种关系又恢复到不对称的状态(A&F,120)。

这一最新实验表明债权人和债务国之间存在非羞辱性安排;相反,首次强调不平等加剧了冲突和可能的愤怒情绪。

凯恩斯在有44个国家参与的布雷顿森林会议上提出了类似的想法。国际记账货币应是"纯粹抽象的、非物质的"或"想象的"(A&F,2012:129),其清算理念的目的是防止无休止的信贷堆积,即防止"吃息族"利用货币的"价值储藏"功能,这可能会减缓世界贸易(A&F,123—131)和投资,减少新财富和就业机会。凯恩斯认为,这不是债权人"红十字会"慷慨解囊的"道德"论据;相反,这符合双方的利益——在促进国际贸易方面,"对债权人和债务人都是有益的",因为现有的债权国也会因其自身的高额信贷余额而受到世界贸易萎缩的影响(A&F,123)。因此,信贷和债务应得到"平等对待",促使双方"清算"。与"传统"银行一样,债权人希望通过借款人成功(这一点只是隐含的)来确保债权人的成功(A&F,128—130),其理由是债权人与债务人之间的关系是不可能和解的(A&F,221)。

在我看来,这很有吸引力。因为它支持稳定、对称,反对以任何破坏性理由为基础的数字"增长",与当下的情况趋同。然而,在这一充满希望的论述中需要引入情绪因素。

根据这些凯恩斯主义者的观点,布雷顿森林清算体系构想的失败并不是因为凯恩斯的美国同行哈里·迪克特·怀特(Harry Dexter White),因为他的类似提议也被削弱了。对于阿马托和范塔奇(A&F,2012:140—144)来说,另外两个利益与设想中的债权人/债务人共同的暗合利益相冲突,即"战时金融"和华尔街。面对战时金融的诱惑(美国的"权力需要")和高级金融,这两个计划都遭到了美国政府的谴责。怀特谈到他提议的"控制措施"将如何限制"5%或10%的人"依靠国际资本流动为生(同上:142)。但是,与阿马托和范塔奇不同的是,没有一位金融家应邀参加布雷顿森林会议。他们对其他国家提出的再分配或互惠原则只字未提。1944 年,即使福利制度尚未运行,也已在计划之中;充分就业是战后的目标。[3]

最终的布雷顿森林体系非常复杂,导致冲突不断发生。即使在新古典主义的"群体思维"侵入之前,国际货币基金组织也经历了一个繁琐的过程。然而,鉴于 2009 年中国央行行长提出了"清算"的概念,阿马托和范塔奇对未来充满希望。

阿马托和范塔奇正确否认了他们理应提出的解决"过渡问题"的方案。每一位社会理论家在讨论分析的意义时都应该止步于这个"过渡"点。遗憾的是,他们并没有拿捏好度。对他们来说,公共辩论需要有能力的领导者,"首先是经济学家",该计划可以在周末秘密实施,以防止市场的冲击(A&F,2012:241)。除了这种愚蠢的想法之外,没有考虑到的问题基于可能性的条件、其可取性和"解决方案"的技术官僚性质。

对宏伟构想的批评

本书采取了不同但明确的立场来限定这种过度理性的路线,希望民族国家之间的利益是"一致的",这非常像夏皮罗所批判的"暗合利益"立场(见第 5 章)。

民主国家和主要社会群体追求的"利益"可能不同于全球债权人/债务人的利益，而且由于未来的利益无法预测，全球契约所需的信任可能不会实现。

假设"重塑"布雷顿森林体系的最具体问题在于，人们需要对国家有充分的了解。这不是经济学的范畴。斯韦德伯格在本书中指出，关于欧盟利益共同体的假设是市场参与者在2001年达成的涂尔干式解决方案，却于2009年分崩离析。斯韦德伯格主要以德国和法国为研究对象，描述了两国利益的多个层面。从曼宁使用的一个极端案例来看，不同的利益反应或引发了不同形式的民族习惯和情感。对于那些批评引入新货币的人来说，欧元而非欧盟本身是技术官僚为采用"一种最佳方式"所做的努力，而这种方式忽视了欧盟各地区不同类型的经济活动，也忽视了人们的情感如何捍卫这种多样性。

超国家的希望并没有因此而破灭，但更好的社会科学证明，欧盟的情绪动力比统一货币的技术官僚"解决方案"更为深远。如果把新古典主义或凯恩斯主义的解决方案强加为"一种最佳方式"，民主就会受到削弱。波兰尼（1957a：22）认为，在19世纪30年代市场自我调节解体后的"灾难性事态"之后，"超越国家主权的有组织权力"可能是注定会失败的国际联盟的另一种选择。然而，这样的路线在当时是完全不可能的。没有一个欧洲国家会屈服于这样的体系，更不用说美国了。闲散的白日梦有所改变：根据这些严峻的经验，罗斯福在战争爆发前就规划了一些国际协调机构（Arrighi，1994：327－328）。战后，国际联盟成为联合国。这些都是世界民主治理的有益尝试，但迄今为止并没有达到制定者所期望的理想效果。因此，更全面地了解社会力量和动机不容忽视。

这只是说，在我们所生活的现有社会中，"清算制度"的概念并没有超出我们的视野。仅就经济生活而言，2008年金融危机期间形成的二十国集团（G20）组织、2011—2012年国际货币基金组织和世界银行的领导权问题[4]以及即将达成的全球气候变暖公约，都表明视野更像是看得见的山脉。尽管当前欧盟面临的困难依然严峻，而且不仅来自金融危机，但"历史告诉我们"，过去的经验仍有危险。然而，无论想法是否"吸引人"，都是重要的。

反观货币，波兰尼认为，19世纪金本位制这种完全不稳定的"社会机制""将欧洲推向了世界末日"。[5]在谈到20世纪30年代初金本位制的全面崩溃时，他表示，几乎没有人理解货币体系的政治功能及其变化不合时宜。民主国家是"最后一个意识到这场灾难的真正本质的国家"，这些国家在20年代前所未有地依赖于高级金融。J. P. 摩根已经取代了 N. M. 罗思柴尔德,成为"复兴 19 世纪的神"(1957a:20—22),一直到 1929 年的经济崩溃。深刻的分析,事后一目了然。

波兰尼还引用了 19 世纪末的反市场社会运动,以表明"更好的思考"和政策调整完全无法抑制市场资本主义;相反,这种调整只会使自我调节的"市场"变得更加邪恶。凯恩斯对 1919 年《凡尔赛和约》的"不诚实"感到震惊,对他来说,这相当于对和平希望的背叛[1971(1920)]。他非常感人地探讨了一种潜在的情绪灾难,即要求德国偿还债务,而偿还债务的方式是如此野蛮,以至于德国的经济将被摧毁。英厄姆在书中描述了 1923 年的恶性通货膨胀,生动地展示了货币是如何依赖来自脆弱的魏玛新国家的合法性:社会秩序在肆无忌惮的侵略和恐惧中被摧毁。德国人对通货膨胀的集体恐惧一直持续到今天:不是因为英国常见的紧缩政策,而是因为工会和雇主之间的旧社会联盟。但我们如何"分辨"哪些是相关的经验教训呢? 1944 年,波兰尼和诺贝特·埃利亚斯一样,对文明情绪和情感的新"形象"充满希望:尽管人类环境遭到践踏,但仍有许多人遭受苦难,比如埃利亚斯,但他们都没有忘记包容性分析。

如今,持续的功能性"去民主化"使人们没有理由对各国政府为努力实现全球利益的能力感到乐观,也没有理由对保持货币的非个人信任所需的合法性感到乐观。脆弱的全球货币关系比以往任何时候都更加紧张,但民主国家感到恐惧;政治领导人以不同的方式陷入困境,显然无法约束金融业。

同样,从我们的角度来看,凯恩斯主义者的"清算"道德理念是多么可取或"迷人"? 这意味着每个人都必须偿还债务,债权人必须继续消费/借贷,而不是囤积。这或许是通过负利息强加的规则:如果堆积信贷需要成本,就会被花掉。在阿马托和范塔奇看来,这就是"金融的终结":为了促进稳定发展,信贷关系应该结束。

但是,由于不可预见的原因,债务人可能无法偿还债务。他们的要求有多"道德"? 2008 年,尽管存在掠夺性贷款,但没有一位美国政策制定者敦促取消抵押贷款债务(见本书中 Flam 所著章节);在欧洲,关于惩罚愚蠢贷款人的争论十分激烈:萨科齐和默克尔一度领导了这一要求(Swedberg and Kyrtsis),随后地中海一带出现了信贷"紧缩"。其危险性可能与国际清算一样,两者都不是可控的试验。不幸的是,如果世界上某些国家或地区发展不足,出现"失败"国家,那么后者可能既无法"激励"人们,也无法提供更多的平等。同样,威尔逊和麦卡锡在此暗示,在缺乏约束或文明情感的情况下,去民主化及其影响至关重要,不容忽视。[6]

阿马托和范塔奇提倡将货币区分为交换媒介和价值尺度,因为"尺度"是市场化的(A&F,2012:198)。他们希望由一个"中立"的国际机构而非市场来决定"尺度"。但对他们来说,其他所有市场都是完全令人满意的,不需要任何约束。他们想要的不是基于市场的融资,而是"为市场融资"(A&F,2012:252)。书中只字未提服务市场,只提到可衡量的"商品"。几乎没有人分析金融业的阻力和主导地位。这一切都给我们敲响了警钟,我转而向社会学家求助,以探讨作为金融"因果因素"的情绪和习惯被普遍忽视的现象。

高层次金融的情绪视角

过去 30 年,银行业表现出不愿遵守任何规则的态度,而且自 2007 年危机以来,还对自身造成的社会灾难漠不关心。值得注意的是,2008 年,支付系统几乎停止运行,因为银行破坏了与国家之间的互惠安排。近期出版的《审判市场》(*Markets on Trial*,Lounsbury and Hirsch,2010)一书以经济社会学为基础,无疑是对《金融的终结》的补充和完善。斯韦德伯格在其所著章节(2010a:69)的开头,引用了美联储主席本·伯南克(Ben Bernanke)令人不寒而栗的言论:周一我们可能没有经济,换句话说,货币可能在 2008 年底就消失了。斯韦德伯格的分析是本辑中的一个例外,因为在解释这场灾难时,关键要对比文化制度主义者和组织主义者的观点。提出组织结构"正常事故理论"的社会学家查尔斯·佩罗(Charles Perrow)指出,复杂性和"紧密耦合"可能导致任何行为者都无法预防的事故,例如,核电站。[7]但是,在《审判市场》一书中,佩罗对其他使用其"正常事故理论"以及新制度主义者的文化理论来评估金融危机的作者提出了疑问。他们认为,竞争规范和意识形态的制度"外衣"是关键行为者的"真诚的"动机。按照这一思路,社会建构主义者的"表现性"观点认为,对期权定价模型等金融方案的模仿导致交易员行为的变化,从而验证了该模型的有效性。因此,唐纳德·麦肯齐认为,布莱克和斯科尔斯无意建立一个欺诈活动计划,但其为整个行业提供了这样做的"机会"(转引自 Perrow,2010:312—313)。

佩罗对此表示不同意。他认为,这两种立场都不能正确解释"阶级代理"的明显案例,这些案例表明2007年的危机不是系统性的"意外",也不是追随者无辜地(在意识形态上)加入一场"大冒险"。这是行政失误,即"超越于结构和文化之外",尽管它们影响着结构和文化(Perrow,2010:326),佩罗称之为"明知故犯的渎职"。精英们意识到,他们将自己的公司、客户和社会置于巨大的危险之中。高管不是"结构"的受害者,而是明知故犯的肇事者且具备战略"动机"(同上:307—312)。他们非但没有预防,反而制造了这场社会灾难。

他的证据现已得到充分证明(如Levin,2011),即金融精英积极游说改革,例如"购买"监管机构,为金融结构中的监管者提供欺诈机会(Perrow,2010:314—315),并使用文化隐喻来"掩盖或证明狭隘的利益",包括群体利益以及个人利益。

我同意期权定价模型的创造者费舍尔·布莱克的观点!我拒绝了斯科尔斯和默顿所接受的美国长期资本管理公司(LTCM)董事会的邀请,因为我知道他们正在为一位激进的交易员首席执行官赢得声望,而这早已尽人皆知(Pixley,2012a;此处还有Flam)。布莱克还表示,像LTCM这样的公司对冲基金杠杆率过高。他在20世纪80年代评论其公式是一种金融实践,理由是这是赌博,应该被征税。在本书中,基尔奇斯表明,这种投资组合模式在此后占据主导地位,以至于银行很少为企业和家庭提供经济服务。

在佩罗看来,精英实际上是贪婪的。然而,弗洛姆对交易员进行了深刻的分析,强调不被接受的投机"理论"给企业带来的"恐慌按钮",而威姆斯特认为,围绕"处置权"的激烈冲突是当前金融统治形式的更广泛动机。恐慌和意外后果不容忽视(Wilson and McCarthy,此处同上)。游说起到了积极的集体作用,因为银行本可以同意降低事故系统性危险的改革,但正如佩罗所言(2010:323;320),银行却不遗余力地反对改革。一些公司绝非被"引诱"或诱骗参与次贷和私募股权交易,相反,他们以掠夺性的方式利用买家,并大肆做空他们兜售的资产。美国参议员卡尔·莱文(Carl Levin)及其共和党同事在调查(2011)中对此公开表示反感和厌恶。

佩罗的观点很重要;然而,他对文化的定义可能和一些凯恩斯主义者对"观念"的期望一样狭隘。如果欺骗和违反规则的规范是制度结构的一部分,正如本书中许多人所示,那么情绪就值得我们在此进行研究。佩罗建议,在金融部门内应扮演一个有目的的角色,而不是仅仅以组织复杂性或"真诚地"坚持支持市场意识形态为"借口"。但是,除了赤裸裸的贪婪之外,是什么在驱动着这些银行的发展呢?

韦伯坚持认为,贪婪与山丘一样古老,因此,"病态情绪"(此处为Whimster)或攻击性的"去文明过程"的因果力量更为复杂。曼宁在"民族习惯"的可怕极端这一章节中指出,美国战俘军官偷窃战俘的充饥口粮,并且只有或主要在美国战俘营中才存在有组织的、一体化的致命的经济交易。其他战俘对此感到厌恶,并在可能的情况下禁止这样做。

今天,也许国家的金融世界相当相似,或者说英语国家的金融世界过于相似。银行首席执行官都是交易员,但许多国民对这些"不道德恐慌"(Kyrtsis)深恶痛绝。无论伦敦金融城是否与华尔街一样从事掠夺性贷款和操纵市场的活动,其游说均令人愤怒。我们可以算算全球证券增长、内幕交易和全球银行间拆借利率(LIBOR)操作丑闻所造成的社会冷漠,这些现象一直持续到今天。这些数以百万计的金融背信弃义的例子都暗含着交易至死的意思。这就是为什么我怀疑佩罗能将"明知渎职行为"与"已完成的事情"区分开来。

公平地说,在《审判市场》一书中,很少有人谈到全球银行和同谋机构的动机(并且只关注美国),但本书的作者做到了。对这样一个规模庞大、组织严密的部门进行分析,并不能否认金融制度形式中的积极机构。

然而,它是被自身利益及其进一步的贪婪所推动的"机构"吗?如果利益只是一种基本的生存希望,那么它可能是"适度的",因为至少你知道利益是一种有吸引力的生存动机。但是,从曼宁的角度来看,我们需要问的是,利益是如何整合的:是通过赤裸裸的交换,还是通过民主互惠?此外,对威姆斯特来说,"贪婪"也是一种短期动机。面对看似庞然大物的事物,我们赋予非个人的信任、信心和经济"心情"合格的角色。这些都具有多面性,国家、商品和服务生产商以及家庭的"利益"也是如此。

金融秩序/混乱中的情绪规则

本章认为,尽管金融服务发挥了"特殊的"创造货币的作用,却仍成为一个行业。证券化向家庭和非劳动者扩散。银行提供什么服务?金融部门的主要中心不再是通过为银行获利的社会发展提供贷款来照顾国家支持的债务关系的道德力量,而是要求其他服务的公司化和私有化(Whimster)。就业是20世纪增长最快的部门，必须对此加以衡量，否则就会被视为毫无价值；许多依存关系被视为客户与卖家之间的关系，《金融的终结》忽略了这一点。即使是显而易见的"顾客"也会被出卖，更不用说客户、病人、学生、幼儿、乘客和退休人员了。银行业的金融脆弱性引发了他们的"不道德恐慌"，而在某种程度上，无论是道德还是情绪，那些被要求指导这些情绪规则的人都必须接受贿赂才能这样做（见 Flam）。现在，银行将这些规则写入计算机，通过计算机对证券化的生活进行交易：老年人必须工作，因为他们"太老了""负担不起"。2012 年，一名美国共和党候选人建议恢复使用童工。

国债成为衡量价值的最低"标准"（因银行救助而下降，见 Swedberg）。随着市场的自由度提高，该部门政治权力也随之恢复，此外，对大型公共服务的攻击也随之而来。国家医疗和教育正在破坏货币的"价值"，但公司税却过高，促使整个行业倾向于雇用临时工，如对婴儿、疾病患者、残障人士及年长者等必不可少的照顾工作。提高服务业的"生产率"是一个永无止境的需求，尽管相比之下，银行创造货币并不"艰巨"。[8]

然而，在金融部门内部，衡量标准却在不断变化。股票价值只能衡量资产价格，但银行却将其视为利润。霍尔丹（2010）指出，资产是海市蜃楼：银行"资产"（贷款）与 GDP 之比，从 1970 年之前的 50% 升至 2007 年的 600%，英国政府对这一惊人增长视而不见。对客户的责任转为以不负责任的方式进行放贷以抬高资产价格。与此同时，如果任何旧贷款都能在货币市场上出售，那么银行的存款责任似乎就大大减轻了。

本书呈现了市场营销和销售如何接管银行、资产如何增加、市场套利和任何贷款"产品"的销售如何成为"常态"（Flam；Kyrtsis）。最后，"满怀希望"的信贷员的枯燥工作可以通过销售获得多少资产（贷款）来衡量。

在这种特殊的"社会服务"中，货币销售成为衡量标准，而不是服务或负责任的借贷：理性赤字。间谍交易和骗术（Harrington；Manning）成为情绪规则，以流动性名义所做出的承诺为衡量标准，这句话至今仍是流行语。奖金首先来到伦敦金融城和华尔街：欧洲和日本向银行家和交易员支付薪资（见 Flam）。无论奖金制度是由贪婪所驱动，还是造成了更多的贪婪，整个过程都有企业非个人的一面，这是由其他情绪引起的，比如对货币脆弱性的恐惧。相互依存关系"显然"被打破，不对称现象增多（见 Shapiro），欺骗悄然而至。米兹希指出，银行家目前仅仅是"销售人员"(2010),而基尔奇斯强调,首席执行官们不再理解银行创造经济和福利的目的,这或许是为了缓解这些恐惧(Wilson and McCarthy)。

由于结构性的自由放任金融部门为所欲为,对银行业的冷嘲冷讽被更彻底地强加于民族国家。2008年末出现"无经济"的可怕可能性已经淡出人们的视线,但仍有可能卷土重来:政府负债,主要是因为人们对支付系统恢复了一点信心。目前出现的巨大混乱和可理解的不满情绪告诉我们:我们不知道可能会采取哪种措施,但我可以尝试对当前的局势进行情绪分析,虽然这无法给人们带来改善的希望,但我认为我们仍需要捍卫这一点。

银行领导和金融中心的情绪游说

自2007年危机以来,记者们的报道在"精英们"的牢骚满腹或软弱无力的借口和傲慢的要求之间摇摆不定,这是一种对不道德恐慌的防御态度。美国开展了两项重大调查,每份调查报告均长达600页,读来令人毛骨悚然(FCIC,2011; Levin,2011),证据确凿。但在2009年之前,两大中央银行集体参与了不体面的游说活动,反对对银行业务的任何限制或公开批评:英国银行首席执行官巴克莱说,"必须停止对银行的抨击"。央行对需要采取"预防措施"表示愤怒:在伦敦金融城,银行威胁要搬迁,而在华尔街,则是断然拒绝。高盛公司不承认自己拥有信托责任(Guerrera,2010)。还有一些无耻的想法,例如,为什么投资基金要与众所周知的"罪魁祸首"打交道?这些基金似乎旨在"了解"一笔交易的方方面面。对银行来说,内幕消息是一个"卖点";他们的"秘密交易"最近被罚款(Scannell,2012)。在这两个中央银行,背叛被视为"常态",英国劳埃德银行(Lloyds Bank)就是如此。[9]反常游说要求打破更多规则,要求"社会"和国家提供"确定性"。银行威胁要逃避新规定,但肯定没有学校系统能做到这一点;在这两种情况下我们都看到了情绪原因。

伦敦金融城和华尔街之所以不可撼动,部分原因是盎格鲁—撒克逊国家拥有的"金融化"人口更多。人们陷入了一种私有化养老基金的庞氏骗局,而政府也陷入了两难境地。被英国监管机构斥为"对社会毫无用处"的流动性(Turner, 2010),是对大规模计算机化的新人类策略的辩护,这一点弗拉姆所著章节中有提到。高频交易利用计算机编程获得特权市场准入和特权市场数据,同时破坏稳定的交易行为和放松管制。漠不关心的态度有助于将企业一生的习惯固定在自动化的"不文明"机器上。2007年之后揭示出的信贷依赖，在不到1纳秒的时间内以"趋近于零"的速度进行买卖的程序中，被进一步转移到具有情绪规则的非个性化实体中（Haldane，2011）。

因此，我们不禁要问，银行官员目前的公开演讲是否就像一场大型的"神经抽搐"。当被问及银行是如何在技术上破产的，或为什么模型将房地产价格下跌描述为每百万年才会发生一次时，"公关"的回答虚张声势。这些解释被无意义的行话所掩盖，多年来使用这些行话却毫无阻碍，这主要是因为货币是如此抽象、如此难以理解、如此不被视为承诺和依赖，直到为时已晚，银行业似乎没有人愿意看到自己的平庸和社会毁灭。代表们的虚张声势掩盖了银行业对客户和社会肆无忌惮的攻击："不道德恐慌"。但这是平庸的，因为银行不会提出新的问题；它们掠夺性的不可信在调查中显而易见。许多英美国家的家庭储蓄增加以及最近的态度调查表明，公民不再对印象管理"深刻"。但这是银行恐惧的另一个来源。

"冷酷"曾在金融业大行其道（Lyman and Scott，1969），不过它很可能会迅速回归。在20世纪80—90年代，领导人有愤世嫉俗的口头禅，他们从不感到尴尬，因为他们在电视上控制了自己的情绪。现在，"神经抽搐"，尤其是华尔街和伦敦金融城的"神经抽搐"，显而易见，并不无辜。或如威尔逊和麦卡锡所说，恐惧是一种"刺痛"，起到了一定的作用。这种"抽搐"并不是一种集体罪恶感，这种罪恶感可能会促使银行业恢复支付系统，以换取国家救助。银行业享有这样的自由，多年来获利丰厚，似乎没有受到这类事件的影响和困扰。然而，我们无法想象，医疗行业能够或将逃避每一条规则和社会对所需技能和责任的期望。

银行业则恰恰相反。2009年，高盛集团的首席执行官说，这家银行是在"做上帝的工作"，这个笑话或许顺便激怒了面对美国和英国因救助而出现赤字的公众。摩根大通首席执行官领导银行业愤怒地反对任何"非美国式"的规则。自2008年以来，摩根大通一直自诩为"资产负债表的堡垒"，其"投资活动一直在推动市场"。如果说2012年关于摩根大通伦敦办事处损失20亿美元的报道是"耻辱"的话，那么这并不是忏悔。它在"产品"中"太大"了，像往常一样，"专门设计"从破产（做空陷入困境的公司是"惯例"）和对冲等失败中获利。一位美国监管机构表示："如果管理层不能充分监督并控制其风险，指望监管机构这样做是不合理的。"这些行业应该"独立运作"，且"无需政府支持"。[10] 各国仍然无动于衷；有影响力的批评家说银行家的薪酬是历史上最伟大的抢劫之一，这是一种对失败的巨大奖励（Plender，2012：8），可什么也没发生。

其他章节还叙述了一系列无休止的虚张声势。澳大利亚一家大型银行的前首席执行长说，"政府……允许世界经济体系过度杠杆化，从而造成了金融危机"（Heffernan，2012）。这听起来就像小偷一边指责警察没有阻止他们，一边要求降低税收，以逃避更多的盗窃行为。苏格兰皇家银行被解雇的首席执行官起诉一家英国报纸称他为"银行家"。我遗憾地得出结论，"神经抽搐"几乎不是忏悔，而是一时的恐惧。多年来，金融业一直有独特的回旋余地，其情绪化的后果是，金融业可以恬不知耻地指责政府。即使在凯恩斯的全球清算理念下，央行怎么可能做到"中性"呢？

新自由主义的情绪支持

除了呼吁更好的理念或坚定的政治意志力的效力之外，对新自由主义意识形态的情绪支持似乎加强了该行业的抵抗能力。我在此持不可知论态度，此前我曾指出，高级金融业是机会主义的狂喜乌托邦，不过少了意识形态，这最初是由自称受到压迫的痛苦精英所追求的（Pixley，2012b）。威姆斯特在其所著章节中强调，情绪是经理人的一个因果动机，他们看到了自己独立致富的机会。基尔奇斯还引用了韦伯关于金融领域的"社会攀附者"的论述，这在今天也显而易见。他提出了"响应式监管"，即承认人们对"紧急融资"的恐惧，并试图激发人们最好的一面，而不是最差的一面。

在本章开头，我谈到了经济学家的价值观，从凯恩斯主义者和马克思主义者等主张平等的经济学家，到将不平等视为无价值观察的新自由主义或支持市场的正统派经济学家。弗里德曼和哈耶克以一种全面的方式支持市场；哈耶克"确信"不平等是"解决方案"。佩罗认为，金融家对支持市场价值观的依附是不牢固的，但不平等和不受民主约束的"价值观"无疑是该行业及其正统派的诱人动机。对社会漠不关心是缺乏规范约束力的根本原因，这表现在任何新规则都会被规避的威胁上。

许多章节都讨论了"自然"的隐喻，这种隐喻将任何关于货币的公开辩论从民主的舞台上抹去。英厄姆、威尔逊和麦卡锡认为，这种支持市场的言论确实有助于进一步将货币的抽象依存关系神秘化。这种言论在 2011—2012 年欧元区的技术官僚(新古典主义)政策中继续存在。用自然科学的比喻来说,实验似乎在科学上是可预测的。就连内部批评人士也否认这一点,更不用说抗议者了:

> 社会科学与物理科学的不同之处在于,社会科学不进行实验,不让人们冒着风险去发现支配行为的规则。欧元区在追求地中海国家内部货币贬值的过程中放弃了这一原则,这是可耻的。
>
> (Dumas,2012:8)

造成大规模失业和"残酷削减"的社会保障,有很多不确定性。"工资可能真的会被压低,社会可能会出现混乱"并造成"恶劣的政治后果"。但从道德哲学出发的技术官僚实验也可能适得其反。

政府及其权利

美国和英国政府的自由放任政策为背叛社会创造了新的情绪场景,1986年伦敦允许"外国"银行进入后,伦敦金融城效仿华尔街的文化习俗,导致伦敦金融城内部的信任变得像华尔街一样失去了人格,受到了诋毁。但危险的"反美国主义"是不公平的,因为伦敦金融城也在华尔街放任其模式,而且其"轻触"对美国金融公司极具吸引力。在摆脱自律和原则方面趋同,是显而易见的。[11]

每一次面向市场的行为和破坏民众要求国家提供的关爱服务,都与政府脱不了干系。欧洲与英国和美国的差异可能依然存在,但如果紧缩政策"获胜",这种差异就会减小。斯韦德伯格在2010年的欧盟政客会议上表现出恐慌(有人甚至咬掉了牙齿)。沃尔夫冈·施特雷克(2012b:137)记录了金融部门如何要求对欧洲主权债务重振信心:"政府今天的首要任务是,也必须是重新获得'市场'的信心,以避免因债务利率不断上升而受到惩罚。"对于斯韦德伯格来说,非个人的信心就是代理信号:不是"未来",而是未来"信号"的替身,现在是欧元,接着是次贷。很少有政治家指责金融业破坏信心,而金融业反过来又陷入不道德恐慌。

政府要么是害怕,要么是同谋,比如英国央行与美联储不同,英国央行没有充分就业的职责。但他们有多大区别呢？英美央行行长在新古典群体思维方面越来越相似。英国央行行长默文·金(Mervyn King)拒绝对英国央行在危机中扮演的角色进行任何审查,直到2012年5月初,他才"勉强承认"自己让银行放贷过多(Haldane,2010)。金说,"令人吃惊的是,大部分增加的贷款并没有流向家庭或企业,而是流向金融体系的其他部分"(Stokes,2012:53)。现在我们知道安德鲁·霍尔丹的研究没有也并不会揭示事实。霍尔丹负责世行确保金融稳定的责任。根据《金融时报》的巧合报道,一位曾在英国央行工作过的证人说,稳定委员会一直是个"持续的笑话"。"在危机爆发之前,从事稳定的金融工作绝对是一个职业坟墓"(Giles,2012)。一个"惊人"的复制品出现在美国,政府对金融危机的调查于 2009 年在电视上直播(Levin 报告,2011;FCIC,2011)。然而,美联储成立于 1913 年,至今仍拥有私人所有的地区美联储储备;许多机构的董事会成员都是金融交易员。与美国不同,除了伦敦金融城,英国几乎没有经济资产(Haldane,2010)。

各政党面临着丑陋的选择,要么屈辱地公开道歉,要么继续屈从于财政及其正统观念,而且冒着更严重的"反弹"风险。这种紧张关系是极端的。

市场如此文明? 经济"措施"的兴起

正如人们在任何地方都能感受到经济行为对情绪的影响,而忽略这一点是社会科学研究经济方法的另一个严重缺陷(Harrinfton 特别指出)。经济学界普遍使用工具性宏观经济"市场"概念来研究社会关系。现在,它们"管理"着经济生活,这些术语欺骗社会学家,超出了他们本应允许的范围。许多在 20 世纪 70 年代复兴经济社会学的人认为,经济行为仍然蕴含在社会关系中,但他们却将经济学家明显脱离社会关系的"宏观经济"概念搁置一旁,如"通货膨胀"或"供求关系"(Granovetter,1985;参见 Ingham,1996)。有些人则强调网络和个人形式的认可,因为社会性就在其中。弗拉姆批评了这种关于交易的人种学研究,其传达的信息是,不要在意信用关系,这些交易员都是社会人!

仅研究人际网络,如何描述宏观概念所涉及的社会关系? 后者是制造冲突和羞辱性安排的工具。英厄姆提醒我们,恶性通货膨胀会破坏社会生活。债务通缩也是如此。把宏观概念留给经济学未免过于轻率。宏观经济学的社会抱负和情绪后果亟需从这个角度加以考虑。对波兰尼来说,结构性转变是全球市场中的经济关系对整个社会的支配或"运行"。它使货币(与 Amato and Fantacci,2012 相反)、劳动力和土地商品化。但是社会学家马克·格兰诺维特(Mark Granovetter)仅仅认为,社会关系的叠加在纯粹的经济交易中起着至关重要的作用(Granovetter,1985:498)。格兰诺维特认为工具性行为"不仅旨在实现经济目的,还旨在获得社交、认可、地位和权力"(1985:506)。这种观点是正确的,但他忽略了"纯粹的经济交易"是一种具有多种情绪特征的社会关系(见本书)。

波兰尼希望"经济体系"不再"为社会制定法律",这一点也被忽略。从"社会环境的道德要求"(Honneth,2007:190)中抽象出来的相互脱离的不尊重类型是"羞辱的",并被纳入宏观概念中(见本书中的Manning)。只有当非个人关系将社会互动和相互依存关系商品化时,市场才会占据主导地位。是的,这种商品化是由高级金融推动的:阶级、货币、阶层关系嵌入全球经济活动中,影响着内陆地区。

互惠和再分配关系被全球市场所支配,而全球市场的现代阶级关系则推动着社会的发展(往往并非完全如此)。今天,在没有"所有者"的情况下,关系是由管理者所驱动,而且更加不对称和非个人化——远远超出了个人网络。对每一个宏观概念的预测都会失败,因为它们都是社会关系,都伴随着情感。

如果利率并非代表"债权人"对借款人支付利息能力的信任、不信任、信心和怀疑,那么,利率又是什么呢? 这些重复出现的情绪——对其他银行资产负债表的情绪(总是不可预测)——长期以来被制度化了,以至于在信任或信心受到打击之前,没有人会注意到。同样,所谓的劳动力供求力量,指的是人们"提供"自己的工作能力,由雇主决定他们是否需要以及在什么条件下工作,这也是一种潜在的羞辱。

贷款的供求力量同样是一种社会关系。正如本书所示,债权人声称,破产债务国和人民生计的结构性条件,纯粹是为了操纵宏观经济因素来预测债权人的结果,不管他们的贷款多么愚蠢和不受限制,这与复杂的信心有关。所有这些宏观关系都可能爆发,未能理性地研究情绪是将经济学视为社会科学的一种缺陷。

凯恩斯主义者强调信用关系,但波兰尼根据互惠、再分配或市场交换三种关系对社会生活的观点,以及其中涉及的具体情感,可能会被忽视(Manning所著章节)。国家作为对市场引发的失控情绪的潜在抑制作用,也是一个因素(Wilson and McCarthy)。

国家对契约的执行和对暴力的垄断防止了社会崩溃。一旦民主化,国家就会关注民众的福祉。埃利亚斯从阿马托和范塔奇那里得到了另一段历史,这段历史表明文明情绪是依附关系的结果。正如这些凯恩斯主义者所称,为战争融资是国家的目标[12]；没有人否认这一点，但在民主国家，福利、保护、医疗和教育体系也是如此。那么，国家如何支付所有这些费用？

而且，如果债权人获得利息流，那么，国家为什么要偿还债务？这个问题不同于清偿债务的道德问题，而应针对国家在多大程度上是民主和廉洁的，以及它们是否为我们提供了免受暴力侵害的保护和满足需求的安全环境。正如许多人，包括凯恩斯主义者所指出的那样，经济越繁荣，税收和借贷资金就越多。[13] 这是一个国家和金融的诚信问题，与不道德市场中的买方/卖方有关。

情绪缺失：信任和关怀的相互依赖

本书作者认为，作为全球最富裕的服务领域，金融业在展现专业关怀与责任感方面显得不足，其对应的行为模式往往是过分追求利益，不惜波及从债权人到债务人，乃至病人与护士等各个群体。

每一种依赖关系商品化。生命历程中的依赖关系永远不会消失，但如果纯粹以金钱为纽带，则会产生可疑的情感影响。凯恩斯主义的全球"清算"体系观点忽略了这一点，而这一体系在其他所有活动中都有利于市场。如果它能改变结构性条件，减少银行货币生产的权力不对称，那么将会带来好处。然而，正如我现在所讨论的，我们的问题不仅仅是"如果"。我们认为，市场不会对主导市场的公司提供涂尔干式的"外部约束"或共同体，也不会消除民主国家公平主导市场的机会。

我想补充的是资本主义安排中如何从服务业获利的问题。一种民主的解决方案是利润、国有和非营利的"混合经济"，它将同情和互惠与赤裸裸的交换区分开来。服务业是20世纪的发展方向，有关其形式的冲突无休无止。

尽管服务功不可没，但市场却变得受人追捧。如全部章节所示，服务业中一个消极的例外是当前的银行业及其附属"行业"。该行业拒绝承认自己增加了"价值"，因为它声称自己为社会提供了"优质"服务（即无价，"因此"无需纳税）。[14] 市场的"弊病"很多，无论是食品、制造、劳动力还是货币交易。获得"外部约束"以实施体面和文明的规则是现代社会运动斗争史；否则，没有市场，将成为倾销、操纵和销售伪劣产品的牺牲品。因此，尽管汽车的刹车不能有问题，但许多无法核实的金融"产品"仍然受到"买者自负"原则的保护。

凯恩斯提出的国际货币单位，无论是为"bancor"，还是"unitas"——他提供的多种名称(Braithwaite and Drahos, 2000)都是基于"30 种代表性商品的价值"。这是中国央行行长在 2009 年的描述(A&F, 2012:222)。但这并不是一个中立的角色:这些"价值"的"代表性"如何？服务部门的问题是一个绊脚石,由于无法"衡量",因此未被提及。从教育到呼叫中心等全球贸易服务业正在不断增加,这些服务业的总部设在技能娴熟、劳动力廉价的地方。

这就是我与凯恩斯主义者的分歧所在。很少有人完全正视服务业。如何"衡量"关怀和同情的问题几乎困扰着经济学的每一个分支。争论新古典经济学毫无意义,但马克思主义者也不能放弃生产劳动的观念。劳动是利润中所有价值的源泉,"附加值"和以更少劳动及更快速度(压力)生产更多产品(可数的东西)的想法也是如此。工资促成了对产品的有效需求,因此,服务"提供者"只是作为具有"有效需求"的纳税消费者,间接地发挥着经济作用。在马克思主义或凯恩斯主义经济学中,完全重复地给予关怀、安全、训练、审美愉悦和管理所需的想象力、技能和情感是没有"尊严"的。GDP 是一种社会关系。[15]

由于在衡量"产出"方面存在固有困难,要么由政府负责社区和家庭的关怀和教育;要么由慈善机构支持艺术和慈善服务;要么继续进行非正式的捐赠活动。这些无形的专业品质无法计算在内。一分钟华尔兹不能在半分钟内演奏;学生或病人不是顾客,教学工作也无法量化,无论管理者如何努力用"关键绩效指标"来评估产出。

因此,经济学中的技术官僚核心试图计算生命活动。生产是必不可少的,但没有关爱就不成其为人;相反,生命历程的证券化将"安全"置于金融市场的一念之间,加剧了焦虑、恐惧、潜在恐惧或制造恐惧。全球清算系统依赖于中立的监管机构再次凌驾于公众之上,而公众与许多监管者和银行家一样对货币一无所知。民主国家简化为"战争金融"(A&F, 2012),忽略了就货币"度量"的权威定义达成民主共识的可能性(Ingham 所著一章)。如果货币市场被废除,这是有吸引力的,因为货币的相互依赖永远不会带来"情感中立"。欧元区危机清楚地表明,如果没有一个民主的财政联盟,在政治上制定再分配和互惠的条件,这一勇敢的尝试是不可行的,而修正/冲突是这一过程的一部分。联邦可以做到这一点(西澳大利亚州只有在采矿业兴旺时才要求脱离联邦等)。至少选举可以推翻政治上的不当管理。

结 论

对凯恩斯主义方法的同情表明,任何社会科学都无法回避对情绪的分析。本书表明,情绪永远不会消失,令人担忧的是,尽管凯恩斯主义中隐含着社会学,但技术官僚却回避了互惠、服务和关怀等情绪,以及它们冷酷无情或充满恐惧的对立面。我们已经表明,彻底的社会科学应该研究情绪,而不是将其排除在解释因素之外,这意味着要进行积极的、敏捷的改革。

各国的文化倾向是否足够持久,以至于能够拒绝或要求对其金融中心进行各种形式的外部约束,仍有待决定。最初对华尔街滥用信任的冲击是否对美国人产生了影响?在英国,紧缩政策的出台遭到了一些公众的批评。采用"一种最佳方式"的市场模式明显忽视了许多其他国家的经验和情绪上的抵触。也许,金融中心越是玩弄民族国家,越是主导央行,其互惠和"他人至上"情感的道德经济的再生能力就越弱。

货币经济中的社会动机——对作为承诺的货币的遥远信任或信念——与货币的主要生产者——私人银行的动机相去甚远。他们对其不计后果的货币生产的社会目的以及首席执行官们因银行行为而恐惧地要求的紧缩政策仍然漠不关心。写这本书以及其他领域出现的许多值得欣赏的新作品,是希望人们抛弃所谓的"简单的"解决方案,呼吁"自然"以及社会关系的心理学化。社会科学需要通过对理性、情绪和文化因素的多样性和复杂性做出反应来解读当下。

注释

1. 尽管我非常感谢作者们的意见,但是对我们辩论的评价是我的责任。

2. 我也绝不认为社会学是"无辜的"。这种情况已经改变,但并非完全改变。在强调变革的动因是社会运动时,有些人是"社会逻辑列宁主义者",这也出现在情绪(经济学和社会学)的研究中。鲍曼认为,学术界只应通过宣称的价值观进行解释[贡纳尔·默达尔(Gunnar Myrdal)等经济学家也持相同立场]。

3. 许多国家的政府都发布了关于充分就业的白皮书。澳大利亚的白皮书是最有力的,其在全球全面发行的白皮书在布雷顿森林会议上失利;英国工党上台时提出了国民健康服务,而欧洲大陆自 19 世纪就一直享有基本福利。无论第二次世界大战在其他方面有什么教训,事实证明,大规模失业的正统做法是错误的、耻辱的和危险的(直到 20 世纪70年代)。

4. 领导权问题在布雷顿森林会议上已被否定,欧洲和美国至今仍在坚持。

5. 波兰尼批判性地指出,对正统的"经济学家来说,金本位制是一种纯粹的经济制度"(1957a:20)。

6. 感谢赫尔穆特·库兹米茨提供的这一观点和许多其他观点。

7. 在《审判市场》一书中,斯韦德伯格所著章节是关于信心和雷曼兄弟破产的。其他人依靠危机中的"信任崩溃",但信任是理所当然的。关于"正常事故",佩罗提出,以核能为例,事故预防确实超出了每个人和所有人的能力;因此,他建议关闭核电站。

8. 拉里·萨默斯(美国经济"顾问")在2012年呼吁提高服务业生产率(Ure,2012)。英厄姆(2004a)指出,发放贷款是一项相对轻松的工作,正如基尔奇斯在本书中所提到,这只是因为银行转向金融脆弱性和庞氏金融而变得"更难"。

9. 劳埃德银行和其他英国银行大力误售"有争议的"贷款保险,而"客户并不想要也不需要这种保险,也无权索赔",因此必须退还32亿英镑,这是"几十年来最大的消费者丑闻"(Goff,2012)。失范(anomie)意味着无规范(normlessness),见第8章。

10. 阿洛伟(2012);布雷斯韦特和阿洛伟(2012);纳斯里波尔(2012)。问题的关键在于,GS&Co是第一个"目标",而不是摩根大通,而且这不是一个"烂苹果"的问题;这是一个系统性的问题,每位作者都表明了这一点。

11. 英国金融服务管理局的赫克特·桑茨(Hector Sants)认为,只有在行业有原则的情况下,原则(即"轻触")而不是"基于规则的"约束才会起作用。他将其修改为"有些人"缺乏原则(Sants,2009)。

12. 防御方进行的第二次世界大战是民主战争(不存在征兵制度)的一个范例。在这场战争中,高级金融业没有发挥任何作用,而且被禁止"与敌方交易"的法律所"打破"。与伊拉克战争等冒险之举相比,联合国领导下的军队转而维护和平的情况时有发生,但这并不意味着没有"改进的余地"。

13. 第一次世界大战后(之前讨论过),凯恩斯在他关于凡尔赛条约的评论中力挺取消债务,并主张"债权人和债务人应该共同承担,自救于共同制造的困境"。当前关于欧盟的争论与所有债务解决方案都不一致(A&F,2012)。

14. 达瓦斯和魏伯乐(2010)建议金融业接受托宾税,因为如果该部门是根据其"增值"中的"社会服务"来进行征税/计税,那么由于其不利服务而产生的负增值税可能会"令人尴尬":鉴于高级金融业的咄咄逼人,我对此表示怀疑。

15. 公平地说,凯恩斯确实提到过金字塔和音乐。但GDP计算的是正规税收经济中的"资金流转",并不区分质量,因此,清理石油泄漏(等)会提高GDP。人力资本是指工人提高生产率的"技能",但技能不能证券化。联合国"人类发展"类型学的替代方法,以及萨科齐领导下的法国,都没有给服务业提供理论计算空间,无论把全球人口出生率或死亡率进行比较有多大价值。美国曾试图取消这一指标,因为结果太差:在所有经合组织国家中,美国的 GDP 最高,而 OECD 最低。我不争辩哈耶克或弗里德曼的立场,因为他们的立场是无情的。